U0605755

基于元胞传输模型的实时交通信息影响研究

尚华艳　黄海军　著

科学出版社

北　京

内 容 简 介

交通系统具有复杂性、动态性和随机性等特点。将交通流理论中的网络交通流模型和道路交通流模型进行融合，是本书的基本出发点。本书主要贡献是将元胞传输模型和实时交通信息的研究相结合，试图为今后的研究找到一个新的切入点。

本书可作为道路交通相关专业本科生和研究生教材，也可供道路交通相关领域的研究人员和管理人员参考。

图书在版编目（CIP）数据

基于元胞传输模型的实时交通信息影响研究 / 尚华艳，黄海军著. —北京：科学出版社，2020.3
ISBN 978-7-03-063232-6

Ⅰ. ①基… Ⅱ. ①尚… ②黄… Ⅲ. ①通信传输系统–系统模型–影响–交通信息系统–研究 Ⅳ. ①U495

中国版本图书馆 CIP 数据核字（2019）第 250712 号

责任编辑：魏英杰 / 责任校对：杨聪敏
责任印制：吴兆东 / 封面设计：陈　敬

科 学 出 版 社 出版
北京东黄城根北街 16 号
邮政编码：100717
http://www.sciencep.com

北京中石油彩色印刷有限责任公司 印刷
科学出版社发行　各地新华书店经销
*
2020 年 3 月第 一 版　开本：720×1000　B5
2020 年 3 月第一次印刷　印张：11 1/4
字数：226 000

定价：**99.00 元**
（如有印装质量问题，我社负责调换）

前　言

近年来，我国城市交通硬件和软件基础设施都有了很大提高，但现实的城市交通状况却不容乐观。尤其在北京和上海，交通效率不但没有明显改善，反而有恶化的趋势。交通拥堵问题已经严重影响人们的日常出行和社会经济的发展。许多城市的交通拥堵达到"忍无可忍"的地步。交通拥堵造成的损失更是令人咋舌。当交通网络系统能力严重低于出行需求时，常发性拥堵几乎难以避免。一旦意外发生，堵车现象则更为严重。据统计，我国百万以上人口大城市每年仅由交通拥堵带来的直接、间接经济损失就高达数千亿元。可以预见，如果缺乏有效的应对措施，城市道路堵塞带来的问题将日趋严重。

为缓解城市拥堵，社会各界群策群力，积极探索治堵方案。交通领域专家通过分析国内交通现状，提出国际公认可行的治堵方案——智能交通系统(intelligent transportation systems，ITS)。旨在通过信息化提升传统交通行业，给人们带来畅行、便利的交通，倡导健康和谐的出行方式。ITS一经提出，就引发了热切关注，业内专家和交通管理部门都对其青睐有加。例如，北京市规划投资 56 亿元、广州市番禺区规划投资 4000 万元、佛山市禅城区规划投资 1 亿元、河南省郑州市规划投资 8000 万元打造城市 ITS 系统。值得庆幸的是，ITS 也受到民众的广泛欢迎。中国移动公司的调查问卷显示，90%的用户选择实时交通服务。交通信息中心调研报告则显示，70.5%的民众愿意有偿使用实时交通服务。由此可见，城市智能交通迎来前所未有的发展机遇。

实时交通信息可以影响出行者的个人行为选择，降低出行费用和提高出行质量。尽管我国对 ITS 应用设施投资巨大，但其利用率却不高。科学合理地发布并有效利用 ITS 实时交通信息，从而真正扭转各大城市交通拥堵现状，仍然迫在眉睫。

交通系统具有复杂性、动态性和随机性等特点。实时交通信息的研究主要集中于计算机模拟、现场试验和建模分析等，利用网络交通流进行的研究居多。将交通流理论中的网络交通流模型和道路交通流模型进行融合，是本书的基本出发点。

本书的主要贡献是将元胞传输模型和实时交通信息的研究相结合，试图为今后的研究找到一个新的切入点。

本书相关成果得到国家自然科学基金重大项目(71890971)和面上项目

(71371128、71971144)的资助。此外,本书的研究还得到北京市自然科学基金项目(8192006)和北京市教委社科重点项目(SZ201910038021)的资助。

在本书撰写的过程中,孙思雨进行了大量的资料整理工作,崔继慧进行了大量排版工作,在此一并深表感谢!限于作者水平,书中难免存在不妥之处,恳请读者指正。

尚华艳

2019 年 9 月 14 日

目　录

第1章 绪　论

1.1　研究背景与研究意义

1.1.1　城市交通拥堵机理分析

当前，城市交通最突出的问题是交通拥堵。全国大约 2/3 的城市交通拥堵成为常态。各大城市均出现不同程度的交通拥堵，尤其是特大城市，交通拥堵呈现出区域化、常态化特征。以北京市为例，交通拥堵形势日益严峻，日平均交通拥堵持续时间已经由 2011 年的约 3.5 小时，增长到 2016 年的约 6.5 小时，年均增长约 14%，如图 1.1 所示。

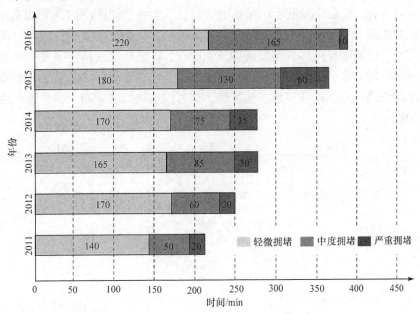

图 1.1　北京市 2011～2016 年日平均交通拥堵持续时间[1]

陆化普[1]教授认为，交通供给与交通需求严重失衡是造成交通拥堵的根本原因。交通供给与交通需求的关系如图 1.2 所示。因此，调整交通供给和需求，实现动态平衡，是缓解交通拥堵的方向，即加大供给、减少需求，提高道路交通基础设施的使用效率。

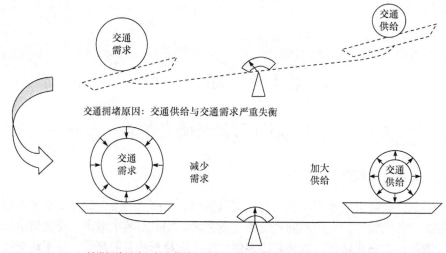

图 1.2 交通供给与交通需求关系图[1]

从城镇化、机动化发展不同阶段的交通供求关系变化图(图 1.3)可以看出，道路交通的供求关系变化具有宏观规律性。城镇化和机动化的发展过程可以概括为发展初期、快速增长期和成熟发展期三个阶段，供求严重失衡主要发生在第二阶段快速增长期。这一阶段，13 倍的城市道路增长应对小汽车 565 倍的增长量。城市道路增长速度慢，机动车增长速度快，交通供求缺口越来越大，导致交通拥堵日益加剧。

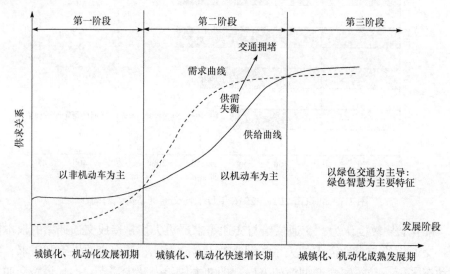

图 1.3 不同阶段交通供求关系变化[1]

陆化普教授认为,造成城市交通拥堵的原因很多,可以概括为城市用地布局、交通供给、交通效率三大方面,主要存在以下方面的问题。

1. 城市用地布局方面

城市中心区功能布局过度集中,城市组团过于强调主体功能,导致职住分离严重。

当前,全国都在大规模建设新城新区,县级以上新城新区超过 3500 个。城市混合土地使用原则落实不够,新城新区生活配套设施不完善,导致职住分离程度加剧,潮汐交通现象日趋严重。此外,还存在交通需求时空分布不均、小汽车过度使用等问题。

2. 交通供给方面

交通供给方面主要是道路设施、公交系统、慢行系统、停车系统等存在的问题。

① 道路设施结构不合理,断头路、瓶颈路多。

我国城市道路网密度总体较低,普遍低于国标要求的路网密度 5.4～7.2km/km^2,更低于中央城市工作会议 8km/km^2 的要求[1]。同时,道路网级配结构普遍不合理,断头路、瓶颈路多,缺乏支路,通行效率低。

② 大城市公交分担率低,服务水平不高。

我国公交出行分担率除少数城市达到 30%,大城市一般在 20%左右,二线城市甚至不到 10%。同时,公交系统缺乏精细化的规划设计,线网布局不合理、公交站点覆盖率不足、站点位置距离交叉口过近、与轨道交通衔接不好等问题比较普遍。此外,违法停车、管理不到位、车站位置不合理等因素导致公交车辆无法进站停靠,降低了公交服务水平和道路交通运行效率。

③ 步行、自行车通行空间不连续,出行环境差。

步行、自行车出行环境不佳,通行空间不连续、质量不高、被占用等现象十分严重。随着出行距离的不断增加,自行车出行分担率呈现明显下降趋势。以北京市为例,1986 年自行车分担率为 62.7%,2015 年降为 12.4%,但同期私人小汽车分担率由 5%上升到 31.9%。

④ 停车系统供需矛盾突出,管理不到位。

我国城区公共停车泊位供给水平较低。例如,西安市 3.46 个/百辆车、济南市 4.26 个/百辆车、石家庄市 5.16 个/百辆车等,普遍低于国家畅通工程一等水平要求的 20 个/百辆车[1]。城市停车泊位总量不足,在一定程度上造成违法停车现象严重,形成通行能力瓶颈。另外,许多城市停车配建标准低,落实不到位;停车设施挪作他用;停车成本低,泊位利用效率低。这在一定程度上降低了小汽车的使用成本，变相放松了对小汽车需求的管控。

　　3. 交通效率方面

　　交通效率不高的一个重要原因是交通工程的精细化设计不够，交通管理尚需加强，如交通渠化不充分、交通组织不科学、执法管理不严格、智能水平不够高等。

　　① 交通渠化不合理、交通组织不科学。

　　交通渠化不合理、不充分，尤其是干路以上交叉口缺少安全岛、导流标线等渠化设计，缺少必要的转弯车专用车道。同时，也存在交叉口车道功能分配不合理、与信号控制不协调等现象。交通信号严重缺乏协调控制，导致停车、起车次数多，大大降低了交叉口的通行效率和交通安全性。

　　② 交通执法难度大、执法效果不理想。

　　违法停车、电动自行车危险驾驶、共享单车随意乱停乱放等现象普遍，导致秩序混乱、通行能力下降、安全隐患严重。这些违法现象执法难度大、违法成本低，传统执法手段难以迅速奏效，也难以从根源上杜绝。

　　③ 智能系统顶层设计深度不够。

　　我国智能交通系统(intelligent transportation systems, ITS)建设普遍存在"重硬件、轻软件，重建设、轻使用"的现象。系统设计深度、实用性、先进性存在严重不足，导致数据难以共享、系统整合不够、功能目标无法实现、应用系统与管理工作深度结合不够、高端功能欠缺，没有实现智能交通 $1+1>2$ 的效应。

1.1.2　智能交通系统

　　近年来，我国城市及城市交通得到前所未有的发展。一方面，交通建设为出行者提供了更多选择余地，有利于路网的畅通，同时增大了出行复杂性。另一方面，尽管道路设施快速增加，却始终无法跟上机动车数量的增长速度，交通拥堵现象日趋严重。

　　面对交通拥堵引发的事故频发、能源短缺、环境恶化等一系列相关问题，交通工作者可以从需求管理、系统管理等方面寻求解决之道。20 世纪 90 年代初，随着通信、计算机等技术的迅速发展，在交通管理、交通信息服务、电子收费等领域，ITS 应运而生。ITS 以完善的交通设施为基础，将先进的信息技术、数据通信技术、控制技术、传感器技术、运筹学、人工智能和系统综合技术有效地集成应用于交通运输、服务控制和车辆制造，形成一种实时、准时、高效的综合运输系统。ITS 可以加强道路、车辆和管理人员之间的联系，实现道路交通管理自动化和车辆行驶智能化，使交通基础设施发挥出最大效能。ITS 不但有可能解决交通拥堵问题，而且对交通安全、交通事故处理与救援、客货运输管理和道路收费系统等都会产生巨大的影响。ITS 在城市交通供求关系中的作用如图 1.4 所示。

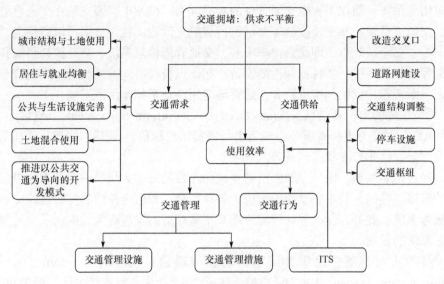

图 1.4　ITS 在城市交通供求关系中的作用[2]

目前，世界各国对 ITS 的划分并不完全一致，但通常认为，ITS 由以下几部分组成[2,3]。

① 先进的交通管理系统(advanced traffic management systems，ATMS)。

ATMS 是 ITS 的重要组成部分，利用无线电、超声波、微波、远红外或视频图像检测等技术获得交通状况信息，通过先进的无线电通信技术及时对交通状况进行有效管理，并发出诱导信息。

面向 21 世纪，日本的车辆道路交通推进协会组织提出通用交通管理系统，进一步明确了日本发展 ATMS 的战略框架。系统不仅提供先进的信息采集和信息处理，而且应用红外线感应器和光信标等现代传感器。美国和欧洲 ATMS 发展迅速，在减少旅行时间、提高效率和降低事故方面起到了巨大的作用。美国 ATMS 主要功能子系统包括交通监视、装置控制、事故管理、出行需求管理、废气排放管理、公路铁路交叉口管理等。

根据效益和市场的渗透性，目前 ATMS 的典型应用领域包括城市道路的集中交通信号控制系统、高速公路和公路干道的高速公路管理系统、事故管理系统、电子收费和交通管理系统、运输需求管理等。

近十几年来，我国各城市的智能交通管理系统建设取得显著进展。北京市在城市交通多源异构数据特征分析与融合技术、分布式异构多系统集成技术、基于地理信息系统的预案化指挥调度集成技术等方面取得重大突破，构建了以"一个中心、三个平台、八大系统"为核心的智能交通管理系统的体系框架。该系统高度集成视频监控、单兵定位、122接处警、警车定位、信号控制、集群通信等171个应用子系统，强化了智能交通管理的实战能力。杭州市交警支队在交通事故处理、交通信息采集和交通控制等领域进行智能化改造，建设成果可以概括为"一个中心、三个系统"，即交通指挥中心、交通管理信息系统、交通控制系统和交通工程类信息系统。依托视频检测设备、起讫点行程时间检测设备、出租汽车定位信息系统等建成杭州市道路和交通管理应用浮动车技术示范工程。

② 先进的出行者信息系统(advanced traveler information systems，ATIS)。

ATIS 主要为出行者服务，即为出行者提供目标信息(商店、宾馆、医院等)、路况信息、汽车行驶状态信息等。

经过多年发展，国外 ATIS 已基本成熟，目前处于大规模应用及不断提高精度的阶段。美国、日本和欧洲等形成了各具特色、覆盖全路网的实时道路交通信息服务系统。此外，便携移动智能终端及车载终端的发展亦大大推动了交通信息服务系统的发展。

日本实时交通信息服务以车辆信息与通信系统(vehicle information and communication system，VICS)最典型。截至2012年底，日本已累计销售3700多万台 VICS 车载终端，覆盖国内大多数车辆。通过日本各级警察部门和道路管理者采集的各类交通信息，以及其他相关信息(如天气等)，都会传输到 VICS 中心。VICS 中心将信息整合后，通过多种方式向出行者发布。欧洲基于数字广播，形成覆盖全欧大部分地区的广播数据系统——交通信息频道应用系统，提供多种交通信息服务。美国形成几乎覆盖全国的 511 电话交通信息服务系统。通过该系统，出行者可以获得每隔数分钟更新的道路状况、事故信息、交通天气信息等相关服务。

我国各城市不同程度地建立了交通信息服务系统。北京市研究开发的道路交通流预测预报系统，是全方位提供交通信息服务的基础子系统。该系统以电子地图的形式向用户提供五环路内主要道路的当前时刻及未来 5 分钟、15 分钟、30分钟、1 小时、2 小时的路况信息，包含路段交通流量、平均速度、占有率及饱和度等。此外，该系统还有拥挤评价、旅行时间服务、路况异常状态的动态分析和预警等功能，能够通过可变信息板、指挥中心大屏、交通广播台、网络信息服务、车载终端等途径对外发布信息。

南京市交通信息服务系统包括南京智能交通诱导服务中心平台系统、江苏省交巡警高速公路指路服务系统、南京智能交通广播服务系统、南京智能交通诱导服务系统网站和南京市停车诱导服务系统 5 个子系统。目前，南京智能交通信息服务中心已接入 11 万余个信息采集点、7000 多辆出租车车载智能终端、8 个隧道口和 170 个主要路口的视频监控系统，路况动态信息准确率达 85%以上。该系统可为公众提供实时路况查询、动态路径诱导、公交查询、停车场车位查询和预订、交警服务信息免费告知、高速公路信息查询等服务。

③ 先进的车辆控制系统(advanced vehicle control systems，AVCS)。

AVCS 借助车载设备和路侧、路表检测设备来检测周围行驶环境的变化情况，自动控制驾驶以达到行车安全和增加道路通行能力的目的。系统的本质是在车辆-道路系统中，集成现代化的通信技术、控制技术和交通流理论，提供良好的辅助驾驶环境，使车辆在自动控制下安全行驶。目的是开发帮助驾驶员实行车辆控制的技术，使汽车安全高效行驶。

目前，AVCS 主要处在开发阶段。美国高速公路先进科技项目(program on advanced technology for the highway，PATH)和日本先进的安全车辆(advanced safety vehicle，ASV)项目是典型代表。在 PATH 中，AVCS 侧重于技术研究与系统集成，研究工作分为纵向行驶控制系统和横向行驶控制系统。每个系统都包括系统概念分析、系统配置、操作测试与演示和发展完善三个方面。日本 ASV 项目则是以安全技术为中心，谋求汽车智能化的国家性项目。ASV 项目于 1991～1995 年完成第一期研究开发计划，之后进行第二期计划。第二期计划的推进体制包含所有政府部门。

④ 先进的公共交通系统(advanced public transportation systems，APTS)。

APTS 是利用系统工程的理论和方法，将现代通信、信息、电子、控制、定位等高科技集成应用于公共交通系统而建立的 ITS，通过公共交通智能化调度系统、公共交通信息服务系统、公交电子收费系统等实现。APTS 通过采集处理动态交通信息(客流量、交通流量、车辆位置、紧急事件的地点等)和静态交通信息(交通法规、道路管制措施、大型公交出行生成地的位置等)，利用多种媒体为出行者规划出行，对公交车辆进行动态监控和实时调度，提高公交服务水平。

20 世纪 80 年代，美国城市公共交通管理局启动 APTS 的开发。20 世纪 70 年代末，日本开始应用公共汽车定位-接近显示系统；80 年代初，应用公共交通运行管理系统；90 年代，开发了城市公共交通综合运输控制系统。欧洲则实施公交优先，为公交车提供优先通行信号，布设智能公交监控与调度系统。

我国多个城市从 20 世纪 90 年代开始智能公交系统建设方面的实践，取得良好进展。近年来，石家庄市陆续完成电子收费系统、智能调度系统、办公自动化系统、车场监控系统等建设，基本实现公交车收费电子化、生产调度智能化和办公管理自动化。哈尔滨市出租汽车服务管理信息系统于 2010 年初建设，目前已经完成监控指挥平台一期工程和近 9000 套出租汽车车载系统的安装工作。出租汽车服务管理信息具有监控指挥、信息发布、企业在线、综合运营分析、电召服务、服务质量监督考评、动态监管稽查等功能。出租车车载系统具有车辆定位、轨迹回放、车内监听、图像上传、反劫报警等功能。太原市智能公交系统的总体建设目标是建立以公交智能调度营运生产子系统为主的智能公交系统综合体系。首期建设内容包括 2 个总中心(数据中心、指挥监控调度中心)和 6 个分调度管理实施中心，并可拓展至 36 个路队调度点和 2655 辆公交车 3G 终端(发车屏 36 块、电子站牌 112 块)。2012 年，上海、宁波、绍兴、湖州、台州、常熟、兰州、白银等 8 个城市实现公交一卡通的互联互通，市民持一卡通可在 8 个城市随意乘坐公交车。同时，上海一卡通开通了乘坐轮渡和地铁的功能。

⑤ 自动化公路系统(automated highway systems，AHS)。

AHS 是用现代化的传感技术、通信技术、计算机技术，以及检测技术等装备公路系统，通过车路通信和车车通信，达到车辆可自动控制方向、速度、车间距等，从而使汽车自动行驶的智能化公路系统，以及其他安装设备。AHS 的本质是使公路系统具有一定的智能，并依靠车辆的智能控制车辆的自动驾驶，将交通流调整至最佳状态，提高整个公路系统的安全性和运行效率。

AHS 是 ITS 研究领域一项技术性强、涉及领域广，最具挑战性和市场潜力的研究方向。仅从技术层面，AHS 是 ITS 的最高形式，是公路系统发展的方向，也是政府、工业界和学术界共同致力研究的领域。

⑥ 商用车辆运营(commercial vehicle operation，CVO)系统。

CVO 系统通过纸上作业自动化，增强运输企业的生产能力，提高装备与设施的使用效率，减少管理者与承运人的开销。CVO 系统通过应用新技术，更好地执行载重规定等运输规章，减少基础设施维护保养和更新费用；通过商用车辆的智能化，改进运输安全性和运营效率。

在美国与欧洲，CVO 系统智能化的必要性众所周知。尤其在美国，CVO 系统被认为是 ITS 的早期优胜者。CVO 系统包括公共交通系统、救援车辆、区间托运、快递与出租车系统，以及长途拖挂装运等多方面。欧洲 CVO 系统用户服务的内容与美国基本相同，但突出成就在于实施多式联运和站点管理的用户服务。日本确定 CVO 系统管理协作、特殊商用车辆管理和商用车辆自动列队驾驶等服务，虽然启动较晚，但发展很快。

⑦ 先进的乡村运输系统(advanced rural transportation systems，ARTS)。

ARTS 将 ITS 技术与方法应用到乡村和小城镇的运输环境中。与城市环境相比，村镇环境更加多样化，包括农田、山野、旅游区等地广人稀地区，有许多不同的特点与需求。没有一种市区适用的现成技术完全适用于整个村镇地区。例如，对于村镇地区，拥挤状态的疏导对策远不如障碍检测和视觉加强的措施重要。因此，ARTS 是其他 ITS 在村镇地区的选择性应用。

在 ARTS 的研究、开发和利用方面，美国走在欧洲和日本前面。欧洲和日本虽然对 ARTS 尚未有一个明确的定义，但把 ITS 技术应用于乡村交通的呼声越来越高。

以上介绍了 ITS 的各种类别。特别指出，ATIS 起着联系道路管理者和道路使用者的作用。ATIS 是现代交通系统中不可缺少的重要组成部分，目的是向车辆提供道路和交通状况信息，让车辆根据其提供的信息对路径和出行时间做出正确的判断。ATIS 是否先进合理将直接影响高速公路和城市快速路管理系统的作用。黄海军等[4-6]的研究表明，交通信息发布能够使交通流量在时空上扁平化，起到疏导与缓解拥挤的作用。

1.1.3 可变信息标志与实时交通信息

ATIS 有多种信息发布手段，包括可变信息标志(variable message signs，VMS)、交通广播系统、车载终端等。VMS 是道路交通管理者根据道路的实时通行条件，向道路使用者提供某个区段内气象、事故、施工等道路行车条件信息，发布交通管制命令的平台。VMS 在国外也被称作 CMS(changeable message signs)、DMS (dynamic message signs)、EMS(electronic message signs)。江筱薇[7]提出，VMS 同时具有交通标志和动态显示的特点，随着路网行车环境的变化而改变显示内容，能够帮助出行者提高决策的有效性，在交通流诱导方面发挥着重要作用。

干宏程等[8]提出，VMS 按信息内容形式可以分为文字式、图形式、图形文字混合式等三种；按作用实效(长期性使用还是临时性)可以分为固定式和移动式；按显亮方式可以分为反光型(折叠式、卷轴型、转鼓型、磁翻板矩阵)、发光型(氖灯、灯泡矩阵、光纤固定格栅或光闸矩阵、发光二极管固定格栅或矩阵)、混合型。干宏程等[8,9]认为，VMS 系统一般由交通数据采集及交通状况预测子系统、通信子系统、中心处理子系统和诱导方案显示子系统组成，用来将交通信息实时显示在道路关键部位的 VMS 上，供驾驶员路径选择之用。图 1.5 给出了图形式 VMS 控制结构图。

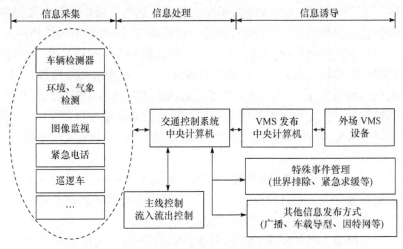

图 1.5 图形式 VMS 控制结构图

美国作为世界 ITS 研究领先的国家,从 20 世纪 50 年代便开始了相关研究。VMS 的应用最早出现在新泽西州的收费高速公路,采用霓虹灯提示交通事故、交通拥堵、道路施工等造成的减速行驶信息。20 世纪 80 年代后,发光二极管和光纤标志逐渐成为主流显示方式。2010 年开始,新泽西州交通管理局对州内 VMS 进行更新,全部采用发光二极管显示技术。进入 21 世纪,美国各州均开展了 VMS 研究。截至 2001 年,美国 38 个州 75 个城市设置有 1799 块 VMS,用于实时交通信息的发布、城市交通流量的分流。同年 12 月,美国联邦公路局发布 *Operational Manual Final Report*,对 VMS 设计标准和操作规范进行了详细说明。在联邦公路局的带领下,俄勒冈州、纽约州、佛罗里达州、加利福尼亚州等先后出台 VMS 设计、安装和使用的指导说明。由于 VMS 分流效果明显,美国常将其应用于交通事故和道路维修时的交通分流管理。

在英国,VMS 也常应用于交通分流管理。1992 年,英国开展了欧洲公路管理系统(road management system for Europe, ROMANSE)计划,主要针对南安普敦的交通问题研究革新技术,通过广泛传播交通信息影响出行者的驾驶行为。目前,已经开发出一系列适用于主要交通走廊不同交通事件的应对措施。ROMANSE 设有交通行驶信息中心(traffic and travel information centre, TTIC)收集、比较、传播信息。VMS 作为 TTIC 主要的信息发布途径,为出行者提供明确、即时、可达的交通状况和延误等信息,帮助出行者确定更好的行驶路线。1995 年,VMS 在 M25 高速公路投入使用,每隔 15 公里设置一块 VMS。当发生交通事故时,监控系统将拥堵信息传输至 TTIC,经过数据处理后反馈至 VMS,提示来往车辆减速或绕道行驶。拥堵信息从采集到 VMS 发布被控制在 30 秒之内,交通分流效果明显,大大提高了交通系统运行效率。

德国于 1928 年首次使用 VMS,至今已建成发达的交通信息发布及提供系统。道路交通信息由各州信息管理中心,通过所辖路段 VMS 提供给道路使用者。VMS 信息主要包括主线交通状况信息、交通诱导信息和匝道控制信息等,通过图形动态显示路网状态和行程时间,全面诱导交通流。在一些事故高发路段,VMS 的布设频率甚至达到每公里一个,基本实现交通状态实时发布。根据巴伐利亚州 A9 高速公路数据显示,诱导示警系统运行后,高速公路流量增加 35.9%,交通事故发生率下降 34.4%,事故引起的二次伤害事件下降 31%,挽回直接经济损失约 1300 万欧元。

总体上,国外对于 VMS 的研究与应用主要集中在路径选择、事故信息发布、警告信息提示等方面。随着计算机、通信、互联网等技术的迅速发展,VMS 研究与建设仍然存在巨大的发展潜力和广阔的应用空间。

随着交通拥堵不断加剧及 ITS 的发展,VMS 在我国大中城市得到广泛应用,北京、上海、广州、南京等城市的 VMS 建设已经具有相当规模。

北京市于 2004 年 5 月发布实时动态交通流信息发布系统，在积水潭、西直门和复兴门等地区率先开展 VMS 试运行。试运行阶段在上述地区先后布设 29 块 VMS，通过指挥中心对实时路况展开分析，向出行者发布交通状况、交通事故和出行时间等信息。经过快速发展，截至 2015 年底，北京市共建设 538 块 VMS，基本覆盖全市快速路及主干道，同时向外围辐射的京藏高速、大广高速、机场高速等主要匝道布设 VMS，建立了高效的路网管理和应急处置工作机制。

上海市 VMS 建设的时间稍晚于北京市，2005 年底建成高架交通诱导信息发布系统，覆盖近 80km 高架道路，通过 54 块 VMS 发布实时交通信息。经过建设和发展，上海市 VMS 数量已全面覆盖整个快速路网，使居民出行效率得到大幅度提高。统计资料显示，2015 年上海市平均车速较 2005 年提高 20%，平均出行时间减少 25%，表明 VMS 信息发布可以有效缓解交通拥堵。

杭州市作为全国 ITS 示范工程试点城市之一，在 VMS 建设方面取得较大成效。目前，全市已安装 VMS 188 块，实现了集中调度指挥和交通信息预报制度。市区主要道路和交叉口实行分级预警和干预机制，对早晚高峰、节假日等重要时段的交通出行发布诱导信息。

南京市于 2001 年对交通信息诱导系统进行试点，在北京西路布设两块 LED 复合光带式 VMS，将路况信息与诱导信息在彩色显示屏上一同发布。在试点效果良好的情况下，在龙蟠中路、沪宁高速连接线等路段追加 15 块 VMS，为驾驶员提供实时路况、交通事故及交通管制等信息，分流效果良好。目前，南京市已建立交通诱导服务数据中心，实现了数据采集、处理和发布功能。通过浮动车、图像监控、自动检测设备等信息来源，检测道路交通运行状况，及时发现交通事故、交通拥堵等情况。经过数据处理中心的处理，通过 VMS、短信平台、网络平台、交通广播、智能终端等多种方式发布交通诱导服务信息。2012 年，南京城市智能云交通诱导服务系统正式建成，体现了多元化信息的高度整合，不仅可以实现多渠道信息发布，同时提供更加人性化的信息服务，在功能上满足不同用户的需求。

江筱薇[7]认为，尽管 VMS 在我国大中城市逐渐普及，但与国外发达国家相比，在布局、运行及管理方面仍然存在一定差距。

① 布局结构不合理。VMS 的作用很大程度上与其在路网中的布局结构有关。目前，VMS 布设点位主要集中于快速路、主干道等高等级道路和重要的交通节点处，覆盖率低且布设位置不合理。例如，VMS 布设位置距离交叉口过近，出行者在接收到交通信息后，来不及反应便已进入拥挤路段，错过了路径选择的机会。VMS 覆盖率低导致实际发生拥挤的路段距离出行者的决策点较远，出行者提前改变出行路径引起替代路径发生拥挤。理想的 VMS 布局结构应该与道路网络结构协调，同时考虑对交通流量分流效果的影响。

② 信息显示不统一。理论上，VMS 信息发布方式为文字式、图形式及混合式。但是，在实际应用中，各地区没有固定统一的标准，信息显示缺乏一致性，出行者对不同地区 VMS 信息的理解存在偏差，影响 VMS 诱导效果。此外，显示内容方面存在字符过多、词不达意、文字有歧义等现象，致使出行者理解错误，做出不合理的判断。

③ 诱导信息准确性差。VMS 的目的在于向出行者提供实时道路交通信息，但由于信息采集技术的限制，VMS 信息存在一定滞后性。同时，VMS 信息更新频率低，导致诱导信息准确性较差。出行者在使用 VMS 后，会根据出行经验对 VMS 可靠性进行判断。若 VMS 信息产生积极影响，出行者会提高对 VMS 交通信息的信任度，VMS 使用率升高；反之，则会降低信任度，影响 VMS 的使用。

VMS 作为 ATIS 的一种常见形式，在国外已经有几十年的理论研究历史。研究表明，VMS 是恶劣天气及突发性事件等情况下驾驶员安全行车的重要参考。Emmerink 等[10]对阿姆斯特丹的调查发现，72%的出行者受 VMS 的影响。Chatterjee 等[11]对伦敦的调查表明，80%的出行者认为 VMS 信息可靠、有用，而且关注和服从 VMS 信息的出行者比例呈上升趋势。

目前，国内交通信息发布主要集中在交通电台广播、交通信息网络和 VMS 三种手段。VMS 虽然经历了较长时间的发展，但可变信息板和可变限速标志的效果并不尽如人意。尚华艳[12]认为，因为主要设备的布局在公路设计时确定，加上投资金额所限，以及实际管理经验和实际数据缺乏，设计容易偏离实际。VMS 不但数量相对偏少、功能相对单一，而且布局不尽合理，在一定程度上形成资源浪费。随着城市交通拥堵问题日益严峻，无论交通管理部门，还是出行者对于 VMS 诱导的需求与日俱增。在信息化时代背景下，针对出行者特征的路径诱导模型和诱导信息发布策略成为解决交通问题的迫切需求。VMS 能否在交通网络中合理引导交通流，不但与路网结构、交通需求有关，而且取决于出行者对 VMS 诱导信息的反应。驾驶员对 VMS 的态度、信任程度、风险偏好，以及信息发布内容、发布方式等，都是影响交通诱导效果实现的重要因素。出行者选择行为与交通信息密不可分。只有合理地提供交通信息，才能缓解城市交通拥堵，提高出行效率。

如何针对交通信息发布系统进行有效的改进，研究人员首先需要解决两个大问题。一是 VMS 如何有效地提供可靠的可预见性信息？二是提供 VMS 后，交通网络中车流的期望分布能否有效地减缓交通拥挤？尚华艳[12]指出，从理论角度，这具体表现在三方面，即交通实况的预测(排队长度、出行时间、拥挤程度、拥挤类型等)；OD 矩阵的实时估计；VMS 控制，包括 VMS 信息板的设计和安装，VMS 显示何种信息、多少信息，出行者对不同信息的反应，特定 VMS 系统期望达到何种目的(局部最优、全局最优、用户最优、系统最优)等。

1.1.4　研究意义

　　我国城市交通硬件和软件基础设施都有了很大的改善，但现实的城市交通状况却不容乐观。尤其是北京和上海，交通效率不但没有明显改善，反而有恶化的趋势。交通拥堵问题已经严重影响人们的日常出行和社会经济的发展。交通拥堵造成的损失更是令人咋舌。当交通网络系统能力严重低于出行需求时，常发性拥堵几乎难以避免。一旦意外发生，拥堵现象更为严重。可以预见，如果缺乏有效的应对措施，城市道路拥堵带来的问题将日趋严重。

　　为缓解城市拥堵，社会各界群策群力，积极探索治堵方案。交通领域专家通过分析国内交通现状，提出 ITS，旨在通过信息化提升传统交通行业，给人们带来畅行、便利的交通，倡导健康和谐的出行方式。ITS 一经提出，就引发热切关注，业内专家和交通管理部门都对其青睐有加。在国家规划中，交通运输部提出以信息化带动交通运输现代化。值得庆幸的是，ITS 也受到民众的广泛欢迎。交通信息中心调研报告显示，70.5%的民众愿意有偿使用实时交通服务。由此可见，城市智能交通迎来了前所未有的发展机遇。

　　尽管我国对 ITS 应用设施投资巨大，设备利用率却不高。例如，北京市 2001年在二环和三环路上安装了 148 台远程交通微波传感器，以 2 分钟为周期采集交通实时数据。因缺乏对动态交通流数据进行实时处理和数据挖掘的有效手段，VMS 系统一般只能提供静态交通信息，无法实现科学的交通诱导。2012 年"十一"黄金周，全国高速公路首次免收通行费，却造成高速公路大堵车，折射出节前交通信息诱导不足的尴尬。信息孤岛和应用孤岛已经成为我国智能交通发展面临的重要瓶颈。如何科学合理地发布并有效利用 ITS 实时交通信息，从而真正扭转各大城市交通拥堵现状，仍然迫在眉睫。

　　近年来，国内外专家学者围绕实时交通信息服务，做了大量研究工作。研究手段大致分为现场实验和模拟仿真两类，一方面寻找最佳信息服务方式，如发布什么信息、发布多少信息、何时何地发布信息[13,14]；另一方面对已投入使用的信息服务系统进行评价，包括技术经济和社会福利效果[10,15,16]。元胞传输模型(cell transmission model，CTM)模拟的车流符合实际，解法简单，并且收敛速度很快，能够扩展到一般的交通网络。本书旨在研究 VMS 交通信息板安装位置，设计实时交通信息内容，探讨出行者路径选择行为，分析实时交通信息对交通流的影响，使网络中车流的期望分布能够有效地缓解交通拥挤。同时，引入 CTM，深入研究交通流的形成机理，拥堵的形成、传播及消散特性，着重分析实时交通信息如何改变出行者的个人行为，降低出行费用，提高出行质量。本书将综合应用交通规划理论、最优化方法、行为科学和仿真理论，系统研究交通拥堵的形成和演化规律，探索有效的控制措施和管理方法，为城市交通管理和交通控制提供坚实的理论基础和科学依据。

1.2　实时交通信息研究概况

随着社会经济的发展，交通拥挤、交通事故、能源消耗和环境污染等交通相关问题已成为世界各国面临的共同问题。为了解决"交通难"问题，人们运用先进的科学技术，研制开发了各种道路监视子系统、管理子系统、车辆控制子系统和公共交通子系统。设计 ITS 的一个核心问题便是如何有效提供可靠的可预见性信息。近年来，国内外专家学者围绕实时交通信息服务，做了大量研究工作，研究成果发表在管理、运筹及交通运输方面的权威刊物上。

1.2.1　交通信息需求

早期的交通信息发布技术包括广播和 VMS 等。为了判断出行者偏好，Dudek 等[17]发现大多数出行者认为实时交通信息对选择路径的关键决策非常有用，而且认为在发生交通问题或进入高速路之前提供的信息最可取。如果信息实时发布，驾驶者会有更多时间进行决策。类似地，Mannering 等[18]进一步强调以期望格式发布的实时交通信息格外有用，而且出行者更喜欢广播和 VMS，认为位置、交通拥挤持续时间和严重程度等信息非常有用。Spyridakis 等[19]的调查表明，司机确实愿意接纳交通信息，并且更乐意在进入高速路之前获得信息。Khattak 等[20]的调查表明，交通信息能够诱导出行者从原有的路径转移到其他路径，当出行者在途中获得信息时尤其如此。因此，在途信息能够影响出行者的出行模式。Polydoropoulou 等[21]的旧金山出行行为调查也得到了类似结论。

Dudek 等[17]把出行者分为本地自驾车出行者、长途自驾车出行者和公交出行者，在对 I-95 东北走廊的出行者进行电话采访、现场询问和特定人群调查后发现，本地自驾车出行者非常看重交通路况、替代路径、天气和道路施工等交通信息。Heathington 等[22]则把出行信息概括为描述性信息、定量信息和无信息三大类。描述性信息表示定性的交通状况，定量信息表示速度、出行时间、出行延迟等具体数值。调查表明，有信息比无信息好，而关于事故和车速的描述性信息更好。最受欢迎的两个描述符是出行时间和出行延迟。Janssen 等[23]仿真模拟了出行者对不同 VMS 描述性信息的反应，包括替代路径上拥挤长度、相对于正常出行时间的预期延迟和替代路径的期望出行时间等。研究发现，当 VMS 信息以描述性格式发布时，容易被出行者关注和接受。

Jou 等[24]的研究表明，非重复发生条件下的交通信息需求是最强烈的影响因素。基本信息是正常和重复发生情况下请求信息的主要类型，而动态旅行时间预测是非重复发生情况下请求信息的主要类型。

在研究出行者对交通信息的需求时，必须考虑出行者的购买愿望(willingness to pay，WTP)。Polydoropoulou 等[25]电话采访了波士顿地区出行者对交通信息的月交费情况，发现出行者对价格结构的调整非常敏感(例如，固定收费转变为每次呼叫收费)。Mehndiratta 等[26]对盐湖、芝加哥和波士顿三座城市分别展开出行调查，发现用户最希望信息及时且覆盖地域宽广。Li 等[27]评述了提高旅行时间可靠性的 WTP 模型框架和经验测量模式。

1.2.2　出行者行为

在过去几十年里，大量学者对实时交通信息诱导的出行者行为进行了广泛研究，一般从网络性能和出行调查两个角度展开。

1. 网络性能

探讨网络性能的模型通常假定出行者为了达到某一目的(如效用最大化、网络均衡)，分析信息对出行行为的影响。早期成果主要从集计角度研究效用最大化或者概率选择下的出行行为，集中在研究出行时间或路径选择等方面。Messer 等[14]利用 VMS 控制路径转移的策略实现非线性最优化在线控制。具体实现方法是建立动态、非线性、离散时间的最优化控制模型，然后通过梯度下降法搜索进行求解。仿真结果表明，在线控制能够得到很好的效果，但是模型的假定条件比较苛刻。例如，路网和出行者路径转移的方式都必须满足一定限制。Messer 等[14]介绍了如何在苏格兰都市公路网建立 VMS 控制系统，包括问题定义、控制策略设计、仿真试验、策略实施，以及试验评估。在反馈控制的基础上，加入前馈控制系统，用来报告城市间长途出行时间。徐红利等[28]提出通过具体效用度量对出行者路径选择行为进行分析的方法，验证了出行者群体在不确定环境下进行路径选择时，效用度量是基本的决策规则。刘天亮和黄海军[29]对交通信息公开和不公开两种路径更新规则进行模拟研究。结果表明，信息公开比不公开能够使路径流量更快地演化到 Logit 随机用户均衡(user equilibrium，UE)状态。李志纯和黄海军[5]假定路网中的出行者一部分装有信息装置，利用离散选择理论中的层次选择结构模型和交通规划理论中的随机均衡方法，研究 ATIS 对出行者终点选择、方式分担和路径选择行为的综合影响。熊轶等[30]根据出行者对交通信息的信任和接受程度，将出行者分为怀疑保守型和信任乐观型两大类，建立了一个等价的、随时间演进的随机 UE 模型。黄海军和吴文祥[4,31]利用均衡分配模型，研究交通事故信息发布的有效性，发现在并行路径和线性交通成本的假设环境下，某些路径的事故信息并不一定会对网络系统带来正效应。只有当事故达到一定程度时，发布信息才是有效的。

　　尽管 ITS 涉及许多技术领域，但离不开动态交通配流(dynamic traffic assignment，DTA)模型和算法[32]。Peeta 等[33]认为，基于计算机模拟的 DTA 能够从现实角度避免剖析解的存在性、唯一性、稳定性等解析属性。因此，引入实时交通信息可以成为 DTA 的研究方向。1971 年，Yagar[34]提出第一个基于计算机模拟的 DTA 模型。该模型考虑随时间变化的需求及排队，并满足 Wardrop 用户最优原则。William 等[35]给出时变 DTA 模型，评估 VMS 动态出行时间信息对交通流的影响。Mahamassani 等[36]构建了基于 ITS 的交通模拟模型，从宏观层面进行仿真，研究 ATIS 市场占有率和 ATMS 控制策略。Yang 等[37]从微观入手，模拟具有交通控制、路径诱导和监督系统的交通网络。Khattak 等[38,39]组合考虑确定性排队和出行者离散选择，模拟不同的事故情形。De Palma 和 Marchal 在问卷调查的基础上，开发出一个模拟出行者出行时间选择、路径选择，以及日变动特性调整的中观模型，能够应用于大规模网络。张小宁[40]研究了交通信息诱导下驾驶员动态行为反应和交通网络上非均衡交通演化，在此基础上评价出行信息系统的效益。李妍峰等[41]将动态城市交通路网与车辆路径问题相结合，考虑实时交通信息诱导下城市动态网络车辆路径优化问题。

　　此外，元胞自动机(cellular automaton，CA)模型在交通仿真领域得到广泛应用[42]。Wahle 等[43]针对单起论对、两条路径的简单网络，利用 CA 分析实时交通信息对交通流的影响。Yokoya[44]利用 CA 仿真，试图从统计物理角度分析信息对交通网络的作用过程。Wang 等[45]通过引入拥挤信息反馈机制，用 CA 模拟出行者根据 VMS 动态交通信息完成路径选择的过程。葛红霞等[46]考虑有效间距及刹车灯的作用，引入可变安全间距的新概念，提出一种可应用 ITS 的新 CA 模型。卢守峰等[47]利用 CA 对发布平均行程时间和平均速度 VMS 诱导信息的效果进行了模拟。

2. 出行调查

　　显示性偏好(revealed preference，RP)和叙述性偏好(stated preference，SP)调查方法经常被用来研究交通信息对出行者行为的影响。前者是调查实际数据，即在某地点实际观测到的、已完成的选择行为，也称为行为调查。后者是基于研究者假想情形的准实验法，是为了获得人们对假定条件的多个方案所表现出来的主观偏好而进行的选择意向调查，也称为意向调查。传统调查方法基于 RP 调查，知道出行者的历史行为或者意愿行为便已足够，所以一般采用 SP 调查。Chatterjee 等[48]的调查表明，80%的出行者认为 VMS 信息可靠、有用，73%的出行者更喜欢有内容而非"空白"的 VMS 信息。Jindahra 等[49]的研究结果表明，不同信息内容会导致不同级别的路径改变倾向。

　　工作出行/非工作出行会影响出行者的出行行为。工作出行的时间限制界定了出行者必须在早高峰时期到达目的地。早高峰时间一般为上午 6～9 点，晚高峰一般在下午 5～7 点。上班族在工作出行途中大多期望避免交通延误，所以遇到交通拥挤或事故时更可能接受信息诱导，改变以往的行驶路径。Bovy 等[50]认为，出行时间是影响出行者路径选择行为最重要的因素。Mannering 等[51]研究了交通网络和出行者社会经济特性对路径变换的重要性。调查表明，早高峰和晚高峰的出行大不相同。Heathington 等[22]发现，出行者上班时比回家时更关心出行延误。出行的风险偏好与个人驾驶技术，以及对出行地的熟悉程度有关。出行者的性别、年龄、出行目的等社会经济特征也会影响个人风险决策。Spyridakis 等[52]对西雅图 3893 位上班族调查后发现，被调查者具有许多共同特征。例如，重视节省的出行时间；上班时比下班时更容易在途中更换路径；更愿意转移到已知路径，而不愿意更换到未知路径；容易受到交通信息影响。Benshoof[53]发现，年龄和性别对出行者路径选择的影响非常大。年轻男性比老年人更容易在驾驶途中更换路径，而且新路径可能并不是 VMS 信息指示的那一条。相比年轻人，老年人更可能接受交通信息并选择信息诱导的路径出行。Emmerink 等[15]从对阿姆斯特丹市的问卷调查发现，女性更容易被交通信息所左右，而上班族受到的影响要小一些。此外，出行者对替代路径的满意程度与道路类型及距离有关。干宏程等[54]针对上海城市快速路交通诱导系统，研究了交通信息诱导下的途中改道行为。结果表明，女性途中改道行为受 VMS 信息的影响较男性小，老年出行者受 VMS 信息的影响比年轻出行者小。Peeta 等[55]的研究表明，出行者对路径的熟悉程度影响出行者面对 ATIS 信息时的路径选择行为。但是，并不是对路径越熟悉，出行者越容易转移到替代路径上。当交通拥挤程度很高时，出行者即使对替代路径并不熟悉，也会选择改变路径。Mannering 等[18]对购物出行的非上班族进行网上互动 SP 调查后发现，不熟悉环境的出行者容易改变目的地，而不是变换路径；ATIS 发布信息的方式对出行者的影响很大。交通信息若一次性发布，信息充分但出行者难以取舍；若成批的接连发送，出行者容易接受但信息不够全面。周元峰[56]设计并利用 SP 问卷调查获得大量北京市出租汽车驾驶员的路径选择行为数据，建立基于路径转换概率预测的 Logistic 分析模型。Spyropoulou 等[57]调查了驾驶员转向倾向的影响因素，包括信息特征(如事故类型)、行程特征(如车辆类型)、驾驶员特征(如驾驶员年龄和收入)等。

　　出行者对交通信息的服从是指出行者获得信息后，愿意积极响应并根据系统指示调整出行策略。信息服从可以通过采纳信息建议和改变出行行为体现。Bonsall 等[58]认为必须考虑信息可靠度，因为许多出行者相信自己对路网的了解和判断，而不仅仅是相信信息技术，而且诸如性别、年龄、驾驶经验等个人因素的影响也很大。Abdel-Aty 等[59]利用 SP 数据探讨出行时间的变化对路径选择的影响。研究表明，出行时间并不是单一决定性因素。他们认为信息可靠度非常重要，并倡议把可靠性评估作为 ATIS 的一部分。Chen 等[60]认为，出行者对实时交通信息的反应是个人在复杂环境中判断、学习和决策的一系列过程。不仅如此，单个决策者的选择行为还取决于路网中其他出行者的决策。Khattak 等[61]分析了出行者如何在出行前处理意料之外的交通拥挤，以及对 ATIS 信息如何做出反应，认为 ATIS 能够克服出行者的出行惯性，且出行者更愿意服从强制性信息。Fox 和等[62]在一种高度逼真的环境下进行模拟，估计出行者对 ATIS 信息的信任度和服从情况。结果表明，40%的出行者没有信任和服从 ATIS 信息。Chen 等[63]考查了在不同的 ATIS 信息质量和可靠度水平时，上班族对 ATIS 的反应。研究表明，信息质量决定了出行者是否服从 ATIS 信息。Srinivasan 等[64]试图建立实时交通信息条件下出行者的惯性机制和信息服从机制，并利用多项式 Probit 模型分析行者路径选择行为。他们认为，信息质量、网络加载和日变演化机制、服务水平、出行者经验决定了出行者的路径选择。Chen 等[65]用混合线性模型分析出行者对 ATIS 的信息服从情况。研究发现，高速路信息、车辆转弯、拥堵、事故等信息，以及出行者空间经验、时间经验、教育水平是重要的影响因素。

1.2.3　交通信息效用

ATIS 最重要的作用是能够降低出行时间、减缓拥挤。同时，ATIS 还能舒缓驾驶员的紧张情绪，增加出行安全性，降低环境污染。交通信息通过广播、网站、电视广播、VMS 发布出行前信息或中途信息。出行者通过广播、电视、网站，甚至他人交谈在出行前获得信息，事先计划出行路径，不需要途中临时做出判断。中途信息需要针对途中交通状况的变化，临时做出抉择。出行者在行驶途中通过广播或 VMS 获得信息，不得不根据当时交通路况做出迅速判断。是否转移路径的举动非常重要，意味着交通信息是否有用和被接受。但是，无论系统怎样努力提供完美的实时交通信息，出行者都可能对信息并无响应，出行方式依然故我。因此，尽管可能达到减缓交通拥挤的目的，交通信息对交通流的影响仍不能完全确定，反而可能恶化路网交通状况。

早在 1988 年，Boyce[66]就指出，如果扩大交通网络来缓解道路供小于求的问题，可能会带来意想不到的社会和环境后果。同年，根据英国一项出行样本实验，Jeffery[67]发现，出行者在不熟悉路径上的出行效率损失在 20%～25%。Chatterjee 等[48]的问卷调查表明，只有 1/3 的出行者看到 VMS 信息，而且尽管知道信息有用，依然只有少数人改变路径。Schofer 等[68]指出，信息内容非常重要，包括信息种类(历史信息、实时信息、预测信息)，定量信息还是定性信息，以及信息是否精确、及时、合理、可靠。Wang 等[45]研究发现，发布时间信息可能导致车流不稳定，使系统利用效率下降。尚华艳等[6]证明，若在不合理的位置安装 VMS，其提供的交通信息反而会增加总出行时间。Ben-Akiva 等[13]指出，提供交通信息可能会导致三种交通现象。

① 信息过剩。ITS 向出行者提供大量可用信息,使出行者不知所措,无法进行选择。

② 过激反应。由于忽略或错误估计了其他出行者的反应,大量出行者根据交通信息改变行驶路线,导致一条路段的拥挤转移至另一路段,甚至在路网产生振荡现象。

③ 集聚反应。大量出行者根据路网交通信息选择最优出行路线时,具有相似偏好的人往往集聚到同一路径。

需要说明的是,过激反应和集聚反应的本质并不同。集聚反应是系统本身存在的问题,而过激反应源于出行者无法对他人反应做出正确估计[13]。

Benshoof[53]认为,用于路径决策的效用函数一般包括出行时间、出行距离、终点处期望到达时间、计划延迟、出行时间不确定性、出行者社会经济特性等相关属性。Walting 等[69]指出,一些因素会影响信息质量,包括交通评估技术精确性和可靠性、信息发布渠道可靠性、信息传送时间延迟、信息更新频率和信息提供方式。Emmerink 等[15,16]通过对出行者行为的演化模拟发现,信息质量越高,市场占有率越高;反之,若信息质量很低,即便市场占有率很低,也容易导致过激反应。实时交通信息,尤其是实时中途交通信息,非常有利于系统达到稳定状态。Wardman 等[70]认为 VMS 的影响取决于三个方面,即信息内容,如拥堵产生原因和波及面;当地环境,如正常条件下出行时间;出行者特征,如年龄、性别和以往出行经验。Annino[71]指出,信息内容的细节会受到 VMS 物理特征的限制。

1.3　主　要　内　容

随着智能交通技术的发展,VMS 被广泛应用于动态交通管理。CTM 可以很好地模拟交通流激波、排队形成与消散等交通流动力学特性。

本书 8 章。第 1 章为绪论;第 2 章为基础知识,介绍交通流理论基本知识和 CTM 基本原理;第 3 章研究基于 CTM 的 VMS 选址问题;第 4 章介绍基于 CTM 的路径行驶时间计算方法;第 5 章在第 3 章和第 4 章的基础上,扩展到较大网络,分析 VMS 实时交通信息对交通流的影响;第 6 章介绍三种路径选择规则和虚拟车辆的路况探测机制;第 7 章介绍信息-交通耦合 CTM;第 8 章进行总结和展望。

参 考 文 献

[1] 陆化普. 陆化普: 交通拥堵机理分析与对策建议(上)[EB/OL]. https://www.sohu.com/a/135259584_601552[2017-04-20].

[2] 陆化普, 李瑞敏. 城市智能交通系统的发展现状与趋势[J]. 工程研究——跨学科视野中的

工程, 2014, (1): 6-19.

[3] 于宏程, 孙立军, 陈建阳. 提供交通信息条件下的途中改道行为研究[J]. 同济大学学报(自然科学版), 2006, 34(11): 1484-1488.

[4] 黄海军, 吴文祥. 交通信息对交通行为影响的评价模型[J]. 系统工程理论与实践, 2002, 10: 81-83.

[5] 李志纯, 黄海军. 先进的旅行者信息系统对出行者选择行为的影响研究[J]. 公路交通科技, 2005, 22(2): 95-99.

[6] 尚华艳, 黄海军, 高自友. 基于元胞传输模型的可变信息标志选址问题研究[J]. 物理学报, 2007, 56(8): 4342-4347.

[7] 江筱薇. VMS 影响下驾驶员路径选择机理及信息发布策略研究[D]. 南京: 东南大学, 2017.

[8] 于宏程, 孙立军. VMS 技术的评价、现状与进展[J]. 上海公路, 2003, 2: 34-38.

[9] 于宏程, 孙立军. 一种新的可变信息标志技术的设计和应用[J]. 交通与计算机, 2004, 6(22): 93-96.

[10] Emmerink R H M, Nijkamp P, Rietveld P, et al. Variable message signs and radio traffic information: an integrated empirical analysis of drivers' route choice behavior[J]. Transportation Research Part A, 1996, 30(2): 135-153.

[11] Chatterjee K, Hounsell N B, Firmin P E, et al. Driver response to variable message sign information in London[J]. Transportation Research Part C, 2002, 10: 149-169.

[12] 尚华艳. 基于元胞传输模型的实时交通信息研究[D]. 北京: 北京航空航天大学, 2008.

[13] Ben-Akiva M, de Palma A, Kaysi I. Dynamic network models and driver information systems[J]. Transportation Research Part A, 1991, 25(5): 251-266.

[14] Messer A, Papageorgiou M. Motorway network control via nonlinear optimization[J]. International Transactions in Operational Research, 1995, 2(2): 187-203.

[15] Emmerink R H M, Axhausen K W, Nijkamp P, et al. The potential of information provision in a simulated road transport network with non-recurrent congestion[J]. Transportation Research Part C, 1995, 3(5): 293-309.

[16] Emmerink R H M, Axhausen K W, Nijkamp P, et al. Effects of information in road transport networks with recurrent congestion[J]. Transportation Research, 1995, 22: 21-53.

[17] Dudek C L, Friebele J D, Loutzenheiser R C. Evaluation of commercial radio for real-time driver communication on urban freeways[J]. Highway Research Record, 1971, 358: 17-25.

[18] Mannering F, Kim S G, Ng L, et al. Travelers' preferences for in-vehicle information systems: an exploratory analysis[J]. Transportation Research Part C, 1995, 3(6): 339-351.

[19] Spyridakis J, Barfield W, Conquest L, et al. Surveying commuter behavior: designing motorist information systems[J]. Transportation Research, 1991, 25(1): 17-30.

[20] Khattak A, Polydoropoulou A, Ben-Akiva M. Modeling revealed and stated pretrip travel response to advanced traveler information systems[J]//Transportation Research Record, 1996, 1537: 46-54.

[21] Polydoropoulou A, Ben-Akiva M, Khattak A, et al. Modeling revealed and stated en-route travel response to advanced traveler information systems[J]. Transportation Research Record, 1996, 1537: 38-45.

[22] Heathington K W, Worral R D, Hoff G C. Attitudes and behavior of drivers regarding route diversion[J]. Highway Research Record, 1971, 363: 18-26.

[23] Janssen W, van der Horst R. Presenting descriptive information in variable message signing[C]//Transportation Research Record, 1993, 1403: 83-87.

[24] Jou R C, Chen K H. A study of freeway drivers' demand for real-time traffic information along main freeways and alternative routes[J]. Transportation Research Part C, 2013, 31: 62-72.

[25] Polydoropoulou A, Gopinath D A, Ben-Akiva M. Willingness to pay for advanced traveler information systems: smar traveler case study[J]. Transportation Research Record, 1997, 1588: 1-9.

[26] Mehndiratta S R, Kemp M A, Lappin J, et al. What advanced traveler information system information do users really want? Evidence from in-vehicle navigation device users[J]. Transportation Research Record, 1999, 1679: 41-49.

[27] Li Z, Hensher D A, Rose J M. Willingness to pay for travel time reliability in passenger transport: a review and some new empirical evidence[J]. Transportation Research Part E, 2010, 46(3): 384-403.

[28] 徐红利, 周晶, 陈星光. 基于前景理论的路径选择行为规则分析与实证[J]. 交通运输系统工程与信息, 2007, 7(6): 95-101.

[29] 刘天亮, 黄海军. 日常择路行为的多智能体模拟[J]. 物理学报, 2007, 56(11): 6321-6325.

[30] 熊轶, 黄海军, 李志纯. 交通信息系统作用下的随机用户均衡模型与演进[J]. 交通运输系统工程与信息, 2003, 3(3): 44-48.

[31] 黄海军, 吴文祥. 交通事故信息发布的有效性分析[J]. 系统工程理论方法应用, 2001, 10(4): 298-300.

[32] Lee S J, Shin S W. Variable message sign operating strategies: simple examples[J]. Transport Metrica, 2011, 7(6): 443-454.

[33] Peeta S, Ziliaskopoulos A K. Foundations of dynamic traffic assignment: the past, the present and the future[J]. Networks and Spatial Economics, 2001, 1: 233-265.

[34] Yagar S. Dynamic traffic assignment by individual path minimization and queuing[J]. Transportation Research, 1971, 5: 179-196.

[35] William H K, Chan K S. A model for assessing the effects of dynamic travel time information via variable message signs[J]. Transportation, 2001, 28: 79-99.

[36] Mahamassani H S, Jou R C. Transferring insights into commute behavior dynamics from laboratory experiments to field surveys[J]. Transportation Research Part A, 2000, 34: 243-260.

[37] Yang Q, Koutsopoulos H N. A microscopic traffic simulator for evaluation of dynamic traffic management systems[J]. Transportation Research Part C, 1996, 4(3): 113-129.

[38] Khattak A J, Schofer J L, Koppelman F S. Factors influencing commuters' en route diversion behavior in response to delay[J]. Transportation Research Record, 1991, 1318: 125-136.

[39] Khattak A, Polydoropoulou A, Ben-Akiva M. Modeling revealed and stated pretrip travel response to advanced traveler information systems[J]. Transportation Research Record, 1996, 1537: 46-54.

[40] 张小宁. 实时交通信息诱导下的出行模式及效益评价[J]. 管理科学学报, 2011, 14(9): 13-20.

[41] 李妍峰, 高自友, 李军. 基于实时交通信息的城市动态网络车辆路径优化问题[J]. 系统工

程理论与实践, 2013, 33(7): 1813-1819.

[42] 赵久平. 基于元胞自动机模型的可变信息标志(VMS)对交通流特性影响研究[D]. 北京: 北京交通大学, 2011.

[43] Wahle J, Bazzan A L C, Klügl F, et al. The impact of real-time information in a two-route scenario using agent-based simulation[J]. Transportation Research Part C, 2002, 10: 399-417.

[44] Yokoya Y. Dynamics of traffic flow with real-time traffic information[J]. Physical Review E, 2004, 69: 016121.

[45] Wang W X, Wang B H, Zheng W C, et al. Advanced information feedback in intelligent traffic systems[J]. Physical Review E, 2005, 72: 066702.

[46] 葛红霞, 祝会兵, 戴世强. 智能交通系统的元胞自动机交通流模型[J]. 物理学报, 2005, 54(10): 4621-4625.

[47] 卢守峰, 杨兆升, 刘喜敏. 基于元胞自动机的 VMS 诱导信息系统研究[J]. 交通与计算机, 2006, 24(2): 9-12.

[48] Chatterjee K, Hounsell N B, Firmin P E, et al. Driver response to variable message sign information in London[J]. Transportation Research Part C, 2002, 10: 149-169.

[49] Jindahra P, Choocharukul K. Short-run route diversion: an empirical investigation into variable message sign design and policy experiments[J]. IEEE Transactions on Intelligent Transportation Systems, 2013, 14(1): 388-397.

[50] Bovy P H L, Stern E. Route Choice: Wayfinding in Transport Networks[M]. Dordrecht: Kluwer Academic Publishers, 1990.

[51] Mannering F, Kim S G, Ng L, et al. Travelers' preferences for in-vehicle information systems: an exploratory analysis[J]. Transportation Research Part C, 1995, 3(6): 339-351.

[52] Spyridakis J, Barfield W, Conquest L, et al. Surveying commuter behavior: designing motorist information systems[J]. Transportation Research, 1991, 25(1): 17-30.

[53] Benshoof J A. Characteristics of drivers' route selection behavior[J]. Traffic Engineering and Control, 1970, 11: 605-609.

[54] 干宏程, 孙立军, 陈建阳. 提供交通信息条件下的途中改道行为研究[J]. 同济大学学报(自然科学版), 2006, 34(11): 1484-1488.

[55] Peeta S, Ramos J L, Pasupathy R. Content of variable message signs and on-line driver behavior[J]. Transportation Research Record, 2000, 1725: 102-108.

[56] 周元峰. 基于信息的驾驶员路径选择行为及动态诱导模型研究[D]. 北京: 北京交通大学, 2007.

[57] Spyropoulou I, Antoniou C. Determinants of driver response to variable message sign information in Athens[J]. IET Intelligent Transport Systems, 2014, 9(4): 453-466.

[58] Bonsall P, Parry T. Using an interactive route-choice simulator to investigate drivers' compliance with route guidance advice[J]. Transportation Research Record, 1991, 1306: 59-68.

[59] Abdel-Aty M, Abdalla M F. Modeling drivers' diversion from normal routes under ATIS using generalized estimating equations and binomial probit link function[J]. Transportation, 2004, 31: 327-348.

[60] Chen P S T, Mahmassani H S. Dynamic interactive simulator for the studying commuter behavior under real-time traffic information supply[J]. Transportation Research Record, 1993,

1413: 12-21.

[61] Khattak A J, Schofer J L, Koppelman F S. Commuters' enroute diversion and return decisions: analysis and implications for advanced traveler information systems[J]. Transportation Research Part A, 1993, 27 (2): 101-111.

[62] Fox J E, Boehm-Davis D A. Effects of age and congestion information accuracy of advanced traveler information systems on user trust and compliance[J]. Transportation Research Record, 1998, 1621: 43-49.

[63] Chen P S T, Srinivasan K K, Mahmassani H S. Effect of information quality on compliance behavior of commuters under real-time traffic information[J]. Transportation Research Record, 1999, 1676: 53-60.

[64] Srinivasan K K, Mahmassani H S. Modeling inertia and compliance mechanisms in route choice behavior under real-time information[J]. Transportation Research Record, 2000, 1725: 45-53.

[65] Chen W H, Jovanis P P. Driver en route guidance compliance and driver learning with advanced traveler information systems: analysis with travel simulation experiment[J]. Transportation Research Record, 2003, 1843: 81-88.

[66] Boyce D E. Route guidance systems for improving urban travel and location choice[J]. Transportation Research Part A, 1988, 22: 275-281.

[67] Jeffery D J. Driver route guidance systems: state of the art[R]//Telematics-Transportation and Spatial Development Internat ional Symposium, Hague, 1988.

[68] Schofer J L, Khattak A, Koppleman F S. Behavioral issues in the design and evaluation of advanced information systems[J]. Transportation Research Part C, 1993, 1(2): 107-117.

[69] Walting D, Vuren T V. The modeling of dynamic route guidance systems[J]. Transportation Research Part C, 1993, 1(2): 159-182.

[70] Wardman M, Bonsall P W, Shires J D. Driver response to variable message signs: a states preference investigation[J]. Transportation Research Part C, 1997, 5(6): 389-405.

[71] Annino J M. Travel behavior and intelligent transportation systems[D]. American: University of Connectict, 2002.

第 2 章　交通流理论和元胞传输模型概述

2.1　交通流理论概述

2.1.1　交通流理论简介

城市是经济、文化、政治活动的中心，城市交通系统是承载这些活动的基本构件。我国城镇化步伐越来越快，落后的城市交通系统成为制约城市可持续发展的主要瓶颈，城市交通拥堵、交通环境污染和交通事故已经引起广泛关注，成为全社会面临的老大难问题。我国交通工程建设项目规模越来越大、标准越来越高，但效果并不理想，有些高架路变成停车场，立交桥多次重建。

拥堵现象的产生和演变过程极其复杂，蕴涵着大量基础科学问题。直观原因是供需失衡、交通资源未获得充分利用。科学原因在于对交通拥堵形成及演化机理认识不清，以及规划、管理与控制系统缺乏科学理论指导。从深层次看，普遍存在"大经验、小科学"，表现为重技术，轻科学；重现象，轻机理；重实施，轻预研[1]。

交通流是交通需求的实现结果，是交通需求在有限时间与空间上的聚集现象。由于涉及人、车、路三者之间的相互关系，交通流形成过程极其复杂，蕴涵着大量基础科学问题。交通流理论旨在通过模型描述交通流形态，模拟解释各种交通现象的本质和规律(如堵塞为何产生？如何消散？主要因素是什么？)，为交通规划、管理和控制提供理论依据。

根据交通需求属性，交通流可以分为人员流和货物流。载运体是各种交通工具。城市交通流的研究可以分为车辆微观运动特性和宏观分布规律两个方面[1]。

① 微观指对司机驾驶行为的研究，揭示速度、密度和流量之间的瞬态和稳态关系，再现各种交通拥堵现象的发生和发展过程。例如，因扰动(并线、抛锚、追尾)产生的拥堵，因不合理信号控制产生的路口拥挤，因基建施工和临时社会活动产生的拥挤，因非线性、奇怪吸引因子产生的拥挤"幽灵"等。

② 宏观指交通需求在网络上的实现过程，研究出行者如何决定出发时间，如何选择路径，最后导致怎样的路段流量分布。因此，研究需要将巨大数量的微观离散个人决策结果转化为宏观网络聚集现象，即从微观拥堵到宏观拥挤的转变过程。

相应的，城市交通流理论可分为道路交通流和网络交通流两大类。

2.1.2　道路交通流基本理论

道路交通流理论研究的目标是建立能够描述实际交通一般特性的交通流模型，加深人们对复杂多体系统平衡态和远离平衡态时演变规律的认识，指导交通系统规划设计、管理和控制。研究可以促进统计物理、流体力学、非线性动力学、行为科学和交通工程学等多学科的交叉渗透和相互发展。根据研究方法不同，道路交通流模型分为微观交通流模型、宏观交通流模型和中观气体动理论模型。宏观连续模型，又称为流体力学模型，将交通流看作由大量车辆组成的可压缩连续流体介质，关注车流的平均性质(车流平均速度、平均密度等)，包括运动学模型和动力学模型。微观模型研究单个车辆相互作用的个体行为，包括车辆跟弛模型和CA 模型。中观模型采用气体动力论基本思想描述交通流，主要有气体动理论模型等。

值得指出的是，目前的研究远未达到准确描述和模拟交通过程的目标，一些交通拥堵形成机理还没有被完全认识[2,3]。

1. 宏观交通流模型

宏观交通流理论将交通流看作由大量车辆组成的可压缩连续流体介质，研究车辆集体的平均行为，单个车辆个体特性并不显式出现。发展始于 Lighthill-Whitham-Richards(LWR)模型[4,5]，可以归结为如下守恒方程，即

$$\frac{\partial \rho}{\partial t} + \frac{\partial q}{\partial x} = s(x,t) \tag{2.1}$$

其中，ρ 为车流密度；q 为交通流量；x 和 t 分别为空间和时间；$s(x,t)$ 为流量产生率。

经典 LWR 模型假设道路没有进出匝道，即 $s(x,t)=0$。LWR 理论还认为，均衡状态下平均速度 v 与交通密度 ρ 存在如下关系，即

$$v = v_e(\rho) \tag{2.2}$$

其中，$v_e(\rho)$ 为动态平衡速度。

此外，流量 q、密度 ρ 和速度 v 之间满足如下关系，即

$$q = \rho v \tag{2.3}$$

LWR 模型可得到简单交通流问题的解析解，并论证了交通激波的存在、拥堵的产生与疏导。如果式(2.1)右端 $s(x,t)$ 不恒为 0，还可以再现车辆进出匝道时的一些交通现象。但由于速度与密度总处于平衡状态，因此不能反映非均衡状态下交通流的动力学特性，如交通流怎样失稳、走走停停现象如何发生等。

为了克服 LWR 模型缺陷，Payne 和 Whitham 采用如下动力学方程来代替式(2.1)，即

$$\frac{\partial v}{\partial t} + v\frac{\partial v}{\partial x} = \frac{v_e - v}{\tau} - \frac{\upsilon}{\rho\tau}\frac{\partial \rho}{\partial x} \tag{2.4}$$

其中，τ 为松弛时间；$\upsilon = -0.5\partial v_e(\rho)/\partial\rho$ 为期望系数。

式(2.4)连同守恒方程(2.2)构成双曲型方程组，称为 PW 模型。该模型允许速度偏离均衡状态下的速度与密度关系，比 LWR 模型更能准确地描述实际车流运动，既可以得到 LWR 模型非线性波传播特性(如阻塞的形成和疏导)，又能分析车流小扰动失稳、走走停停、相变等特性。因此，高阶流体力学模型在 20 世纪八九十年代得到迅速发展。但是，1995 年 Daganzo[6]指出，已有高阶连续模型均存在一个大于车流宏观速度的特征速度。这意味着，前方车辆运动会受到后方车辆的影响，违背了车流各向异性特性，会导致某些情况下车辆出现倒退现象。Daganzo 的批判使迅速发展的高阶连续模型方法进入停滞阶段。

2. 微观道路交通流模型

交通流微观方法主要有跟弛模型和 CA 模型。

跟弛模型认为交通流由分散粒子组成，以单个车辆为描述对象，通过研究前车对后车的作用，了解交通流特性。从力学观点，实际上是一种质点系动力学模型。假设车队中的每辆车必须与前车保持一定间距以免发生碰撞，后车加速或减速取决于前车。考虑车辆对刺激反应滞后的阻尼效应和车辆运动随机性，建立后车与前车的相互关系。每辆车的运动规律可以用一个常微分方程描述。此方程"力项"通常与前方车间距、相对速度，以及自己速度有关，通过求解微分方程可以确定车流演化过程。跟弛模型的一般形式为

$$\ddot{x}_n(t) = f_{\text{sti}}[v_n(t), \Delta x_n(t), \Delta v_n(t)] \tag{2.5}$$

其中，函数 f_{sti} 表示第 n 辆车对前车刺激产生的反应，采用不同的 f_{sti} 可以得到不同的跟弛模型；$x_n(t)$ 和 $v_n(t)$ 分别表示第 n 辆车在 t 时刻的位置和速度；$\Delta x_n(t) = x_{n+1}(t) - x_n(t)$ 表示第 n 辆车在 t 时刻与前车的距离；$\Delta v_n(t) = v_{n+1}(t) - v_n(t)$ 表示相对速度。

CA 模型是 20 世纪 80 年代提出，90 年代迅猛发展的一种新交通流动力学模型。CA 理论采用离散的时空和状态变量，规定车辆运动的演化规则，通过大量样本平均揭示交通规律。由于交通本质上是离散的，用 CA 理论研究交通可以避免离散-连续-离散的近似过程，因此具有独特的优越性。

在 CA 模型中，道路被划分为等距格子，每个格点表示一个元胞。在某个时刻，元胞为空或者被一辆车占据。在 $t \to t+1$ 时间步，根据给定规则对系统状态进行更新。

3. 中观气体动理论模型

在宏观和微观描述方法之间，存在一个能够把两者联系起来的中观方法，即基于概率描述的气体动理论模型。模型中的交通流被看作是相互作用的粒子，每个粒子代表一辆车。通过积分关于相空间密度分布函数的 Boltzmann 方程，引入近似关系来封闭得到的方程组，就可以得到宏观交通流模型的方程组。

上述三种交通流研究方法各有优点和缺陷。例如，宏观模型只需求解描述交通集体行为的少数几个参量构成的偏微分方程(组)，模拟时间与车辆数目基本无关，只依赖道路范围和空间时间离散步长，计算量比较少，但很难分析交通流的相变分离，只能将交通流粗糙地分为稳定区域和不稳定区域，对稳定性区域不能进一步划分。因此，不能刻画各种交通波，如稳定性区域三角激波、亚稳定区域孤立波及不稳定区域扭结波。跟弛模型虽然能够解决宏观模型的缺陷，但每辆车都有自己的运动方程，模拟时间和内存的要求均与车辆数目成正比。因此，跟弛模型适用于分析少数车辆的交通行为，不适合分析大量车辆的交通行为。由此可见，对于交通流状态复杂性特征的描述困难重重，许多问题有待进一步探讨。

2.1.3　网络交通流基本理论

网络交通流从道路交通流发展而来，更具挑战性，也更具现实意义。城市交通网络由节点通过有限长度的道路连接而成，是一个复杂、开放、自适应和具有突变特征的系统。具体某条道路的交通流具有微观特征，而整个网络特性却不等于所有微观特性的简单求和。例如，某条路径拥挤，并不意味着该路径包含的所有路段都拥挤，可能一个路段，甚至某一点拥挤。判断这条路径拥挤时，出行者可以通过选择别的路径，或改变出发时刻，或改用其他出行工具避免拥挤。因此，当把交通流研究扩展到网络范畴时，变数会更大。从目前的研究方法来看，主要分为基于出行的交通模型和基于活动的交通模型。

1. 基于出行的交通模型

对人类活动和交通系统之间的关系研究始于 1954 年 Robert 和 Chester 的工作。他们假定人们的出行有四个步骤，由此建立一个一条路段的网络。后来这种方法被称为四阶段法。

(1) 交通量生成

首先，将研究的大区域划分为若干小区域。每个小区域用一个节点代表，称为起讫点(origin destination, OD)，位于小区中心。用 g_i 表示起始点 i 交通产生量，a_j 表示终讫点 j 交通吸收量，根据统计估计理论可以得到如下形式的函数，即

$$g_i = f_i(P_i, E_i, C_i, L_i) \tag{2.6}$$

$$a_j = f_j(P_j, E_j, C_j, L_j) \tag{2.7}$$

其中，P、E、C 和 L 分别代表该节点的人口、经济、文化和土地使用指标。

根据节点历史样本数据，用估计理论(如回归)可以确定上述函数的参数，进而预测出规划年度的交通产生量与吸收量。为了使预测结果更可靠，还需要做一些实地调查，以检验和提高估计值的可靠度。

(2) OD 矩阵估计

通过出行分布将网络起点和讫点联系起来，用 OD 矩阵描述出行单位在 OD 之间的数量分布情况。进行 OD 矩阵估计前，首先需要利用抽样、家访、截车询问、牌照识别等方法进行调查。OD 矩阵估计的方法有多种。旧方法主要包括常增长系数法、平均增长系数法和弗莱特法。常增长系数法给定基年 OD 矩阵($\hat{t}_{ij}$)，设 G 为增长系数，t_{ij} 为某时段内从 i 节点至 j 节点的交通量，则 $t_{ij} = \hat{t}_{ij}gG, \forall i, j$。这种方法适用于研究短期问题中小规模、硬件结构变化不大的网络，存在局部预测偏高或偏低的缺点。平均增长系数法设 G_i 为 i 节点交通量(产生量或吸收量)增长率，G_j 为 j 节点交通量增长率，则 $t_{ij} = \hat{t}_{ij}g(G_i + G_j)/2, \forall i, j$。这种方法需要反复迭代，收敛很慢，且存在高区低估和低区高估的现象。弗莱特法在平均增长系数法的基础上稍作改进。这三种方法都很粗略，并且不能考虑交通小区之间的吸引与分离原因，物理解释性差。

常用的研究方法是双约束引力模型，即如何从已知的产生量 g_i 和吸收量 a_j 数据，计算符合交通行为理论的 t_{ij} 矩阵。设 c_{ij} 是从 i 至 j 的出行阻抗，则

$$t_{ij} = r_i s_j \exp(-ac_{ij})$$

$$\text{s.t.} \begin{cases} \sum_j t_{ij} = g_i \\ \sum_i t_{ij} = a_j \\ t_{ij} \geqslant 0 \end{cases} \tag{2.8}$$

其中，t_{ij} 为某时段内从 i 节点至 j 节点的交通量；r_i 和 s_j 分别为与节点 i 和 j 相关的平衡因子；a 为校正系数。

当 a、g_i、a_j 和 c_{ij} 已知时，可以用 Furness 迭代算法解出唯一矩阵 t_{ij}。

1980 年后，以一定数量的路段流量观察值来反推 OD 矩阵的熵极大模型是 OD 矩阵估计的重大突破。

(3) 交通方式选择或划分

网络交通流的形成机理研究涉及人的行为，而复杂的交通行为受信息、价值

标准、判断准确性和理性程度的综合影响。现有交通方式的选择一般基于效用极大化理论的 Logit 模型，即

$$t_{ij}^k = t_{ij} \frac{\exp(-ac_{ij}^k)}{\sum_m \exp(-ac_{ij}^m)} \tag{2.9}$$

其中，k 和 m 表示第 k 种和第 m 种运输方式；t_{ij} 为从 i 节点至 j 节点的交通量；c_{ij} 为从 i 至 j 的出行阻抗；a 为校正系数。

(4) 交通量配流

用 a 表示网络中的一条有向线段；x_a 表示 a 上的交通流量；$c_a x_a$ 为出行单位在 a 上遇到的阻抗，是 x_a 的连续、严格上升函数(拥挤效应)；h_{pij} 为从 i 至 j 路径 p 的流量；c_{pij} 为路径 p 阻抗，则有

$$x_a = \sum_i \sum_j \sum_p \delta_{apij} h_{pij} \tag{2.10}$$

$$c_{pij} = \sum_a \delta_{apij} c_a x_a \tag{2.11}$$

$$t_{ij} = \sum_p h_{pij} \tag{2.12}$$

其中，δ_{apij} 为 0-1 变量，若 a 处于 i 至 j 的路径 p 上，则为 1；否则，为 0。

配流任务是将 t_{ij} 分配至网络上，得到 x_a。方法有很多，早期使用全有全无法，后来又用比例递增法或逐步加载法，但理论上最完善的是 UE 原则法。

1952 年，Wardrop[7]提出均衡理论的两项基本原则。

① UE 原则。在平衡点，连接每个 OD 对所有被使用的路径有相同阻抗，且小于或等于任何未被使用的路径阻抗。

UE 理论把交通需求分析阶段得到的 OD 矩阵，按照一定的路径选择原则分配到交通网络路段上，得到路径流和路段流。为体现拥挤效应，车辆在路段上的行驶时间或阻抗是路段交通流量的增函数。在大量个体最优决策和长时间行为调整后，同一 OD 对之间所有被使用路径的时间相等，并且不大于任何未被使用路径的时间，这种流量分布状态就是 UE。在 UE 状态下，没有人能够通过单方面改变路径达到降低个人出行时间的目的。

用数学语言描述就是，当路径流量 h 满足守恒条件(2.10)~(2.12)和下式，即

$$c_{pij} = \sum_a \delta_{apij} c_a x_a = c_{ij}, \quad h_{pij} > 0 \tag{2.13}$$

$$c_{pij} = \sum_a \delta_{apij} c_a x_a \geqslant c_{ij}, \quad h_{pij} = 0 \tag{2.14}$$

可以证明，符合 UE 的交通流量 x_a 可以从下列等价的极小值问题求解中获得，即

$$\min F(x) = \sum_a \int_0^{x_a} c_a(x)\mathrm{d}x \tag{2.15}$$

上述问题是一个只含线性约束的严格凸规划问题，有唯一解 x^*。

同时，UE 已被证明实际上就是一种纳什均衡态。所以，现代微观经济学对研究巨量多体交通行为有非常重要的作用，可以用等价的数学规划或变分不等式来构造 UE 数学模型。

② 系统最优(system optimum，SO)原则。出行单位服从统一指挥，寻找对整体系统有利的路径，使系统阻抗达到最小。

系统最优原则假定所有人的出行能够令交通网络总时间最少，有一个中央组织者协调所有人的路径选择行为，出行者都听从指挥，即

$$\min \overline{F}(x) = \sum_a x_a c_a(x) \tag{2.16}$$
$$\text{s.t.式}(2.10)\sim\text{式}(2.12)$$

相关文献中还有依赖时间的交通分配模型。将时间域离散成若干时段，假设每一时段内交通分配是静态 UE，时段之间存在流量过渡关系。时间依赖模型严格讲不是 DTA，也有别于单时段静态模型。静态分配模型是取长期稳定后的高峰时段进行分析，而时间依赖模型取长期稳定后的一天进行分析，所以特别适合建立基于活动的交通行为分析模型，研究一天中人们从事的活动与交通之间的关系。

目前 DTA 研究涉及的数学知识主要是数学规划、变分不等式、互补问题和固定点问题，它们在本质上是一致的。Daganzo 和 Lo 使用元胞传输方法描述车辆在路段上的动态移动[8-12]。在一般结构的网络中，路径行驶时间函数呈嵌套结构，计算起来十分复杂。所以，研究预测型分配模型比反应型分配模型要困难得多，而同时考虑出行路径和出行时间选择的 DTA 建模和求解更具挑战性。此外，保证先进先出(first in first out，FIFO)是建模的基本要求，但 FIFO 使数学模型变成非凸，大大增加了算法难度。此外，模型如何处理排队回流，也是一个棘手的难题。

2. 基于活动的交通模型

目前，关于出行行为的研究主要采用传统的基于出行的分析方法。这种方法把出行看成是独立分析单位，不承认出行间存在关联，也不承认出行者活动和出行之间存在联系。实践表明，基于出行的模型(trip-based model，TBM)不能真正描述出行者的行为，预测结果不准确。Dong 等[13]的研究表明，基于出行的方法可能造成对交通政策的错误预测和评价。实际上，出行需求由出行者参加的活动派生而来。换言之，出行者之所以出行，不是因为他想去出行而出行，而是为参加某种活动而不得不出行。因此，在出行需求预测模型中，应该考虑人的活动，

这就是基于活动的分析方法的来源。

近年来，人们普遍开始接受出行是为参加某种活动而派生出来的需求这一理念。出行和活动之间的相互作用是理解和揭示出行行为决策本质的关键。参加活动是出行目的，而出行是参加活动的手段。因此，为了更好地理解人们的出行行为，需要将活动放到传统的出行需求分析方法中进行系统地研究。

基于活动的模型(activity-based model，ABM)是将出行者的出行模式放在个人或家庭活动框架中研究[14]。活动-出行链通常用来研究人们的日常活动和出行行为[15,16]。

相比 TBM，ABM 的重要优势在于能够更好地理解和预测出行者对交通需求管理及其他交通政策的反应[17]。在过去的 30 多年里，ABM 引起人们的广泛注意，并在出行行为分析中做出了重大贡献[18]。

Jones 等[19]将模型范式依据行为主体分为基于车辆、基于出行、基于活动、基于态度和基于动态五类。模型的核心在于强调交通性能与环境品质、模型评估与政策决策，这也是英国交通模型体系与以美国为主的交通模型体系最大的差异。

Zhang 等[20]提出基于出行行为的交通模型框架应进行转变，从基于出行、出行链、活动的方法整合为生活导向方法。出行行为与活动格局不仅是出行目的衍生，更与生活选择息息相关。生活导向方法对交通模型有更高要求，理论上需要从关注交通出行行为的单一学科扩展至关注生活选择的交叉学科；实践上需要从单一领域层次化交通场景扩展至跨领域一体化城市场景，评估对象从交通政策扩展至公共政策，评估指标从分担率等模型输出扩展至生活质量影响等政策结论。

但 ABM 容易导致巨量个体交通决策行为分析。由于个体活动空间过于巨大，目前还没有活动/出行模型能够十分满意地解决高维选择问题。超网络(supernetworks[21]或 hypernetwork[22,23])是人们出行细节的一种增强表示手段，可以同时描述各种交通网络和活动位置。Nagurne[24]把高于而又存在于现实网络的网络称为超网络。王志平和王众托[25]将超网络定义为节点众多，网络嵌套网络的多层、多级，具有多属性和多目标的网络，即由网络组合而成的网络。Sheffi[21]最先利用交通超网络表示不同出行模式和路径。在 Sheffi 交通超网络中，路段被添加到不同的物理网，个体可以在同一个物理位置转换交通模式。Sheffi 超网络后来被应用到多模式出行分析[18]，但缺乏现实操作性[24]。

建立超网络后，个体出行选择能够在超网络中明确表达。巨量个体出行导致的集体涌现效果，可以通过超网络模型深入量化研究。近年来，超网络被用来研究基于活动建模领域的活动和出行行为，成为将 ABM 和 DTA 集成研究，在集聚水平上进行建模的重要载体[26]。

2.2 元胞传输模型概述

2.2.1 元胞传输模型基本原理

在交通流理论中，CA 模型把道路上的车辆看作一个个微小颗粒，而车辆行驶都是有向的，因此形成类似流体力学的车流。研究领域主要涉及道路交通流和网络交通流。前者以研究微观或宏观交通流特性为侧重点，可以模拟一些管理策略下的结果，如超车、换道、时走时停等，但不能确定应该采用什么样的策略。后者从网络角度考查交通流特性，但不能揭示车流密度变化的方向。Daganzo 用道路交通流中 CA 的概念，建立 CTM。该模型适用于描述流量-速度-密度的基本关系，既可以描述激波、排队形成与消散等交通流动力学特性，又可以扩展到网络，拉近了道路交通流和网络交通流模型的距离。CTM 包括时间离散化和空间离散化。首先，将研究时域 $[0,T]$ 划分为 K 个时段，每个时段的长度为 Δ，$T = K\Delta$，同时假设 T 足够大，能使所有车辆均驶离路网。其次，将道路划分成若干相同长度的小段，每段称为一个元胞，每个元胞的长度为一典型车辆在交通畅通时一个时间步长的行程。Daganzo 提出，如果交通流量 q 和交通密度 ρ 满足如图 2.1 所示的梯形关系，即

$$q = \min\left\{\rho v, q_{\max}, b(\rho_{\text{jam}} - \rho)\right\}, \quad 0 \leqslant \rho \leqslant \rho_{\text{jam}} \tag{2.17}$$

则 Lighthill、Whitham、Richards 提出的连续交通流模型可以近似离散为以下迭代公式，即

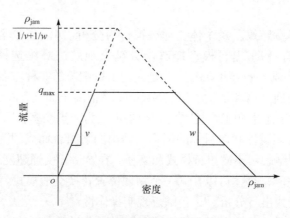

图 2.1 流量与密度之间的梯形关系

$$n_j(t+1) = n_j(t) + \gamma_j(t) - \gamma_{j+1}(t) \tag{2.18}$$

$$\gamma_j(t) = \min\{n_{j-1}(t), Y_j(t), (v^s / v)[N_j(t) - n_j(t)]\} \tag{2.19}$$

其中，v、q_{max}、v^s 和 ρ_{jam} 分别为车辆的自由流速度、最大交通流量(或通过能力)、交通激波的速度和最大密度(或堵塞密度)；下标 j 代表元胞 j，$j+1$($j-1$)代表 j 的下游(上游)元胞；变量 $n_j(t)$、$\gamma_j(t)$、$N_j(t)$ 和 $Y_j(t)$ 分别为 t 时刻元胞 j 内的车辆数、车辆实际流入率、元胞最多能够承载的车辆数(承载能力)和元胞能够接受的最大流入能力。

式(2.18)表示一种物理上的承继关系，即 $t+1$ 时段元胞 j 上的车辆数目 $n_j(t+1)$ 等于 t 时段元胞 j 上原有的车辆 $n_j(t)$ 加上流入的车辆 $\gamma_j(t)$，并减去流出的车辆 $\gamma_{j+1}(t)$，如图 2.2 所示。式(2.19)表示流入元胞的车辆不能超过下列三者的最小值，即上游元胞上的车辆数、元胞的最大流入能力、元胞的空余承载能力。也就是说，流入元胞的车辆数不可能多于上游元胞的所有车辆，因为车辆不可能凭空产生；不能多于元胞的流入能力，因为路段有入口限制；不能多于元胞的空余承载能力，因为路段受到承载能力的限制。式(2.18)和式(2.19)给出了交通流随时间演变的更新方法，能够模拟车流向前行驶。

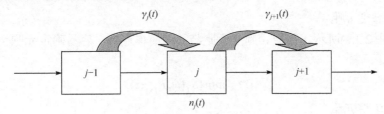

图 2.2　车流的承继示意图

从需求和供给的角度看，式(2.19)可以进行如下转化，即

$$\gamma_j(t) = \min\{S_j(t), R_{j+1}(t)\} \tag{2.20}$$

$$S_j(t) = \min\{Y_j(t), n_{j-1}(t)\} \tag{2.21}$$

$$R_{j+1}(t) = \min\{Y_{j+1}(t), (v^s/v)[N_{j+1}(t) - n_{j+1}(t)]\} \tag{2.22}$$

其中，$S_j(t)$ 和 $R_j(t)$ 分别表示元胞 j 上的供给和需求。

式(2.20)表示元胞 j 上的输出流应该是供给与需求之间的最小者。也就是说，若元胞 j 上的供给能够满足所有的需求，则输出流等于元胞 j 上的需求；否则，等于元胞 j 上的供给。式(2.21)表示元胞 j 上的供给是上游元胞的车辆数和元胞 j 流出能力之间的最小者。式(2.22)表示元胞 $j+1$ 上的需求是元胞 $j+1$ 上空余承载能力和元胞 $j+1$ 流入能力之间的最小者。

扩展到网络，需要考虑节点处交通流的演化条件。Lo 等[11]认为，将 CTM 应用到多 OD 对网络中时，需要满足三项条件，即考虑交叉口汇聚和发散的情形；根据路径或路段区分 OD 对之间的交通流；满足 FIFO 原则。为了区分车流和满足 FIFO 属性，Lo 等[12]根据路径 p 和等待时间 w 对元胞上的车流进行了分解。根据 FIFO 原则，在元胞 j 上的等待时间 w 越长，意味着到达元胞 j 的时间越早，则离开 j 的时间也应该越早。因此，第一步应该确定最小的等待时间 $w_{\min}$。Daganzo[8,9]考虑三种情形下的输入/输出流，即一条输入路段和一条输出路段；两条输入路段和一条输出路段；一条输入路段和两条输出路段。相应地，构建的 CTM 包含五种元胞，即普通元胞(上下游各有一个元胞与之相连)、发散元胞(上游与一个元胞、下游与两个元胞相连)、汇聚元胞(上游与两个元胞、下游与一个元胞相连)、源元胞(只有下游元胞而没有上游元胞)、终元胞(只有上游元胞而没有下游元胞)。元胞连接的三种类型如图 2.3 所示。

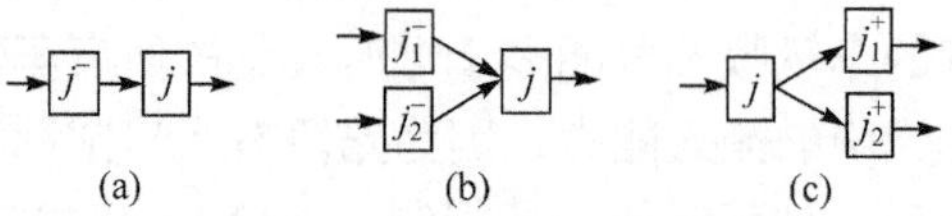

图 2.3　元胞连接的三种类型

(1) 普通元胞

如图 2.3(a)所示，普通元胞是元胞与元胞简单连接，容易确定元胞 j 上的输出流为

$$\gamma_j(t) = \min\{S_j(t), R_{j+1}(t)\} \tag{2.23}$$

(2) 汇聚元胞

如图 2.3(b)所示，必须保证从上游元胞 j_1^- 和 j_2^- 的交通流能够正常流入元胞 j。如果元胞 j 有足够的流入能力和承载能力，来自 j_1^- 和 j_2^- 的交通流可以同时流入元胞 j；否则，j_1^- 和 j_2^- 的车辆必须根据各自的优先权系数 $P_{j_1^-}(t)$ 和 $P_{j_2^-}(t)$，确定进入元胞 j 的顺序。显然，$P_{j_1^-}(t) + P_{j_2^-}(t) = 1$。$P_{j_1^-}(t)$ 和 $P_{j_2^-}(t)$ 可以是外部给定的参数。例如，赋予 j 信号灯控制，使 $P_{j_1^-}(t) = 0$ 或 $P_{j_1^-}(t) = 1$。其数学表达式为

$$\begin{cases} \gamma_{j_1^-}(t) = S_{j_1^-}(t), \quad \gamma_{j_2^-}(t) = S_{j_2^-}(t), \quad R_j(t) > S_{j_1^-}(t) + S_{j_2^-}(t) \\ \gamma_{j_1^-}(t) = \text{mid}\{S_{j_1^-}(t), R_j(t) - S_{j_2^-}(t), P_{j_1^-}(t)R_j(t)\}, \quad R_j(t) < S_{j_1^-}(t) + S_{j_2^-}(t) \\ \gamma_{j_2^-}(t) = \text{mid}\{S_{j_2^-}(t), R_j(t) - S_{j_1^-}(t), P_{j_2^-}(t)R_j(t)\}, \quad \text{其他} \end{cases} \tag{2.24}$$

其中，$\text{mid}\{\cdot\}$ 表示三个数的中间值。

(3) 发散元胞

在 CTM 中，这类情形最难处理。如图 2.3(c)所示，必须满足以下条件，即

$$\gamma_{j_1^+}(t) \leqslant R_{j_1^+}(t), \quad \gamma_{j_2^+}(t) \leqslant R_{j_2^+}(t), \quad \gamma_{j_1^+}(t) + \gamma_{j_2^+}(t) \leqslant S_j \tag{2.25}$$

令 $\beta_{j_1^+}(t)$ 和 $\beta_{j_2^+}(t)$ 分别表示从元胞 j 流向 j_1^+ 和 j_2^+ 的交通流（ $\beta_{j_1^+}(t) +$ $\beta_{j_2^+}(t) = 1$ ）。当 $\beta_{j_1^+}(t)$ 和 $\beta_{j_2^+}(t)$ 由外部给定时，可以得到下式，即

$$
\begin{cases}
\gamma_{j_1^+}(t) = \beta_{j_1^+}(t)\gamma_j(t) \\
\gamma_{j_2^+}(t) = \beta_{j_2^+}(t)\gamma_j(t) \\
y_j(t) = \min\{S_j(t), R_{j_1^+}(t)/\beta_{j_1^+}(t), R_{j_2^+}(t)/\beta_{j_2^+}(t)\}
\end{cases}
\tag{2.26}
$$

当 $\beta_{j_1^+}(t)$ 和 $\beta_{j_2^+}(t)$ 不能明确给定时，必须利用 FIFO 鉴别前进的车辆。令 $w_{\min}$ 表示车辆的最小等待时间，能够满足式(2.25)中至少一个约束条件；w 表示离散的时间序号；p 表示 OD 对的一条路径，则可以得到下式，即

$$
n_{j_1^+}(t) = \sum_p \sum_{w=w_{\min 1}}^t \delta_j^p(t)\delta_{j_1^+}^p(t)n_{j,w}^p(t)
\tag{2.27}
$$

$$
n_{j_2^+}(t) = \sum_p \sum_{w=w_{\min 1}}^t \delta_j^p(t)\delta_{j_2^+}^p(t)n_{j,w}^p(t)
\tag{2.28}
$$

$$
R_{j_1^+}(t) = \sum_p \sum_{w=w_{\min 1}}^t \delta_{j_1^+}^p(t)n_{j,w}^p(t)
\tag{2.29}
$$

$$
R_{j_2^+}(t) = \sum_p \sum_{w=w_{\min 2}}^t \delta_{j_2^+}^p(t)n_{j,w}^p(t)
\tag{2.30}
$$

$$
S_j(t) = \sum_p \sum_{w=w_{\min 3}}^t n_{j,w}^p(t)
\tag{2.31}
$$

$$
w_{\min} = \max\{w_{\min 1}, w_{\min 2}, w_{\min 3}\}
\tag{2.32}
$$

其中，δ_j^p 表示 0-1 变量，当元胞 j 位于路径 p 时，δ_j^p 等于 1，否则等于 0；$w_{\min 1}$、$w_{\min 2}$ 和 $w_{\min 3}$ 分别表示满足式(2.29)前三项约束的最小等待时间；$n_{j,w}^p(t)$ 表示时段 t 在路径 p 上元胞 j 内等候时间为 w 的车辆数。

当给定 $w_{\min}$ 时，元胞 j 上离散的输入流为

$$
\gamma_{j,w}^p(t) = \begin{cases}
n_{j,w}^p(t), & w > |w_{\min}|^+ \\
(w - w_{\min})n_{j,w}^p(t), & w = |w_{\min}|^+ \\
0, & w < |w_{\min}|^+
\end{cases}
\tag{2.33}
$$

其中，$|w_{\min}|^+$ 表示大于或等于 $w_{\min}$ 的最小整数。

由于 CTM 进行了时间离散化和空间离散化，元胞 j 上的交通流可以看作一股一股的前进。式(2.33)表明，若等待时间比 $|w_{\min}|^+$ 长，则这股交通流全体前进；

若等待时间比$|w_{\min}|^+$小，则全体等待；若等待时间使$w=|w_{\min}|^+$，则$w-w_{\min}$的这一部分交通流前进，其余车辆继续等待[8,9,11,12]。

起点元胞r和终点元胞d的设定可以保证边界条件的成立。Danganzo[9]指出，终点元胞需要接受所有的交通流，应该类似于一个巨大的车库，能够承载无限多的进入流量。因此，承载能力应该趋近于无穷大（$N_d=\infty$），并且具备适当、时变的流入能力。起点元胞r需要释放所有的车辆，承载能力也应该趋近于无穷大（$N_r=\infty$）。t时段起点元胞r上的流入率等于t时段出行者的出行需求，流出率等于紧接元胞在$t+1$时段的流入率。这样，加载各时段的出行需求到起点元胞r上，便可实现路段或路径的流量加载。在现实生活中，一般不能满足上述要求，因此在起点元胞r前和终点元胞d后分别添加一个虚拟元胞，记作元胞$r-1$和$d+1$。

处理信号网络和突发事故，或者路段堵塞等情况时，可以通过调整受控元胞(如交通信号灯影响范围内的元胞、事故点元胞等)的流量能力$Y_j(t)$。例如，对于受信号灯控制的情况，在受控元胞上，流入能力为

$$\begin{cases} Y_j(t)=s_f, & t\text{在绿灯相位上且}j\text{是有信控制的元胞} \\ Y_j(t)=0, & t\text{在红灯相位上且}j\text{是有信控制的元胞} \end{cases} \tag{2.34}$$

其中，s_f为饱和流入量。

对于交通事故的处理也可以采用类似的方法。

2.2.2　元胞传输模型优缺点分析

Daganzo[8]指出，尽管动态配流问题引起大量学者的研究热情，但普遍存在的问题是，假定车辆在交通网络弧上的时间阻抗是弧上交通流的上升函数。在动态配流中，必须解决多种交通问题，包括车辆路径已知时的交通行为、时变弧上时间阻抗已知时出行者的路径选择，以及如何使两者达到平衡。因此，Daganzo试图建立一个在网络层次上能够跟踪车辆数目的模型。CTM虽然只是LWR模型的简化，但具有LWR模型不可比拟的优点。

① CTM拉近了道路交通流和网络交通流模型之间的距离。

交通流理论涉及力学、非线性科学、物理学、数学、信息科学、交通工程学等诸多学科，是一门方兴未艾的交叉学科。在交通流理论研究领域，工作主要沿着道路交通流和网络交通流两类方法展开。道路交通流模型的模拟方法以研究微观或宏观的交通流特性为侧重点，可以模拟一些交通管理策略下的可能结果，但不能确定应该采用什么样的管理策略。此外，模型一般缺乏明确的解析性质，并且不能确定解是否为最优解。从解析角度构建的动态网络交通流模型虽然具有良好而明确的性质(如最优条件、动态Wardrop条件)，但难点在于，如何将真实的交通动态条件添加到已有的复杂公式中去。因此，未来的发展方向是两种交通流

模型相互靠近。道路交通流模型要进一步放宽假设条件,考虑多车种混合交通流、路面条件和信号控制的影响;网络交通配流模型的路段阻抗函数要朝动态化,考虑密度变化的方向发展。

CTM 是 LWR 模型的离散化近似,是一个与流体力学模拟模型一致的模型。一方面,CTM 是研究城市网络交通流的好工具,已经被应用于 DTA 问题中,可以增强估算动态路径阻抗的准确性,提高动态交通分配模型的应用效果。另一方面,CTM 继承了 LWR 模型的良好性能,但比 LWR 模型更简化,便于模拟。CTM 能够模拟车流向前行驶,清楚地描述排队的物理效应,较好地模拟一些交通流动力学特性,如激波、排队形成、排队消散,以及多路段动态相互影响。

② CTM 避免了经典宏观道路交通流模型的一些问题。

宏观道路交通流理论将交通流作为由大量车辆组成的可压缩连续流体介质,研究车辆集体的综合平均行为,单个车辆的个体特性并不显式出现。发展始于 LWR 模型[4,5],基于两个前提,即一定时空内的车辆数量守恒,描述流量与密度关系的状态方程存在。前者自然合理,但状态方程是否存在只是被观察数据部分证实。LWR 模型能够合理解释基本的交通现象,如激波演化。当交通流从一种稳态进入密度和流量不一样的另一种稳态时,激波现象就会发生。

在经典道路交通流模型中,非收敛问题非常严重。例如,LWR 模型有多个解,但只有一个具有相关的物理效应。数值方法不仅需要对 LWR 理论的偏微分等式进行近似,还需要自动识别和理解,处理过程十分复杂。CTM 能够模拟车辆前进,并且快速收敛,避免了繁杂的求解程序。

此外,当车流到达分叉点面临路线选择时,大多数流体动力学模型通常会不合实际的假定车流遵循固定的转弯率或离开率,不能区分不同目的地车流。CTM 克服了这一缺陷。LWR 模型不能捕捉到交通流不连续变化现象,但 CTM 可以捕捉到这些现象。

③ CTM 便于计算机模拟,能够直观演示车流的动态演化过程。

CTM 将时间和空间离散化后,可以随着时间演化,追踪离散后元胞车辆数目情况。模拟的车流符合实际情况,收敛速度很快。模型解法简单,而且可以扩展到一般网络的情形。

尽管具有如此多优点,但总体上,CTM 还存在很多不足。

① CTM 将基本图近似为梯形或三角形,是对 LWR 模型的离散化近似,导致模型本身存在一定的缺陷。

基本图一般指交通流量 q 与车辆密度 ρ 之间拟合的函数关系,即 $q_e(\rho) = \rho v_e(\rho)$,其中 $v_e(\rho)$ 指拟合的实测速度密度函数关系,是一个单调减函数,即 $\mathrm{d}v_e(\rho)/\mathrm{d}\rho \leqslant 0$。大部分实测证实了 q、v 和 ρ 之间存在三种关系[27]。一是,在低密度时，速度保持自由流速度，流量随密度线性增长。随着密度增大，速度将减小。当达到最大密度时，速度降到零，而流量在中间密度范围内存在一个最大值。二是，实测流量密度关系是间断的，看起来像是希腊字母 λ 的镜像。这个反 λ 的分支分别用来定义自由流和拥挤流。在拥挤交通中，平均速度显著低于自由交通流。流量密度关系间断，意味着存在一个亚稳态区域。该区域的存在导致迟滞现象，即发生自由流到拥挤流这一相变时的车流密度往往高于相反方向相变的车流密度。这时，若存在一个大于临界扰动幅度的小扰动，扰动幅度将逐渐增大，最后形成堵塞。三是，拥挤交通的流量密度数据呈现二维散布。如果增加数据统计的样本时间，散布效应将会减弱。

在基本图中，亚稳态区域的探讨是一个难点。CTM 把这一区域简化为线性，甚至简化为一点，并且把自由流区域和堵塞区域的 q-ρ 关系都简化为线性关系，大大降低了模型难度，是最大的优点。但是，这也导致了一些缺陷。例如，CTM 要求每一段道路上车流密度低于拥挤密度，而且所有道路(元胞)都是同质的。

克服这些缺陷，不但需要改进模型本身，还需要对改进模型进行数学和物理论证。现有研究对 CTM 进行改进[28]，但一般局限于特定高速公路或者特定网络，尚未得到广泛应用。Daganzo 试图建立一个名为延迟元胞传输模型(lagged CTM, LCTM)[10]，元胞输出流是上游元胞现有交通流密度的简单函数，而输入流考虑时间延迟后下游元胞的情形。下游元胞的交通流密度用来计算 k 时段前流入元胞的交通流。LCTM 继承了 CTM 的优点，适合不同质的高速公路，但是时间延迟长度(k 时段)的选取至关重要，需要进行误差估计。不仅如此，LCTM 还增加了额外的储存量，对计算机内存要求更高。

② CTM 是一个简化交通模型，假定每一步长进入元胞的车辆与离开该元胞的车辆数无关，只与当前交通条件和环境有关，可以有效用于复杂网络的交通分析。但是，这一假定只能在自由流，甚至是稀疏流情况下成立。尤其是，Dangazo[8,9] 的 CTM 仅适用于图 2.3 所示三种网络，大大限制了普适性。

③ CTM 的原理与 CA 类似，但前者的编程实现比后者复杂得多。两者基本原理都是时间离散化和空间离散化。前者把路段分成一个个小元胞，后者把每一辆车看作一个元胞。这种区别使前者能够应用到较大路网，拉近了网络交通流模型和道路交通流模型的距离，但是 CTM 对网络交通流进行研究时，交叉口的处理非常重要，尤其是对发散元胞，需要进一步假设。编程需要对每一条路段、每一个元胞，以及时域时间步的推进过程都进行详尽记录，因此对编程能力和计算机存储空间要求较高。

2.3 三种改进的元胞传输模型

2.3.1 路段传输模型

路段传输模型(link transmission model，LTM)由 Yperman 于 2007 年提出[29]。模型假设路段内车辆运动满足运动波理论，能够较好地模拟激波、排队形成和消散。与 CA 和 CTM 相比，LTM 可以将整个路段看成一个元胞，计算速度更快，能够应用到较大规模的网络，且便于实现所有节点的动态流量加载。

LTM 是一种动态网络加载模型。路段 a 的长度和边界示意图如图 2.4 所示。给定时间相关的路段容量、路段行程时间 τ_a、交通网络中路径行程时间 τ_p、固定时段时间依赖的路径流量 $f \cdot p(t)$。在 LTM 中，交通网络由相似的单向路段 a 组成，从 x_{a0} 处开始，到 x_{aL} 处结束。路段可以具有任何长度 L_a，并且通过节点彼此连接。

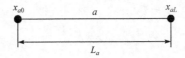

图 2.4 路段 a 的长度和边界示意图

1. 网络

起始节点 r 和终节点 s 之间存在一系列路段 a、节点 n 和路径 p。P 是网络上所有路径 p 的集合。节点没有物理长度，仅作为流动交换介质。图 2.5 为不同节点示例，包括非均匀节点、起始节点、终节点、发散节点、汇聚节点和交叉节点。

一般的交通网络可以由路段和基本节点的组合表示。交通在起始节点被加载进入网络，在终节点离开网络。非均匀节点可用于模拟道路容量或任何其他特性的变化。发散节点和汇聚节点分别用于模拟高速公路网络中的分叉车道/出口匝道和合并车道/入口匝道。虽然进入、离开汇聚或发散节点的路段最大数量是 3，但是交叉节点可以将任意数量的输入路段 i 连接到任意数量的输出路段 j。交叉节点用于表示城市交叉口。

2. 累积车辆数和路段行程时间

位置 x 处的观察者在车辆经过时，连续对车辆编号。用 $N(x,t)$ 表示在时间 t 之前经过观察者的最后一辆车编号。

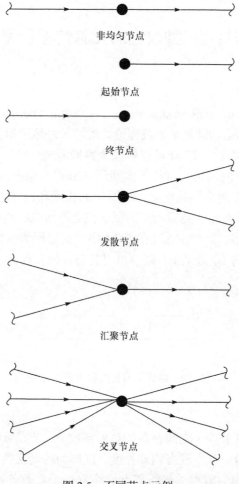

图 2.5　不同节点示例

LTM 主要决定在 t 时刻通过每个路段 a 位置 x_{a0} 和 x_{aL} 的车辆 $N(x,t)$ 累积数量。当车辆离开路段时，路段容量和路段行程时间由这些累积的车牌号得出。如果车辆不经过，路段 a 中第 h 车辆的路段行程时间 τ_a 可由高度为 h 的曲线之间水平距离表示(图 2.6)。曲线 $N(x_{a0},t_1)$ 和 $N(x_{aL},t_1)$ 之间的垂直距离表示 t_1 时刻 a 路段的车辆数量(交通量)。LTM 通过这种方式，确保车辆的运行满足 FIFO 条件。

3. 多商品交通和路径行驶时间

LTM 是一种多商品模型，其中每种商品对应于特定(预定义)路径，车辆按路径分类。描述交通流的集体运动时，始终跟踪车辆的路径。按路径分解，对模型路径选择信息非常必要。

$N_p(x_{a0},t)$ 表示路径 p 上在 t 时刻通过位置 x_{a0} 的车辆累计数量，可以简单推导出路径行程时间。如果路径 p 的起始节点 r 和终节点 s 分别连接到路段 a 和 a'，即路段 $x_{a0}(x_{aL})$ 以节点 $r(s)$ 为边界，则路径 p 的时间 τ_p 可由曲线 $N_p(x_{aL},t)$ 和 $N_p(x_{a'L},t)$ 之间的水平距离表示。时间函数的累积车辆数量如图 2.6 所示，表示在时间 t_1 离开的车辆的路径 p 的行驶时间。由于节点没有物理长度，因此路径行驶时间只包括路段行程时间。节点处花费的时间可以忽略不计。

对于位置 x 和时间 t，累计车辆编号 $N(x,t)$ 是按路径分类累计车辆编号的总和，即

$$N(x,t) = \sum_{p \in P} N_p(x,t) \tag{2.35}$$

其中，$N_p(x,t)$ 表示路径 p 上在 t 时刻通过位置 x 的车辆累计数量。

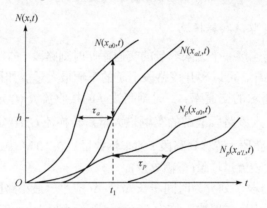

图 2.6　时间函数的累积车辆数量

4. 累积车辆反函数

累积车辆编号 $N_{x-1}(N)$ 的反函数确定编号为 N 的车辆经过位置 x 的时间 $t_x(N)$。

由于 LTM 求解算法仅计算离散时间步长 $t + m\Delta t$ 的累积车辆数(m 是整数)，计算 $t_x(N)$ 可能需要一个插值过程，即

$$\begin{aligned} t_x(N) &= t + \frac{N - N(x,t)}{N(x,t+\Delta t) - N(x,t)} \Delta t \\ &= t + \alpha \Delta t \end{aligned} \tag{2.36}$$

其中，$N(t) \leqslant N \leqslant N(t+\Delta t)$。

累计车辆数量计算公式为

$$N_p[x, t_x(N)] = N_p(x,t) + \alpha [N_p(x,t+\Delta t)] - N_p(x,t), \quad p \in P \tag{2.37}$$

其中，$N_p(x,t)$ 表示路径 p 上在 t 时刻通过位置 x 的车辆累计数量。

累积车辆编号的线性插值如图 2.7 所示。

图中，p_1 和 p_2 分别表示两条示例和路径。

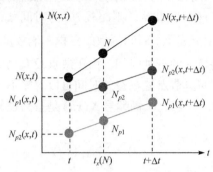

图 2.7　累积车辆编号的线性插值

5. 发送流、接收流和转换流

如果路段末端连接一个无限容量的交通库，t 时刻路段 i 的发送流 $S_i(t)$ 定义为在时间间隔 $[t, t+\Delta t]$，可以离开该路段下游的车辆最大量。如果路段末端连接一个具有无限交通需求的交通库，t 时刻路段 j 的接收流 $R_j(t)$ 定义为在时间间隔 $[t, t+\Delta t]$，可以进入该路段上游的车辆最大量。转换流 $G_{ij}(t)$ 定义为在时间间隔 $[t, t+\Delta t]$，实际从路段 i 转移到路段 j 的车辆数量。在 LTM 中，发送流、接收流和转换流实际上代表流量增量(车辆数量)。

LTM 将模拟时段 T 划分为时间步长 Δt。Δt 应小于最小路段行程时间，以防止车辆在一段时间内穿过路段，称为 Courant-Friedrichs-Lewy(CFL)条件，即

$$\Delta t \leqslant \frac{L_a}{v_{f,a}} \tag{2.38}$$

其中，$v_{f,a}$ 为自由流动速度，即路段 a 车辆最大速度；Δt 为时间步长；L_a 为路段 a 的长度。

算法包括下面三个步骤。

(1) LTM 解决算法

对于每个时间间隔 Δt 和节点 n。

① 对每个输入路段 $i \in I_n$，确定下游路段端 (x_{iL}) 发送流 S_i；对每个输出路段 $j \in J_n$，确定上游路段端 (x_{j0}) 的接收流 R_j。其中，I_n 和 J_n 分别为节点 n 流入和流出路段的集合。

② 确定从输入路段 $i \in I_n$ 到输出路段 $j \in J_n$ 的转换流 $G_{ij}(t)$，即确定哪部分发送，以及实际上发送和接收的交通流量。

③ 对每个输入路段 $i \in I_n$ 的下游路段边界 (x_{iL}) 和每个输出路段 $j \in J_n$ 的上游路段边界 (x_{j0})，更新累积车辆数 $N(x,t)$ 的公式为

$$N(x_{iL}, t + \Delta t) = N(x_{iL}, t) + \sum_{j \in J_n} G_{ij}(t), \quad i \in I_n \tag{2.39}$$

$$N(x_{j0}, t + \Delta t) = N(x_{j0}, t) + \sum_{i \in I_n} G_{ij}(t), \quad j \in J_n \tag{2.40}$$

流入路段下游边界处的累积车辆数量由上游路段边界分解，即

$$N_p(x_{iL}, t + \Delta t) = N_p\{x_{i0}, t_{x_{i0}}[N(x_{iL}, t + \Delta t)]\} \tag{2.41}$$

因此，确定分解的累积车辆需要每条路段上的车辆均遵循 FIFO 原则，并且满足 CFL 条件，即 $N(x_{iL}, t + \Delta t) < N(x_{i0}, t)$。

在流出路段上游路段边界处的累积车辆数量为

$$N_p(x_{j0}, t + \Delta t) = N_p(x_{j0}, t) + \sum_{i \in I_n} \delta_{jp} G_{ij}(t) \tag{2.42}$$

其中，δ_{jp} 为路段-路线关联矩阵 δ 的元素。如果路径 p 包含 j，则 $\delta_{jp} = 1$；否则，$\delta_{jp} = 0$。

(2) FIFO 条件

在 LTM 中，车辆需要满足 FIFO 条件，以便确定路段行程时间和分解累积车辆数量。但是，由于路段传播时间不一定是时间步长的倍数，并且上游路段端点节点可能与下游路段端点节点时间步长不同，更早进入路段的车辆，可能在同一时间离开此路段。因此，LTM 模型不严格满足路段 FIFO。

此外，LTM 还满足节点 FIFO 和路径 FIFO 条件。

(3) 基于事件的方法

对每个节点 n，在每个时间间隔 Δt，利用不同步骤完成算法。或者，每个节点随着时间步长 Δt 更新。在 LTM 中，每个节点随不同时间步长进行更新，具体取决于每个节点的特定需求，因此称为基于事件的方法。

为了满足 CFL 条件，更新节点的最大可能时间步长等于连接到该节点最短路段的传播时间。连接较短路段的节点需要使用较小的时间步长进行更新。最短路段也是最弱的路段，决定时间步长 Δt。

基于时间的方法通常用相同的固定时间步长 Δt 更新所有节点。由于计算时间与时间步长的长度成正比，因此基于事件的方法在计算方面显然更优。

2.3.2 改进元胞传输模型

本节介绍 Munoz[30] 的改进元胞传输模型 (modified CTM，MCTM)。MCTM 使用元胞密度而不是元胞占用率，使元胞长度可以不均匀，因此划分高速公路时具有更大的灵活性。非均匀的元胞长度还允许使用较少数量的元胞，从而减小状态

$[\rho_1,\cdots,\rho_N]^{\mathrm{T}}$ 的大小，其中 ρ_i 为第 i 个元胞的密度。

　　将一部分路段精细地划分成大量元胞，将提高数值精度。好处是使用一个更小的状态向量，简化估计器和控制器的设计。

　　在 MCTM 中，高速公路被分割成一系列元胞。图 2.8 为元胞示意图，其中下标 1~4 表示高速公路被划分为 4 小段；q_1~q_5 表示交通量；ρ_1~ρ_4 表示车辆密度；OR 和 FR 分别表示入口和出口匝道元胞。所有元胞 i 的交通密度都根据车辆守恒原则演化，即

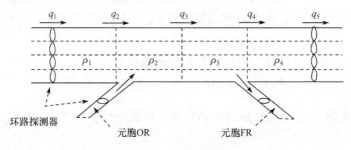

图 2.8　元胞示意图

$$\rho_i(k+1) = \rho_i(k)\frac{T_s}{l_i}[q_{i,\mathrm{in}}(k) - q_{i,\mathrm{out}}(k)] \tag{2.43}$$

其中，k 为时段；T_s 为离散时间间隔；l_i 为元胞 i 的长度；$\rho_i(k)$ 为时段 k 元胞 i 的车辆密度；$q_{i,\mathrm{in}}(k)$ 和 $q_{i,\mathrm{out}}(k)$ 分别为时段 k 进入和离开元胞 i 的车辆数量。

　　图 2.9 为汇聚和发散连接。MCTM 使用 CTM 汇聚和发散规律合并入口匝道和出口匝道交通流。

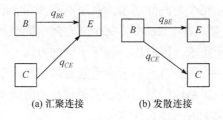

(a) 汇聚连接　　　　　　　(b) 发散连接

图 2.9　汇聚和发散连接

　　元胞的汇聚法则为

$$q_{BE}(k) = \begin{cases} S_B(k), & S_B(k)+S_C(k) \leqslant R_E(k) \\ \mathrm{mid}\{S_B(k), R_E(k)-S_C(k), (1-\gamma)R_E(k)\}, & \text{其他} \end{cases} \tag{2.44}$$

$$q_{CE}(k) = \begin{cases} S_C(k), & S_B(k)+S_C(k) \leqslant R_E(k) \\ \mathrm{mid}\{S_C(k), R_E(k)-S_B(k), \gamma R_E(k)\}, & \text{其他} \end{cases} \tag{2.45}$$

其中，γ 为合并系数，表示从元胞 C 进入元胞 E 的车辆比例；$\text{mid}\{\cdot\}$ 函数表示从三个数字返回中间值；$S_j(k), j = B, C, E$ 和 $R_j(k)$ 分别为元胞 j 上的供给和需求。

元胞的发散法则为

$$q_{B,\text{out}}(k) = \min\left\{ S_B(k), \frac{R_E(k)}{1-\beta(k)}, \frac{R_C(k)}{\beta(k)} \right\} \tag{2.46}$$

$$q_{BE}(k) = [1-\beta(k)]q_{B,\text{out}}(k) \tag{2.47}$$

$$q_{BC}(k) = \beta(k)q_{B,\text{out}}(k) \tag{2.48}$$

其中，$q_{B,\text{out}} = q_{BE} + q_{BC}$ 为离开元胞 B 的总流量；$\beta(k)$ 为发散连接的分流比，即离开元胞 B 的车辆在时段 k 进入元胞 C 的比例。

MCTM 受元胞间的连接限制[9]。具体而言，允许进入元胞的独立流最大数量是 2，且允许离开任何元胞的最大流数量为 2。此外，两个元胞车流不能被双重指定。例如，进入一个元胞的汇聚流不会与离开另一个元胞的发散流重合。

MCTM 中每个元胞的车辆均遵循式(2.18)，以及式(2.46)~式(2.48)。对于划分为 N 个元胞的高速公路，状态变量为 $\rho = [\rho_1, \cdots, \rho_N]^T$。MCTM 的一个要求是，元胞长度必须不小于自由流行程距离[9]，即

$$v_i T_s \leqslant l_i \tag{2.49}$$

其中，对于元胞 i，l_i 为元胞长度；T_s 为时间步长；v_i 为元胞速度。

如上所述，MCTM 需要总需求和边界信息，而不是 OD 表。依赖 OD 的 CTM 需要记录目的地和元胞占用情况。在 MCTM 中，每个起点到下游目的地只有一条路径，指定一组时变分裂因子或时变 OD 表就足够了。然后，跟踪被分解的占有率。后一种情况可以计算在每个时间步最终进入每个出口匝道的车辆数量，运行时计算分流比。困难在于，高速公路中真正的 OD 比例通常不可用，并且无法单独从汇聚路段确定。

在使用 OD 或非 OD 模型前，重点考虑公式是否适合预期应用。MCTM 假设分裂比可以作为时间函数[30]，关注点是再现汇聚变量的演化。然而，如果分裂比不适用于特定交通场景，OD 模型则很有必要。

1. 拥挤度与临界密度

MCTM 的一个重要特征是，能够再现交通拥挤。拥挤是指高速公路发生拥堵时出现的交通状况，即如果车辆密度足够高，司机将以低速前进，以避免与其他车辆相撞。自由流情况则相反，车辆密度低，速度可能达到(甚至超过)最大速度。

正如 Lighthill 等[4]所解释，空间平均交通速度(q/ρ)是将基本图原点连接到点 q_{max} 的斜率(图 2.1)。具体来说，速度 v 是一个常数，通过求解 LWR 方程初始值可以看出，足够低的密度剖面将以速度 v 向下游移动，但足够高的密度剖面将以速度 w 向上游移动。车辆行驶与信息传播方向不能互相混淆，因为车辆行驶方向总是在下游(除非密度为 ρ_{jam}，此时行驶停止)。密度波的形式取决于自由流状态，还是拥挤状态。

MCTM 考虑两种基本图，即简单三角形和一般梯形。在三角形基本图中，临界密度定义为自由流 $q = v\rho$ 和拥塞 $q = w(\rho_{jam} - \rho)$ 相交时的密度。对于梯形基本图，存在三种可能的定义。

① $\underline{\rho} := \dfrac{q_{max}}{v}$，$q = v\rho$ 和 $q = q_{max}$ 交点处的密度。

② $\rho := \dfrac{w\rho_{jam}}{v + w}$，$q = v\rho$ 和 $q = w(\rho_{jam} - \rho)$ 交点处的密度。

③ $\overline{\rho} := \rho_{jam} - \dfrac{q_{max}}{w}$，$q = q_{max}$ 和 $q = w(\rho_{jam} - \rho)$ 交点处的密度。

在三角形情形下，$\underline{\rho} = \rho = \overline{\rho}$。但在梯形情况下，$\underline{\rho} < \rho < \overline{\rho}$。MCTM 通常考虑两种特殊元胞间的流动情况，即纯自由流的发送流 $S_i(k)$ 等于 $v_i\rho_i(k)$；纯拥挤流的接收流 $R_i(k)$ 等于 $w_i[\rho_{jam} - \rho_i(k)]$。因此，密度更一般的情况是，自由流 $\rho_i(k) \leqslant \rho_i$ 和纯拥挤流 $\rho_i(k) > \rho_i$。

2. 边界条件

关于边界条件，Cayford 等[31]的 CTM 软件包假设，公路段下游端总能以最大允许速度排放车辆。在高速公路中，下游端交通流可能在一天的不同时间自由流动或拥挤，因此根据交通行为类型，需要设立下游边界允许拥挤的条件，使模型能够处理真实的高速公路数据。

以图 2.10 所示的高速公路段为例，MCTM 默认边界条件为

$$q_1(k) = q_u(k) \tag{2.50}$$

$$q_5(k) = \min\{v\rho_4(k), q_{max}\} \tag{2.51}$$

$$d(k) = r_m(k) \tag{2.52}$$

$$f_{out} = \min\{v\rho_{FR}(k), q_{max}\} \tag{2.53}$$

其中，$q_1(k)$ 为时段 k 进入上游主线边界的流量；$q_5(k)$ 为时段 k 流出下游主线边界的流量；$d(k)$ 为时段 k 的需求，即进入入口匝道元胞上游边界的流量；v 为速度；q_{max} 为最大流量；ρ_{FR} 为元胞 FR 密度；f_{out} 为离开出口匝道元胞下游边界的流量；测得的交通流为 q_u、q_d、r_m 和 f_m；测得的密度为 ρ_u 和 ρ_d。

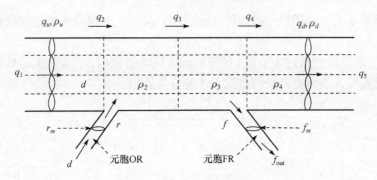

图 2.10　高速公路段

为了使 MCTM 能够处理真实的交通流量数据，我们开发了一组改进的边界条件，即

$$q_1(k) = \begin{cases} \min[q_u(k), q_{max}], & \rho_u \leqslant \rho \text{ 且 } q_u(k) \leqslant w[\rho_{jam} - \rho_1(k)] \\ \min\{q_{max}, w[\rho_{jam} - \rho_1(k)]\}, & \text{其他} \end{cases} \qquad (2.54)$$

$$q_5(k) = \begin{cases} \min\{v\rho_4(k), q_{max}\}, & \rho_d \leqslant \rho \text{ 或 } q_d(k) \geqslant v\rho_4(k) \\ \min\{q_d(k), q_{max}\}, & \text{其他} \end{cases} \qquad (2.55)$$

$$d(k) = \min\{r_m(k), q_{max}\} \qquad (2.56)$$

$$f_{out}(k) = \min\{f_m(k), q_{jam}\} \qquad (2.57)$$

式(2.54)可以防止进入上游主线边界的流量超过 q_{jam}，并且仅在 ρ_u 未拥挤时使用观测流量 q_u。q_u 不大于最远上游元胞可以接收的最大流量。式(2.55)防止离开下游主线边界的流量超过 q_{jam}，并且仅在 ρ_d 拥挤时使用测量的流量 q_d。且 q_d 小于最下游元胞在自由流条件下可以排出的最大量。一般来说，这些条件是为了防止不现实的情况发生。例如，一个元胞的边界流超过最大允许流量 q_{jam}，或者一个接受车辆的元胞流量超过密度限制容量 $w(\rho_{jam} - \rho)$，或者发送车辆流量超过自由流量 $v\rho$。

2.3.3　元胞传输模型节点模型

龙建成[32]考虑交叉口信号控制和渠化，构造 CTM 刻画交通流路段间的传播过程。路段渠化示意图如图 2.11 所示。简单起见，基于下列假设。

① 车辆进入末尾元胞后，能准确驶入对应的排队区域。

② 同一路段出口处单位宽度停止线的最大通行能力一样，排队区域的车辆承载能力和流出能力与停止线宽度(按车道数计算)成正比。

③ 以节点 l 为终点的车流进入路段 a 的末尾元胞后，将在下一个时段全部流

出。这部分车流不占用路段的末尾元胞空间，可以认为路段末尾元胞设有辅路或匝道。

④ 上游路段直接进入节点 l 的车辆具有优先行驶权，节点产生的车辆只有在路段首元胞流入能力有剩余的情况下才能进入路段。

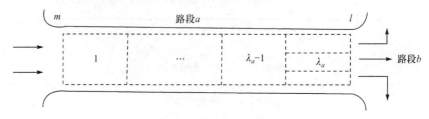

图 2.11　路段渠化示意图

考虑网络中任意节点 $l \in N$，流入该节点的路段 $a \in A_l$ 由 λ_a 个元胞构成。其中，只有末尾元胞 λ_a 根据车流去向被渠化为不同子区域(图 2.11)，形成用于传播不同去向车流的排队区域，并具有固定的车辆承载能力和流出能力。停止线划分比例固定不变，或在一定时期内固定不变。设 q^a 为路段 a 出口最大通行能力。α^{ab} 为路段 a 划分给车流去向(a, b)的停止线宽度比例。q^{ab} 为路段 a 出口分配给车流去向(a, b)的饱和流率，即绿灯开放期间，单位时间内可由路段 a 流出并进入路段 b 的最大车流量，取决于路段出口停止线的分配，以及流向属性(如左转、直行和右转)。η^{ab} 为车流去向(a, b)因车辆转弯的流出能力折减系数，一般左转方向能力的折减幅度要大于右转方向。渠化区流出能力按照下式计算，即

$$q^{ab} = \eta^{ab} \alpha^{ab} q^a \tag{2.58}$$

考虑信号控制，路段出口各渠化区域的实际流出能力为

$$Q^{ab}(k) = \begin{cases} \delta q^{ab}, & k\text{时段车流去向}(a, b)\text{处于绿灯相位} \\ 0, & \text{其他} \end{cases} \tag{2.59}$$

其中，δ 表示一个时间步长。

把路段模型推广到节点，可以得到节点处车流传播方程，即

$$y^{ab}(k) = \min\{n^{ab}(k), Q^{ab}(k), R_1^b(k)\} \tag{2.60}$$

$$y^{l,b}(k) = \min\left\{h^{l,b}(k), R_1^b(k) - \sum_{a \in A_l} y^{ab}(k)\right\} \tag{2.61}$$

其中，$n^{ab}(k)$ 和 $y^{ab}(k)$ 为 k 时段路段 a 出口渠化区内车流去向(a, b)的车辆数和流出量；$h^{l,b}(k)$ 为 k 时段节点 l 产生并经由路段 b 的车辆数；$y^{l,b}(k)$ 为 k 时段节点 l 产生并流入路段 b 的车辆数；$R_1^b(k)$ 为 k 时段 b 接收到元胞 1 的车辆数。

以节点 l 为对象，考虑任意路段 $b \in B_l$ 和 $a \in A_l$，可得车流路段传播的边界条件，即

$$y_1^b(k) = y^{l,b}(k) + \sum_{a \in A_l} y^{ab}(k) \tag{2.62}$$

$$y_{\lambda_a+1}^a(k) = n^{a,l}(k) + \sum_{b \in B_l} y^{ab}(k) \tag{2.63}$$

其中，$y_l^b(k)$ 为 k 时段内元胞 l 产生并流入路段 b 的车辆数；$y_{\lambda_a+1}^a(k)$ 为路段 a 在 k 时段的流出量；$n^{a,l}(k)$ 为路段 a 上在 k 时段以节点 l 为讫点的到达车辆数，这里假设到达讫点 l 的车辆不占用路段的流出能力。

定义 $R_{\lambda_a}^{ab}(k)$ 和 $\vartheta_{\lambda_a}^{ab}(k)$ 为路段 a 的渠化区对应于车流方向 (a, b) 的接收能力和车流状态。$R_{\lambda_a}^{ab}(k)$ 的计算公式为

$$R_{\lambda_a}^{ab}(k) = [1 - \vartheta_{\lambda_a}^{ab}(k)]\alpha^{ab}Q_{\lambda_a}^a(k) + \vartheta_{\lambda_a}^{ab}(k)\omega^a[N^{ab}(k) - n^{ab}(k)]/v^a \tag{2.64}$$

其中，$N^{ab}(k)$ 表示 k 时段内路段 a 出口渠化区划分给车流去向 (a, b) 的子区域的最大承载能力；$\vartheta_{\lambda_a}^{ab}(k)$ 为 $0 \sim 1$ 变量，$\vartheta_{\lambda_a}^{ab}(k) = 0$ 表示车流方向 (a, b) 为自由流状态，$\vartheta_{\lambda_a}^{ab}(k) = 1$ 表示车流方向 (a, b) 为拥挤流状态 α^{ab} 为路段 a 划分给车流去向 (a, b) 的停止线宽度比例；ω^a 为交通拥挤时段 a 车流波的反向传播速度；$N^{ab}(k)$ 为该子区域的车辆数；v^a 为路段 a 的自由流速度；$Q_{\lambda_a}^a(k)$ 为 k 时段末尾元胞 λ_a 的实际流出能力。

$\vartheta_{\lambda_a}^{ab}(k)$ 的计算公式为

$$\vartheta_{\lambda_a}^{ab}(k) = \begin{cases} 0, & n_{\lambda_a}^{ab}(k) \leqslant \alpha^{ab}N_{\lambda_a,c1}(k) \\ 1, & n_{\lambda_a}^{ab}(k) \geqslant \alpha^{ab}N_{\lambda_a,c2}(k) \\ \vartheta_{\lambda_a}^{ab}(k), & \text{其他} \end{cases} \tag{2.65}$$

其中，$n_{\lambda_a}^{ab}(k)$ 为 k 时段末尾元胞 λ_a 内车流去向 (a,b) 的车辆数；$N_{\lambda_a,c1}(k)$ 和 $N_{\lambda_a,c2}(k)$ 为 k 时段在车流密度为关键密度 ρ_{c1} 和 ρ_{c2}[32] 时元胞 λ_a 上的车辆数。

依据道路出口渠化需要，对路段 a 末尾元胞的流入量进行修正，即

$$y_{\lambda_a}^a(k) = \min\left\{ S_{\lambda_a-1}^a(k), \sum_{b \in B_l} R_{\lambda_a}^{ab}(k) \right\} \tag{2.66}$$

其中，$S_{\lambda_a-1}^a(k)$ 和 $R_{\lambda_a}^{ab}(k)$ 为 k 时段路段 a 上元胞 $\lambda_a - 1$ 的供给和末尾元胞 λ_a 的需求。

为了使车流传播满足 FIFO 条件，需要把车辆进入路段的时间记录下来，使先进入路段的车流优先进入下一个元胞，实现车流在元胞之间的传递。

参 考 文 献

[1] 黄海军. 城市交通网络平衡分析——理论与分析[M]. 北京: 人民交通出版社, 1994.

[2] 高自友, 任华玲. 城市动态交通流分配模型与算法[M]. 北京: 人民交通出版社, 2005.

[3] 连爱萍, 高自友, 龙建成. 基于路段元胞传输模型的动态用户最优配流问题[J]. 自动化学报, 2007, 33(8): 852-859.

[4] Lighthill M J, Whitham G B. On kinematic waves: a theory of traffic flow on long crowded roads[J]. Proceedings of Royal Society Series A, 1955, 22: 317-345.

[5] Richards P I. Shock waves on the highway[J]. Operations Research, 1956, 4: 42-51.

[6] Daganzo C F. A finite difference approximation of the kinematic wave model of traffic flow[J]. Transportation Research, 1995, 29(4): 261-276.

[7] Wardrop J G. Some theoretical of road traffic research[C]//Proceedings of the Institute of Civil Engineers, VI, Part 2, 1952: 325-378.

[8] Daganzo C F. The cell transmission model: a simple dynamic representation of highway traffic[J]. Transportation Research Part B, 1994, 28(4): 269-287.

[9] Daganzo C F. The cell transmission model part II: network traffic[J]. Transportation Research Part B, 1995, 29(2): 79-93.

[10] Daganzo C F. The lagged cell-transmission model[C]//Proceedings of the 14th International Symposium on Transportation and Traffic Theory, 1999: 81-106.

[11] Lo H K, Szeto W Y. Modeling advanced traveler information services: static versus dynamic paradigms[J]. Transportation Research Part B, 2004, 38(6): 495-515.

[12] Lo H K, Szeto W Y. A cell-based variational inequality formulation of the dynamic user optimal assignment problem[J]. Transportation Research Part B, 2002, 36(5): 421-443.

[13] Dong X, Ben-Akiva M E, Bowman J L, et al. Moving from trip-based to activity-based measures of accessibility[J]. Transportation Research Part A, 2006, 40(2): 163-180.

[14] Goodwin P B. Some problems in activity approaches to travel demand[M]//Carpenter S, Jones P. Recent Advances in Travel Demand Analysis. Gower: Aldershot, 1983: 470-474.

[15] Li Z C, Lam W H K, Wong S C, et al. An activity-based approach for scheduling multimodal transit services[J]. Transportation, 2010, 37(5): 751-774.

[16] Li Z C, Lam W H K, Wong S C. Bottleneck model revisited: an activity-based perspective[J]. Transportation Research Part B, 2014, 68: 262-287.

[17] Noland R B. Commuter response to travel time uncertainty under congested conditions: expected costs and the provision of information[J]. Journal of Urban Economics, 1997, 41: 377-406.

[18] Timmermans S R H. Activity-based models of travel demand: promises, progress and prospects[J]. International Journal of Urban Sciences, 2014, 18(1): 31-60.

[19] Jones P M, Koppelman F S, Orfeuil J P. Activity analysis: state of the art and future directions[C]//Developments in Dynamic and Activity-Based Approaches to Travel Analysis, 1990: 34-55.

[20] Zhang J, Acker V V. Life-oriented travel behavior research: an overview[J]. Transportation Research Part A, 2017, 104: 167-178.

[21] Sheffi Y. Urban Transportation Networks[M]. Upper Saddle River: Prentice-Hall, 1985.

[22] Sheffi Y, Daganzo F. Hypernetworks and supply-demand equilibrium obtained with disaggregate demand models[J]. Transportation Research Record, 1978, 673: 113-121.

[23] Sheffi Y, Daganzo F. Computation of equilibrium over transportation networks: the case of disaggregate demand models[J]. Transportation Science, 1980, 14: 155-173.

[24] Nagurney A. Supernetworks: the science of complexity[J]. Journal of University of Shanghai for Science and Technology, 2011, 33(3): 205-228.

[25] 王志平, 王众托. 超网络理论及其应用[M]. 北京: 科学出版社, 2008.

[26] Liu P, Liao F, Huang H J, et al. Dynamic activity-travel assignment in multi-state supernetworks[J]. Transportmetrica, 2015, 12(7): 572-590.

[27] 姜锐. 交通流复杂动态特性的微观和宏观模式研究[D]. 合肥: 中国科学技术大学, 2002.

[28] Adacher L, Tiriolo M. A macroscopic model with the advantages of microscopic model: a review of cell transmission model's extensions for urban traffic networks[J]. Simulation Modelling Practice & Theory, 2018, 86: 102-119.

[29] Yperman I. The link transmission model for dynamic network loading[D]. Leuven: Katholieke Universiteit Leuven, 2007.

[30] Munoz L M. Macroscopic modeling and identification of freeway traffic flow[D]. California: University of Berkeley, 1997.

[31] Cayford R, Lin W H, Daganzo C F. The NETCELL simulation package: technical description[R]. California PATH Research Report, 1997.

[32] 龙建成. 城市道路交通拥堵传播规律及消散控制策略研究[D]. 北京: 北京交通大学, 2010.

第3章　基于元胞传输模型的可变信息标志选址研究

3.1　元胞传输模型与可变信息标志选址

VMS 作为 ITS 的一部分，能够向出行者提供实时路况信息，诱导驾驶员做出合理的路径抉择，达到缓解交通拥挤的目的。在城市 VMS 系统设置过程中，信息板的布局和显示的内容至关重要。

从工程角度看，主要设备的布局一般在公路设计时确定，设计容易偏离实际。例如，按使用功能，梅振宇等[1]把 VMS 分为分区信息板与街区信息板。前者发布交通分区范围内预告性车流信息概况，一般设置在分区的出入口、高架路路口、过江隧道入口与核心区入口。后者发布街区内各道路交通流信息和停车场信息，设置在分区内各干道上。干宏程等[2]在介绍图形式 VMS 时认为，重要节点 VMS 应设置在道路的重要转换点上游；次要节点或出口匝道 VMS 设置在快速道路主线出口匝道上游；地面道路 VMS 设置在一般道路右侧上方。段广云等[3]则认为，理想的布局是在每个互通立交、服务区出入口处均设置 VMS。考虑造价及管理等一系列问题，至少应该在全线主要分流点互通公交的出口，以及连接不同高速公路的互通立交入口前方 1.5km 处，设置 VMS。魏婧[4]对 VMS 国家标准设计的几个关键问题进行了研究，重点探讨了 VMS 屏面要素设计和布设位置的原则和相关方法，将 VMS 屏面设计内容划分为主要设计元素和辅助设计元素，并在屏面路网拓扑、指示意图的图形元素、文字及屏面尺寸、发光二极管亮度、色彩和信息显示周期等方面，提出设计方法和参考示例。

北京市于 2004 年 5 月发布实时动态交通流信息发布系统，在积水潭、西直门和复兴门等地区率先开展 VMS 试运行。先后布设 29 块 VMS，通过指挥中心对实时路况分析，向出行者发布交通状况、交通事故和出行时间等信息。经过快速发展，截至 2015 年底，北京市共建设 538 块 VMS，基本覆盖全市快速路及主干道，同时向外围辐射的京藏高速、大广高速、机场高速等主要匝道也布设 VMS，建立了高效的路网管理和应急处置工作机制[5]。贾敏利[6]的研究表明，VMS 的效果不但与信息发布板的数量有关，而且与其安装的位置有关。

在理论研究中，仿真方法被广泛应用于 VMS 效果评价中。Wahle 等[7]和 Walting 等[8]研究了有两个节点、两条路径的简单网络，通过引入拥挤信息反馈机制，模拟出行者利用 VMS 动态交通信息完成路径选择的过程，但没有考虑信息板的位置影响。Fan 等[9]提出一种多目标优化模型，通过最大化 VMS 的平均交通引导效用和受益路段数，同时最小化信息冗余来分配 VMS 位置。梅振宇等[1]提出一种基于提高诱导覆盖率和减小诱导重复率双重约束的信息板配置优化方法，利用遗传算法求解信息板优化布局函数。卢守峰等[10]考虑路网中替换路径长度不相等时，利用 CA 模拟，对 VMS 发布平均行程时间诱导信息和平均速度诱导信息的效果进行比较。倪富健等[11]建立了 VMS 分布地点最优选择数学模型，并采用遗传算法进行算例分析。傅立平等[12]在一个高速公路和城市干道的组合路网中，构建 VMS 位置的最优化模型，达到实际规模路网计算复杂性问题和确保求解模型质量之间很好的平衡。

VMS 位置非常重要，因为一旦安装方式或位置不当，出行者就看不到 VMS信息。另一种可能是出行者车速过快导致错过至关重要的交通信息。阅读和理解VMS 信息的速度也会影响出行者对信息的反应。当出行者意识到前方事故时，可能已经没有足够的时间或者距离来转移路径[13]。在现实生活中，某些路段存在事故常发点(也称事故黑点)。本节通过假定事故黑点已知情形下，在不同元胞上设置 VMS，考察交通系统内所有车辆总行驶时间的变化，进而找到 VMS 的最佳位置。此外，还分析路径选择概率变化与 VMS 位置之间的关系。本节用到的背景网络虽然简单，但揭示的现象具有启发意义，提出的建模方法可以扩展到较大规模的网络上。

3.1.1　模型假设与车辆行驶时间

考虑只有一个 OD 对的网络(图 3.1)，路段 $L1$ 和路段 $L2$ 构成路径 $R1$，路段 $L1$ 和路段 $L3$ 构成路径 $R2$。从起始点 0 出发的车辆可以选择路径 $R1$ 或 $R2$ 到达终点 2。假设在某个时刻，路段 $L2$ 上发生交通事故。这个信息可以通过路段 $L1$ 上设置的 VMS 向出行者发布，驾驶员获得信息后可以改变自己的路径抉择、避免在路段 $L2$ 上的不必要等待。当然，驾驶员是否继续选择 $R1$ 取决于他什么时候获得事故信息及事故的延续时间。

为此，构建 CTM 时需要考虑单元胞相接、路段汇聚和发散三种情形。首先将研究时域$[0,T]$划分为 K 个时段，每个时段的长度为 Δ，$T = K\Delta$。假设 T 足够大，以便所有车辆能驶离路网。然后，将路段 $L1$、$L2$ 和 $L3$ 分别划分为 m_1、m_2 和 m_3 个元胞。在 $L1$ 起始元胞 1 的上游添加一个虚拟元胞 r，令 $N_r(t) = \infty$，即假设元胞 r 是一个巨大的车库，而它的车辆流入能力 $Y_r(t)$ 等于 t 时刻网络的出行需求。在网络节点 2 处设置一个元胞 d，假设它能够接受来自元胞 m_2 和 m_3 的所有车辆。这样，构建的 CTM 包含五种元胞：上下游各有一个元胞与之相连的普通元胞，上游只与一个元胞相连、下游与两个元胞连接的发散元胞，上游与两个元胞连接、下游只与一个元胞相连的汇聚元胞，只有下游元胞的源元胞，以及没有下游元胞的终元胞。如图 3.2 所示为元胞示意图。由于网络十分简单，构建的 CTM 不含汇聚元胞。

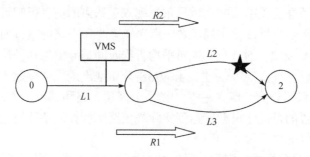

图 3.1　单 OD 对网络示意图

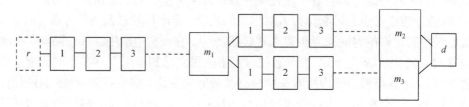

图 3.2　元胞示意图

如图 3.1 所示，当驾车者从 VMS 得到路段 L2 发生事故的信息后，要么按原定计划出行，要么在节点 1 处转换到路段 L3。是否转换的决策与交通事故严重性、事故引起的排队长度、出行者经验等因素有关，决策过程相当复杂，很难用数学模型完备地描述。假设 VMS 发布强制性路径分流信息，驾车者在得到信息前后，以 VMS 信息板上的路径分流比例选择路径 R1 和 R2。

假定时刻 t_0 路段 L2 上第 c 个元胞的位置上发生交通事故。事故信息经过 t_l 时间延迟后在VMS信息板上发布，事故的持续时间为 t_L。令 $[0, t_0+t_l]$ 和 $[t_0+t_l+t_L, T]$ 期间到达 VMS 处的驾车者选择路径 R1 和 R2 的概率分别为 P_1 和 P_2，$[t_0+t_l, t_0+t_l+t_L]$ 期间到达VMS处的驾车者选择路径R1和R2的概率分别为 P_1' 和 P_2'。

令 $S_{j,i}(t) = \min\{Y_{j,i}(t), n_{j-1,i}(t)\}$，$R_{j,i}(t) = \min\{Y_{j,i}(t), \mu[N_{j,i}(t) - n_{j,i}(t)]\}$，其中 j 表示第 j 个元胞，i 表示第 i 条路段，$\mu = v^s/v$，$Y_{j,i}(t)$ 为时段 t 在路段 i 上元胞 j 的流入能力，$N_{j,i}(t)$ 和 $n_{j,i}(t)$ 为时段 t 在路段 i 上元胞 j 的最大荷载能力和车辆数。将式(2.17)应用到不同元胞，就会产生三种的不同关系。

① 对于普通元胞，车辆流入率 $\gamma_{j,i}(t) = \min\{S_{j,i}(t), R_{j,i}(t)\}$。对于路段 L2，若

$t_0 \leqslant t \leqslant t_0 + t_L$，有 $\gamma_{c,2}(t) = 0$，即发生事故的元胞没有进一步接收车辆的能力。

② 对于发散元胞，若 VMS 安装在路段 L1 的第 m 个元胞位置上，$\eta^{rm}(k)$ 是时段 k 出发的车辆从元胞 r 运行到元胞 m 的实际出行时间，则当 $0 \leqslant k + \eta^{rm}(k) \leqslant t_0 + t_l$ 或 $t_0 + t_l + t_L \leqslant k + \eta^{rm}(k) \leqslant T$ 时，路段 L2 和 L3 上第 1 个元胞的流入率分别为 $\gamma_{1,2}(t) = P_1\gamma_{m_1,1}(t)$ 和 $\gamma_{1,3}(t) = P_2\gamma_{m_1,1}(t)$；当 $t_0 + t_l \leqslant k + \eta^{rm}(k) \leqslant t_0 + t_l + t_L$ 时，有 $\gamma_{1,2}(t) = P_1'\gamma_{m_1,1}(t)$ 和 $\gamma_{1,3}(t) = P_2'\gamma_{m_1,1}(t)$。

③ 对于终元胞 d，需求大于供给，即，$R_d(t) \geqslant S_{m_2,2}(t) + S_{m_3,3}(t)$。

在计算车辆行驶时间时，连爱萍等[14]和 Lo 等[15]分别给出了基于路段阻抗和基于路径阻抗的计算方法，针对网络中各条路段/路径进行模拟。两者的共同点是，均基于 CTM 描述路径/路段的交通流传播，并能够满足 FIFO 规则，利用各时段路径/路段上元胞的车辆占有情况计算实际路径/路段阻抗。后者通过计算起点和终点的时变累计车辆占有率，平均后得到路径阻抗；前者使用路段变量，寻找出行者在研究时段内的任意时刻、任意决策节点都选择到 OD 的实际最短路径。在分析动态配流问题时，连爱萍等[14]可提供每个时段和每条路段上的流入率、流出率、路段流量、路段实时阻抗等结果，但过程十分繁琐。因此，本书利用 Lo 等[15]的方法计算所有驾车者的总出行时间。

令 $f_p(k)$ 为 k 时段选择路径 p 离开起点的流量，$\lambda_p^r(k)$ 为到时段 k 选择路径 p 离开元胞 r 的累计出发流量，$\lambda_p^d(t)$ 为到时段 t 选择路径 p 抵达元胞 d 的累计流量，则

$$\lambda_p^r(k) = \sum_{k' \leqslant k} n_{rp}(k') \tag{3.1}$$

$$\lambda_p^d(t) = \sum_{t' \leqslant t} n_{dp}(t') \tag{3.2}$$

$$f_p(k) = \lambda_p^r(k) - \lambda_p^r(k-1) \tag{3.3}$$

其中，$n_{rp}(k')$ 为时段 k' 元胞 r 内的选择路径 p 的车辆数；$n_{dp}(t')$ 为时段 t' 元胞 d 内的选择路径 p 的车辆数。

由于受到路段入口流入能力的限制，k 时段路径出行需求 $f_p(k)$ 会分成 x 个子流量，分别在 $\omega+1$，$\omega+2$，$\cdots$，$\omega+x$ 时段流出该路段。计算车辆的平均行驶时间示意图如图 3.3 所示。设 $\omega+x_1$ 时段对应的子流量为 a_{x_1}，$1 \leqslant x_1 \leqslant x$，则

$$\sum_{\omega=1}^{x} a_{x_1} = f_p(k), \quad a_{x_1} \geqslant 0 \tag{3.4}$$

对时间进行离散化处理后，不能保证同时离开起点的交通流 $f_p(k)$ 可以同时到达元胞 d。为此，需要计算车流量 $f_p(k)$ 的平均出行时间，即

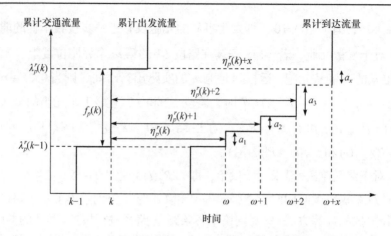

图 3.3 计算车辆的平均行驶时间示意图

$$\eta_p^{rd}(k) = \frac{1}{f_p(k)} \int_{\lambda_p^r(k-1)}^{\lambda_p^r(k)} \left[\lambda_p^{d-1}(\omega) - \lambda_p^{r-1}(\omega) \right] \mathrm{d}\omega \qquad (3.5)$$

其中，$\lambda_p^{d-1}(\omega)$ 为 $\lambda_p^d(t)$ 的逆函数；$\lambda_p^{r-1}(\omega)$ 为 $\lambda_p^r(t)$ 的逆函数。

所有出行者总出行时间为

$$\eta = \sum_{k=1}^{K} \sum_{p=1}^{2} \int_{\lambda_p^r(k-1)}^{\lambda_p^r(k)} \left[\lambda_p^{d-1}(\omega) - \lambda_p^{r-1}(\omega) \right] \mathrm{d}\omega = \sum_{k=1}^{K} \sum_{p=1}^{2} \eta_p^{rd}(k) f_p(k) \qquad (3.6)$$

Lo 等[15]证明，交通流离开起点时的微小变化对到达终点处交通流模式的影响很小，子流量的传播依然能够满足 FIFO 条件。将式(3.4)代入式(3.5)，可以得到下式，即

$$\eta_p^{rd}(k) = \frac{a_1(k+1-k) + a_2(k+2-k) + \cdots + a_x(k+x-k)}{a_1 + a_2 + \cdots + a_x}$$
$$= \frac{a_1 + 2a_2 + \cdots + xa_x}{f_p(k)} \qquad (3.7)$$

将式(3.7)代入式(3.6)，可求出系统总出行时间(total system travel time，TSTT)，即

$$\eta = a_1 + 2a_2 + \cdots + xa_x \qquad (3.8)$$

研究假定，路段 $L2$ 的事故不影响驾车者在路段 $L1$ 上的行驶时间，即 $L2$ 的事故造成的车辆排队不会延伸到 $L1$；否则，在 $L1$ 设置 VMS 就失去意义。令 f^n 表示 k 时段离开元胞 r，$k+n$ 时段流入元胞 m 的流量。假设 k 时段离开元胞 r 的总流量 $f(k)$ 在 $k+z$ 时段前全部流入元胞 m，即 $\sum_{n=1}^{z} f^n = f(k)$。流量 $f(k)$ 从元胞 r 行驶到元胞 m 的实际平均出行时间 $\eta^{rm}(k)$ 为

$$\eta^{rm}(k) = \frac{f^1(k+1-k) + f^2(k+2-k) + \cdots + f^z(k+z-k)}{f(k)} = \frac{f^1 + 2f^2 + \cdots + zf^z}{f(k)} \quad (3.9)$$

问题在于，确定 VMS 在路段 $L1$ 上的最佳位置 m，使所有驾车者的总出行时间 η 最小。

3.1.2　数值模拟

当出行者看到事故信息后，将按照要求进行路径选择。因此，VMS 上路径分流比例将对系统总出行时间 η 带来很大影响。本节考虑两种不同的 VMS 路径建议方式。第一种方式假定 VMS 提供固定的路径选择概率，要求出行者进行分流，即在 $[0, t_0 + t_l]$（$[t_0 + t_l + t_L, T]$）期间到达 VMS 处的驾车者选择路径 $R1(R2)$ 的概率 P_1（P_2）和在 $[t_0 + t_l, t_0 + t_l + t_L]$ 期间到达 VMS 处的驾车者选择路径 $R1(R2)$ 的概率 P_1'（P_2'）都是固定的常数。显然，关系式 $P_1' < P_1$，$P_1 + P_2 = 1$ 和 $P_1' + P_2' = 1$ 都成立。事故越严重，P_1' 应该越小于 P_1。第二种方式假定 VMS 信息是动态的，流量依存路径选择概率，即车辆达到 VMS 位置时，路径分流的比例与该时段路段 $L2$ 上事故点上游的车辆数有关。

1. 算例 1

假定所有路段流量-密度关系均满足如图 2.1 所示梯形基本图，主要参数值与文献[15]相同，路段最大车辆通行能力 q_{max} =0.5/s；堵塞密度 k_{jam} =125/km；自由流车速 v=13.3m/s。在本研究中，路段 $L1$、$L2$ 和 $L3$ 的长度均为 2000m。$L1$ 是双车道，$L2$ 和 $L3$ 是单车道，元胞数量分别为 150、150、150，每个元胞的长度为 13.3m。式(2.19)的参数 $\mu = v^s / v = 1$，研究时域长度 T =2000s，离散成 $K = 2000$ 个时段，所以 $\Delta = 1$s。计算可知，$L1$、$L2$ 和 $L3$ 上单个元胞的车辆承载能力 N 分别为 3.33、1.67 和 1.67，单个元胞的最大流入能力 q_{max} 分别为 1/s、0.5/s 和 0.5/s。设定前 350s 车辆交通需求是 1/s，之后需求变为 0。事故发生前和处理完毕后的路径选择概率是 $P_1 = P_2 = 0.5$。事故发生在 $t_0 = 160$s，位于路段 $L2$ 距离交叉口 750m 处(即第 57 个元胞)。事故持续时间 $t_L = 300$s(假设 5min 处理完毕)，信息发布滞后时间 $t_l = 30$s。发生事故后，$L2$ 上第 57 个元胞的流入能力 $Y_{57,2}(t)$ 立即变为 0，并持续 300s。在 $[t_0 + t_l, t_0 + t_l + t_L]$ 期间，到达 VMS 处的驾车者选择路径 $R1$ 和 $R2$ 的概率变为 $P_1' = 0.3$ 和 $P_2' = 0.7$。

如图 3.4 所示为不同 VMS 位置导致的总行驶时间。当 VMS 设置在路段 $L1$ 的第 60~90 个元胞位置时，系统总行驶时间比较低。最佳的 VMS 位置在第 83 个元胞上，即距离 $L1$ 的起点 1090.6~1103.9m 处。此时，总行驶时间达到最小，为 217613.2s。对比国内交通网络中 VMS 的真实安装情况，这个结果耐人寻味。

国内大部分 VMS 安装在距离下游交叉口太近的地方，不一定能够达到正确诱导驾驶员选择路径的理想效果。尤其是，事故严重和(或)处理不迅速的情况下，VMS 不宜安装在距离事故频发地点太近的地方。

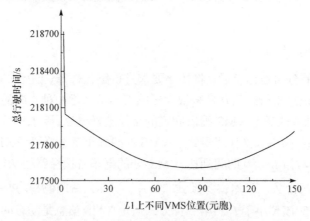

图 3.4　不同 VMS 位置导致的总行驶时间

　　下面观察不同 VMS 位置对路段 $L2$ 上车流时空分布的影响。图 3.5～图 3.7 分别为 $m=80$、$m=1$ 和 $m=150$ 时路段 $L2$ 上车流时空演化图。图 3.5 中，$t=150s$ 前，车辆还没有到达路段 $L2$，车流量为 0。随后，50%车流量到达 $L2$，但受流入能力的限制，车流量最大值为 1。之后，驾驶员从 VMS 接收到 $L2$ 交通事故信息，并考虑改变路径选择，导致 $L2$ 靠近上游交叉口元胞上车流量降低。随后一段时间里，受事故影响，$L2$ 靠近终点元胞上没有车流，而上游元胞上车辆开始累积(但不超过最大承载能力 1.67)。事故解除后，$L2$ 上车辆开始向终点运动，流量逐步恢复到平稳状态。

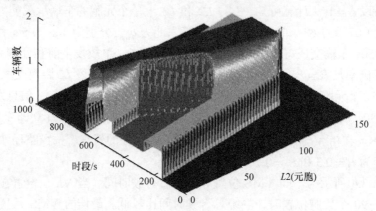

图 3.5　$m=80$ 时路段 $L2$ 上车流时空演化图

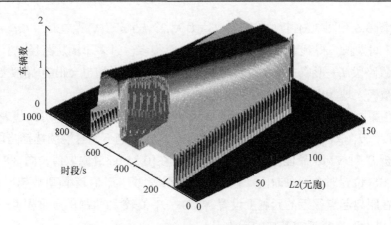

图 3.6　$m=1$ 时路段 $L2$ 上车流时空演化图

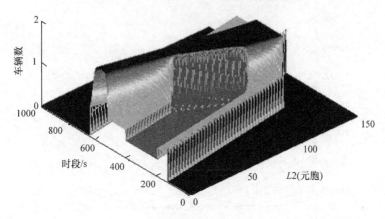

图 3.7　$m=150$ 时路段 $L2$ 上车流时空演化图

从图 3.6 可以看出，即便是在事故持续期间 $[t_0,t_0+t_L]=[160,460]$，发生路径转移的车辆也很少，说明 VMS 安装的位置过于靠近上游($m=1$)。图 3.7 中，$m=150$，路径转移现象最明显，甚至由于转移时段过长、转移量过多，路段 $L3$ 非常拥挤，使系统总出行时间增加。

对于满足 $k+\eta^{r,m}(k)<t_0+t_l=190$ 的时段 k 出发的出行者，由于没有得到事故信息，仍会执行原来的路径选择原则。对于满足 $k+\eta^{r,m}(k)>t_0+t_l+t_L=490$ 的时段 k 出发的出行者，由于 VMS 显示事故已经解除，也执行正常的路径选择原则。对于满足 $t_0+t_l \leqslant k+\eta^{r,m}(k) \leqslant t_0+t_l+t_L$（即 $190 \leqslant k+\eta^{r,m}(k) \leqslant 490$）的时段 k 出发的出行者，将选用新的路径选择原则，即 $P_1'=0.25$ 和 $P_2'=0.75$。若 m 取值太小，令 $k+\eta^{r,m}(k)$ 落在 $[t_0+t_l,t_0+t_l+t_L]$ 的 k 值区间太短，得到事故信息的出行者数量过少。路段 $L2$ 上将出现严重拥挤，形成车辆排队，这些车辆最终流进 d 的时间将会很晚(图 3.6 和图 3.5)。反之,若 m 取值太大,令 $k+\eta^{r,m}(k)$ 落在 $[t_0+t_l,t_0+t_l+t_L]$ 的 k 值区间太长,得到事故信息的出行者数量很多。过多车辆从路径 $R1$ 转移到 $R2$,导致路段 $L3$ 形成排队,这些车辆最终流进 d 的时间也会很晚(路段 $L2$ 上的拥挤将被极大地缓解,从 $L2$ 流进 d 的时间提前)。

发生事故后,VMS 要求出行者选择路径 $R1$ 的概率 P_1' 的大小可以代表事故的严重程度。P_1' 取值太小,说明事故很严重,行驶车辆不愿意继续选择路段 $L2$。下面分析 P_1' 对 VMS 最佳位置的影响。令 P_1' 在 $[0.25,0.35]$ 内取值,图 3.8 给出了不同 VMS 位置时总行驶时间。数值模拟结果表明,P_1' 值越小(事故越严重)时,越应该在距离起点很近的元胞上设置 VMS;P_1' 值较大(事故的严重程度一般)时,VMS 可以设置在靠近交叉口的元胞上。

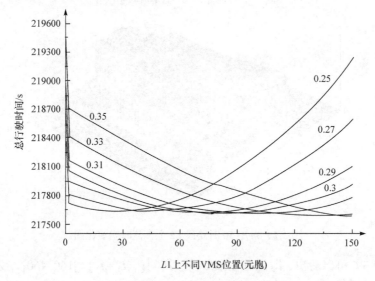

图 3.8　不同 VMS 位置时系统总时间

2. 算例 2

算例 2 的参数与算例 1 基本相同,唯一的不同在于 VMS 显示的信息内容。在算例 2 中,考虑 VMS 提供动态的、流量依存的路径分流信息。采取的措施是,在没有发生事故或事故解除后,VMS 信息板上不显示任何信息。这就意味着,出行者将随机选择路径。由于路径 $R1$ 和 $R2$ 长度相同,在 $[0,t_0+t_l]$ 和 $[t_0+t_l+t_L,T]$ 到达 VMS 处的驾车者选择路径 $R1$ 和 $R2$ 的概率相等,即 $P_1=P_2=1/2$。假定在 $[t_0+t_l,t_0+t_l+t_L]$ 到达 VMS 处的驾车者选择路径 $R1$ 和 $R2$ 的概率 P_1' 和 P_2' 是该时段路段 $L2$ 事故点上游车辆数的函数,即

$$P_1' = -\frac{1}{2} \times \frac{\phi(t)}{\sum\limits_{j=1}^{m} N_{2,j}(t)} + \frac{1}{2} \tag{3.10}$$

$$P_2' = 1 - P_1' \tag{3.11}$$

其中，$\phi(t) = \sum\limits_{j=1}^{m} n_{2,j}(t)$，表示 t 时段路段 $L2$ 事故点上游车辆的总数；$n_{2,j}(t)$ 和

$N_{2,j}(t)$ 分别表示 t 时段元胞 j 上的车辆数目和最大承载能力。在现实生活中，除

非道路临时封闭，路段承载能力不会随时间而变化，即 $\sum\limits_{j=1}^{m_2} N_{2,j}(t)$ 是个常数。

式(3.10)中 P_1' 具有如下性质。

① 取值范围 $[0,1/2]$，表示出行者在得到 VMS 事故信息后，选择 $L2$ 的车辆数将会减少，而不会更多。

② 随着 $\phi(t)$ 的增加，P_1' 应该单调递减，即 $\phi(t)$ 值越大，P_1' 值越小。换句话说，在事故期间，$L2$ 事故点上游车辆排队的数目越多，VMS 会建议越少的出行者选择路径 $R1$。

③ 事故期间，P_1' 是时变的信息，不同时段获得 VMS 信息的出行者，得到的分流概率也不同。

如图 3.9 所示为 $L1$ 上不同 VMS 位置时总行驶时间。在动态分流信息诱导下，不同 VMS 位置会导致系统总行驶时间发生变化。可以看出，如果 VMS 提供流量依存的交通流诱导信息，路段上游无疑是 VMS 安装位置的最佳选择。值得指出的是，对比图 3.8 和图 3.9 的纵轴，前者的数值明显比后者的数值大。这意味着，无论 VMS 安装在何处，动态信息比静态信息更有助于减少系统总出行时间。

模拟结果表明，动态和静态路径分流信息对交通流的影响机理相同。如图 3.10 所示为 VMS 在路段 $L1$ 上不同位置和不同时段显示的路径概率 P_1'。可以看出，如果 VMS 安装在路段 $L1$ 上游，m 取值小，使得 $k + \eta^{r,m}(k)$ 落在 $[t_0 + t_l, t_0 + t_l + t_L]$ 的 k 值区间短。很多出行者已经驶过信息板位置，只有很少的出行者会受到 VMS 信息的影响。相应的，从路径 $R1$ 转移到路径 $R2$ 的车辆不多。因此，会造成路段 $L2$ 排队，反馈给 VMS 系统的 $\phi(t)$ 值增大，从而 VMS 显示的路径分流概率 P_1' 很小。如果 VMS 安装在路段 $L1$ 下游，m 取值很大，$k + \eta^{r,m}(k)$ 落在 $[t_0 + t_l, t_0 + t_l + t_L]$ 的 k 值区间长，得到事故信息的出行者数量很多。由于 VMS 信息根据 $L2$ 事故点上游流量调节，既不会有过多的车辆进入路段 $L2$，也不会造成路段 $L3$ 拥堵，因此 VMS 设置在路段 $L1$ 下游时显示的 P_1' 相对较大。不过，整个事故期间，VMS

显示的路径分流概率 P_1' 差别不大,取值均在 0.30～0.35 之间。

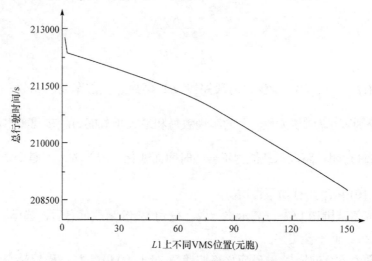

图 3.9　$L1$ 上不同 VMS 位置时总行驶时间

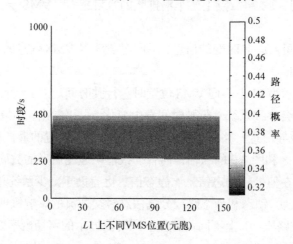

图 3.10　VMS 在路段 $L2$ 上不同位置和不同时段显示的路径概率 P_1'

过去的研究表明,信息发布延迟时间 t^l 会对 VMS 信息效用产生很大的影响。本节分析了时间 t^l 从 0s 增大到 100s 时对系统总行驶时间的影响(图 3.11)。当 t^l 等于 0 时,无论安装在何处,VMS 均可以及时显示路段 $L2$ 的排队情况,使系统总出行时间最小。当 t^l 增大时,系统总出行时间随之增大。也就是说,信息延迟时间 t^l 越大,VMS 对当时路况信息的扭曲越严重。

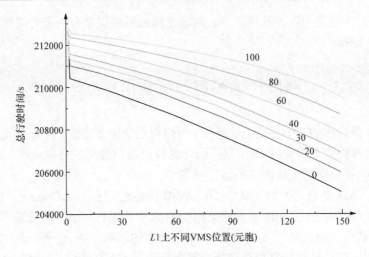

图 3.11　$L1$ 上不同 VMS 位置时总行驶时间

3.1.3　数值结果分析

对比算例 1 和算例 2 的结果可以看出，VMS 动态信息对交通流的影响存在一定的相似性。例如，VMS 安装位置不同，导致系统的总出行时间也不同。此外，影响机理也是相同的。若 VMS 安装在路段 $L1$ 上游，m 取值太小，得到事故信息的出行者数量会很少；反之，m 取值太大，得到事故信息的出行者数量会很多。

尽管数值结果与特定网络和 VMS 分流比例有关，仍然可以得到一些相关的结论。

① 动态、流量依存的路径分流信息比静态、固定概率的信息效果要好。图 3.3、图 3.7、图 3.8 和图 3.10 都表明，无论 VMS 安装在路段 $L1$ 上游还是下游，VMS 固定分流信息情形下都比动态信息情形下系统总出行时间多。

② VMS 信息内容不同时，VMS 在路段 $L1$ 的最佳位置也不同。在算例 1 中，交通事故越严重，VMS 应设置在距离事故地点越远的地方；反之，事故的严重程度一般，VMS 可以设置在靠近交叉口的元胞上。在算例 2 中，信息发布延迟时间会降低信息的有效性，但 VMS 最佳位置始终在路段 $L1$ 下游靠近交叉口的地方。

这里需要特别指出两点。

① 本节研究的是特定网络、特定信息内容，因此算例找到的最佳 VMS 位置不具备普适性。

② 研究发现，路段 $L1$ 的元胞个数，即路段 $L1$ 长度，对 VMS 最佳安装位置的影响非常大。假定 $L1$ 长度更长一些，即使 VMS 提供动态路径分流信息，$L1$ 上游也不一定是 VMS 安装位置的最佳选择。进一步研究发现，VMS 最佳安装位

置与事故发生点之间存在某种关联, 两者之间的距离似乎有一定的规律。这个问题有待深入探讨。

3.2　路段传输模型与可变信息标志选址

VMS 是构成 ITS 的重要组成部分, 可以提供道路车流量、突发事故或临时管制(如道路养护或车道关闭)等信息, 引导驾驶员进行合理的路径选择, 优化车流时空分布, 提高交通运输网络的运行效率[13]。

有关 VMS 效果评价的文献中,仿真模拟方法被广泛应用。Dong 等[16]和 Shang 等[17]利用 CA, 在一个 OD 对、两条路径的简单网络中, 分别研究基于实时和预测拥挤系数的反馈策略, 以及 VMS 对流量分布的影响。Shang 等[17]用 CTM 研究 VMS 时间反馈信息对重复拥挤和非重复拥挤两类车流的影响。VMS 的诱导效果除了受到信息发布策略的影响, 还受到 VMS 数量、选址、驾驶员反应及其他信息装置的影响。Chatterjee 等[18]和 Dia 等[19]研究了驾驶员的信息服从率和路径转移问题。尚华艳等[20]应用 CTM 研究 VMS 位置优化问题, 但是没考虑多种信息装置同时存在的情况。实际上, 路网中一定比例的车辆还配备 ATIS, 而且 ATIS 与 VMS 提供的信息并不完全相同。装备 ATIS 的驾驶员往往能够获得更多的实时道路信息。此时, 路网中存在多类出行者, 路径选择行为同时受到两种信息诱导装置的影响[21,22]。这种情形下 VMS 的选址变化规律几乎没有文献研究过。Chiu 等[23]通过建立优化模型, 研究了随机事故和 ATIS 环境下的 VMS 选址问题, 但假设 ATIS 仅在出发时刻提供当前最短路径信息,与 ITS 的实时性要求有一定差距。因此, 有必要在 ATIS 提供实时交通信息的环境下, 进一步研究 VMS 最佳位置问题。

2007 年, Yperman[24]提出 LTM。模型假设路段内车辆运动满足运动波理论,能够较好地模拟激波、排队形成, 以及排队消散。与传统的 CTM 相比, LTM 模型将整个路段看成一个元胞, 计算速度更快, 可以应用到较大规模的网络, 还可以方便地实现所有节点的动态流量加载。龙建成等[25]应用 LTM, 研究了道路出口渠化区的长度优化问题。

卢晓珊等[26]将出行者分为有 ATIS 装置的驾驶员和无 ATIS 装置的驾驶员两类。ATIS 提供路段的实时预测走行时间, 道路 VMS 提供有效路段上的事故信息。应用 LTM 模型, 以系统总拥挤延迟最小为目标, 确定不同 ATIS 渗透率下的 VMS 最佳选址,并分析系统总拥挤延迟的变化。该研究对于多种交通信息策略交互影响下的驾驶员路径选择行为和 VMS 选址具有启发价值, 所建立的 LTM 模型也可以扩展到较大规模的路网上。

3.2.1　模型假设与路段传输模型

考虑一个由单 OD 对、两条路径构成的简单路网，如图 3.12 所示。路段 $L1$ 和 $L2$ 构成路径 $R1$，路段 $L1$ 和 $L3$ 构成路径 $R2$。从起点 1 出发的车辆，可以选择路径 $R1$ 或 $R2$ 到达终点 3。本节考虑三种重要假设。

① 将研究时域 $[0,T]$ 划分为 K 个时段，每个时段长度为 Δt，即 $T=K\Delta t$。假设 T 足够大，所有车辆均能驶离网络。

② 根据有无 ATIS 装置将驾驶员分为两类。假设 ATIS 渗透率为 α，即安装 ATIS 的车辆比例为 α，路段 $L2$ 和 $L3$ 上实时路况(包括事故信息)和预测行驶时间通过 ATIS 装置提供给驾驶员参考。路段 $L1$ 上某处装有 VMS，发布下游路段 $L2$ 和 $L3$ 的交通事故等路况信息。无 ATIS 装置的驾驶员只能获得并完全相信 VMS 的事故信息，避开事故路段出行。

③ 驾驶员按照 Logit 模型进行路径选择。假设安装 ATIS 的驾驶员对路径行驶时间的感知系数为 θ_1，无 ATIS 装置的驾驶员对路径行驶时间的感知系数为 θ_2，并且 $\theta_1 \geqslant \theta_2$。

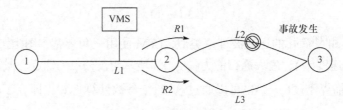

图 3.12　简单路网示意图

3.2.2　信息发布策略

通过感应线圈和监控设备，控制中心获得路段流入率、流出率、交通事故等路况信息；计算中心根据这些数据，预测每个时段进入路段的车辆行驶时间，并反馈给控制中心；控制中心将信息发送到每一辆载有 ATIS 装置的车内信息板，并动态刷新信息。驾驶员根据信息板上的实时预测信息对路径选择做出决策。

Shang 等[17]提出的时间反馈策略是 t 时刻到达路段终点的车辆走行时间。实际上，对于此刻进入路段的车辆而言，时间信息已经滞后，不能完全反映当前的路况。为了准确预测路段走行时间，本节根据 Huang 等[27]的方法，计算每个时段每条路段的实际通行时间，即 $[t, t+\Delta t]$ 进入路段 a 的车辆在该路段上的行驶时间为

$$\tau_a(t) = t_a^0 + \frac{r_a(t)}{\Delta t q_a^L(t)} \tag{3.12}$$

其中，$r_a(t) = \max\{r_a(t-\Delta t) + \Delta t[u_a(t) - q_a^L(t)], 0\}$，为时段 $[t, t+\Delta t]$ 进入路段 a 的车

辆在该路段的排队长度，$u_a(t)$ 为时段 $[t, t+\Delta t]$ 路段 a 的车辆流入率；t_a^0 为自由流时间；$q_a^L(t)$ 为时段 $[t, t+\Delta t]$ 路段 a 出口的发送能力。

3.2.3　路段传输模型

如图 3.13 所示为 LTM。其中，路段 $L1$ 被拆分成 $L1'$ 和 $L1''$ 两条路段，路段 $L2$ 被拆分成 $L2'$ 和 $L2''$ 两条路段。节点 0、1'、2' 和 4 为虚拟节点。1' 和 2' 分别表示可变信息板安装位置和事故发生点。路段 $L0$ 和 $L4$ 是虚拟路段，$L0$ 发送能力为单位时间进入路网的交通需求，$L4$ 接收能力无穷大。假设时刻 t_s 节点 2' 处发生严重交通事故，事故持续时间为 t_d，事故处理时间内路段 $L2'$ 出口发送能力保持不变，路段 $L2''$ 入口接收能力立即退化为零。

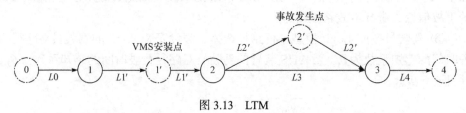

图 3.13　LTM

与 Newell[28]简化的运动波理论类似，LTM 使用三角形基本图(图 3.14)。基本图由自由流速度(v)、最大通行能力(q_{max})和堵塞密度(ρ_{jam})确定。激波向后传播速度(w)和临界密度(ρ_{crit})也可以通过这 3 个参数计算得到，即 $\rho_{crit} = q_{max}/v$ 和 $w = q_{max}v/(q_{max} - \rho_{jam})$。

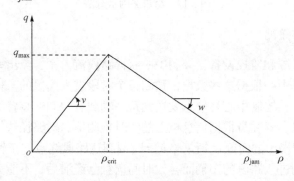

图 3.14　三角形基本图

1. 路段传输模型

路段传输模型包括路段发送能力和接收能力两部分[25]。定义 $S_a(t)$ 为路段 a 在时段 $[t, t+\Delta t]$ 的发送能力，由路段上游进入的车辆数和路段出口流出能力共同决定。$R_a(t)$ 为路段 a 在时段 $[t, t+\Delta t]$ 的接收能力，由路段下游的车辆数和路段入口

流入能力共同决定，即

$$S_a(t) = \min\left\{ N\left(x_a^0, t + \Delta t - \frac{L_a}{v_a} \right) - N(x_a^L, t), q_a^L \Delta t \right\} \tag{3.13}$$

$$R_a(t) = \min\left\{ N\left(x_a^L, t + \Delta t + \frac{L_a}{w_a} \right) + \rho_{\text{jam}} L_a - N(x_a^0, t), q_a^0 \Delta t \right\} \tag{3.14}$$

其中，$N(x,t)$ 表示到 t 时刻累计通过位置 x 的车辆数；x_a^0、x_a^L、L_a、v_a 分别为路段 a 的入口位置、出口位置、长度、自由流速度；$q_a^0(t)$ 和 $q_a^L(t)$ 分别为时段 $[t, t + \Delta t]$ 的入口流入能力和出口流出能力。

2. 节点模型

LTM 包含普通节点、起点、终点、分流节点和汇聚节点。节点 i 下游路段 $b \in B_i$ 的流入率，需根据上游路段发送能力及与其他路段相连接的具体情况确定。这里主要考虑三种情形，节点示意图如图 3.15 所示。其他情形可相应转化。

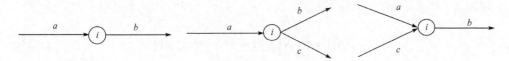

图 3.15　节点示意图

① 普通节点。路段 b 在时段 $[t, t + \Delta t]$ 的流入率为

$$u_b(t) = \min\{S_a(t), R_b(t)\} \tag{3.15}$$

② 发散节点。根据 Logit 规则，路段 b 和 c 在时段 $[t, t + \Delta t]$ 的流入率分别为

$$u_d^{\text{ATIS}}(t) = \frac{\exp[-\theta_1 \tau_d(t)]}{\exp[-\theta_1 \tau_b(t)] + \exp[-\theta_1 \tau_c(t)]} S_a(t), \quad d \in \{b, c\} \tag{3.16}$$

$$u_d^{\text{VMS}}(t) = \frac{\exp[-\theta_2 (L_d / v)]}{\exp[-\theta_2 (L_b / v)] + \exp[-\theta_2 (L_c / v)]} S_a(t), \quad d \in \{b, c\} \tag{3.17}$$

其中，$\tau_b(t)$ 和 $\tau_c(t)$ 分别表示时刻 t 路段 b 和 c 的预测行驶时间；$\theta_1(\theta_2)$ 为有(无)ATIS 装置的驾驶员对路径行驶时间的感知系数；L_b 和 L_c 为路段 b 和 c 的长度。

③ 汇聚节点。路段 b 在时段 $[t, t + \Delta t]$ 的流入率为

$$u_b(t) = \min\{R_b(t), S_a(t) + S_c(t)\} \tag{3.18}$$

其中，$R_b(t)$ 为路段 b 入口流入能力；$S_c(t)$ 为路段 c 下游车辆数。

3. 累计车流量更新

考虑路网各节点发生流量加载，累计车流量的更新可参考文献[25]。在 LTM

(图 3.13)中，仅起点 1 发生需求加载，各路段累计流入量和累计流出量更新可简化为

$$N(x_a^0, t + \Delta t) = N(x_a^0, t) + u_a(t) \tag{3.19}$$

$$N(x_a^L, t + \Delta t) = N(x_a^L, t) + \sum_{b \in B(i)} u_b(t) \tag{3.20}$$

设路段 b 是路段 a 关于路径 p 的下游路段，可以对路径累计流量进行更新，即

$$N^p(x_a^L, t + \Delta t) = N^p\{x_a^0, t_{x_a^0}[N(x_a^L, t)] + S_a(t)\} \tag{3.21}$$

$$N^p(x_b^0, t + \Delta t) = N^p(x_a^L, t + \Delta t) \tag{3.22}$$

此外，根据累计车流量可以计算路段的车流密度。

3.2.4　系统总拥挤延迟

采用龙建成等[25]提出的方法计算路段拥挤延迟，如果车辆不能在自由流时间内流出路段，则表明路段存在拥挤，且车辆发生拥挤延迟。于是，路段 a 的拥挤延迟为

$$d_a(t) = \Delta t \left[N\left(x_a^0, t - \frac{L_a}{v_a}\right) - N(x_a^L, t) \right] \tag{3.23}$$

利用式(3.23)可计算研究时段内的系统总拥挤延迟，即

$$d = \sum_t \sum_a \Delta t \left[N\left(x_a^0, t - \frac{L_a}{v_a}\right) - N(x_a^L, t) \right] \tag{3.24}$$

3.2.5　数值模拟

假定路段 $L1$、$L2$ 和 $L3$ 上的流量-密度关系均满足图 3.14 所示三角形基本图。模拟参数设置路段 $L1$ 长度为 4000m，路段 $L2$ 和 $L3$ 长度分别为 3000m 和 3600m。路段 $L1$ 有 3 条车道，路段 $L2$ 和 $L3$ 都有 2 条车道。三条道路具有相同的 LTM 参数，即最大通行能力分别为 $q_{max} = 0.65/s$；堵塞密度 $\rho_{jam} = 100/km$，自由流速度 $v = 20m/s$，激波速度为 $w = -23.5km/h$。安装 ATIS 的驾驶员对行驶时间的感知系数 $\theta_1 = 1.0$，无 ATIS 的驾驶员的感知系数 $\theta_2 = 0.3$，时段长度 $\Delta t = 1s$。假设 ATIS 和 VMS 信息发布均不发生时间延迟，设定前 400s 车辆的交通需求是 2/s，之后变成零，事故发生在 $t_s = 160s$，持续时间 $t_d = 150s$。

图 3.16 给出了 VMS 最佳位置和系统总拥挤延迟随 ATIS 渗透率的变化情况。可以发现，VMS 位置变化趋势存在一个拐点。当 ATIS 渗透率小于 40% 时，随着渗透率的增加(即安装 ATIS 的车辆比例提高)，VMS 最优选址越来越靠近路段 $L1$

的起点；当 ATIS 渗透率大于 40%时，恰恰相反。这是因为，ATIS 渗透率由零开始增加，及时获得道路信息的车辆数增加；VMS 应远离岔口，方便无 ATIS 的驾驶员获得有所滞后的事故信息，防止过多车辆在岔口选择无事故路段，造成过度拥挤。渗透率大于 40%时出现的相反情况反映出信息过度现象，即 ATIS 渗透率达到一定程度后，若继续增加装载 ATIS 的车辆数，将不利于减小系统总拥挤延迟；需要使 VMS 靠近岔口，增加事故信息的及时性。此外，系统总拥挤延迟在 ATIS 渗透率为 60%时，取得最小值。这说明，将 ATIS 渗透率和 VMS 位置进行联合优化，确实能够进一步提高交通网络效率。

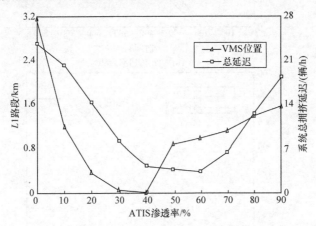

图 3.16 VMS 最佳位置和系统总拥挤延迟随 ATIS 渗透率的变化情况

图 3.17 为不同 ATIS 渗透率下路径车流的变化图。可以看出，车辆在 200s 首次到达路段 $L1$ 终点，即岔口处。

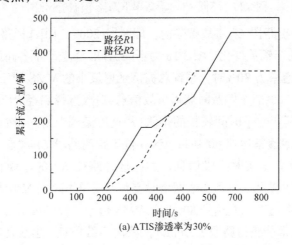

(a) ATIS 渗透率为30%

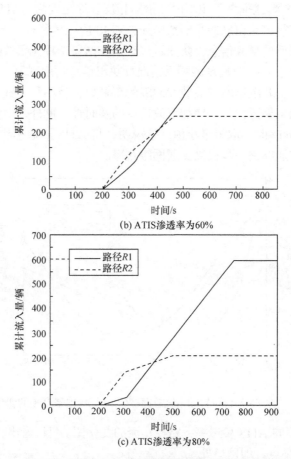

(b) ATIS渗透率为60%

(c) ATIS渗透率为80%

图 3.17　不同 ATIS 渗透率下路径车流的变化图

接下来，分析路段 $L2$ 事故解除前，即时段[200，310]选择路径 $R1$(包含事故路段 $L2$)和 $R2$ 的车辆数变化。图 3.18 为不同 ATIS 渗透率下各路段车流密度时空图。当 ATIS 渗透率为 30%时，系统总拥挤延迟最小的 VMS 位于距离路段 $L1$ 起点 40m 处。只有 30%的车辆及时获得事故信息,造成选择路径 $R1$ 的车辆数较多。在 $L2$ 路段的车辆产生了时间较长的排队,并且后溢到上游路段 $L1$ 上,如图 3.18(a)所示。当 ATIS 渗透率达到 60%时，VMS 位于距离路段 $L1$ 起点 980m 处，由于有更多驾驶员能获得实时路段信息，因此选择路径 $R2$ 的车辆有所增加。虽然路段 $L2$ 上有较短排队,但是交通网络时空流量分布相对比较均衡,如图 3.18(b)所示。当 ATIS 渗透率已经达到 80%时，VMS 位于距离路段 $L1$ 起点 1380m 处，几乎全部驾驶员都能获得路段 $L2$ 和 $L3$ 的实时事故信息,事故发生时段内只有很少车辆选择路径 $R1$，所以路段 $L2$ 上仅有极短的排队,如图 3.18(c)所示。由于选

择路段 $L3$ 的车辆数较多，而 $L3$ 的车道数比 $L1$ 少，造成路段 $L1$ 上产生排队，因此系统总拥挤延迟增加。

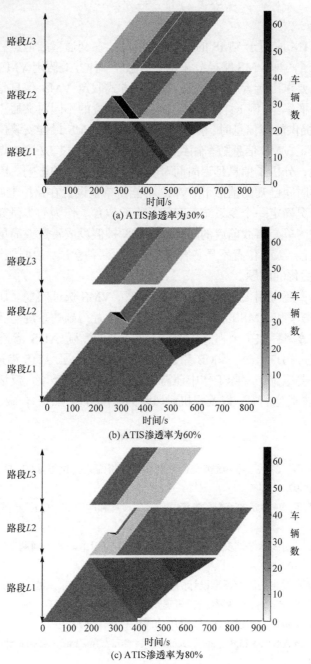

(a) ATIS渗透率为30%

(b) ATIS渗透率为60%

(c) ATIS渗透率为80%

图 3.18　不同 ATIS 渗透率下各路段车流密度时空图

3.3　本章小结

本章将 CTM 应用于 VMS 的位置确定问题,在交通事故地点和持续时间已知情形下,设计了两种 VMS 路径分流诱导信息。一种方式假定 VMS 提供固定的路径选择概率,要求出行者进行分流。另一种方式假定 VMS 信息是动态、流量依存的路径选择概率。算例 1 详细阐述 VMS 安装位置的不同对交通流的影响机理,说明当 VMS 提供静态信息时,事故的严重程度对 VMS 最佳安装位置的影响非常大。算例 2 假定 VMS 信息随车辆到达 VMS 位置时路段 $L2$ 事故点上游的车辆数目变化而变化,分析了信息延迟时间对 VMS 信息效果的影响。因此,在交通事故地点和持续时间已知的情形下,VMS 不能简单地设置在路段上游或者下游,需要根据具体情况确定一个令系统总时间最小的位置。作为初步研究,本节设计的背景网络比较简单,事故前后的路径选择概率被假设成常数或简单的函数,因此算例找到的最佳 VMS 位置不具备普适性。作为一种尝试,说明能够利用 CTM 研究 VMS 位置优化的问题。

此外,本章还应用 LTM 研究 ATIS 环境下 VMS 选址问题。研究发现,联合优化 ATIS 渗透率和 VMS 位置比仅优化 VMS 位置得到的系统总拥挤延迟更小,并且 ATIS 渗透率存在一个拐点。当小于拐点值时,随 ATIS 渗透率增加,VMS 远离岔口;超过拐点值时,VMS 靠近岔口。本章揭示了 ATIS 渗透率在 VMS 位置优化中的重要地位,实际工作中还需要根据 ATIS 渗透率、反馈策略、路网结构、事故发生的时空特征,以及司机对风险的态度等因素,综合确定 VMS 位置。

参 考 文 献

[1] 梅振宇, 项贻强, 陈峻, 等. 城市交通流诱导信息板配置优化方法[J]. 交通运输工程学报, 2007, 7(5): 88-92.

[2] 干宏程, 孙立军. 一种新的可变信息标志技术的设计和应用[J]. 交通与计算机, 2004, 6(22): 93-96.

[3] 段广云, 沈振宇. 高速公路交通信息发布系统实际应用中的若干问题及对策[J]. 公路交通技术, 2004, 6: 107-109.

[4] 魏婧. 可变信息标志的国家标准设计的关键问题研究[D]. 北京: 北京交通大学, 2012.

[5] 江筱薇. VMS 影响下驾驶员路径选择机理及信息发布策略研究[D]. 南京: 东南大学, 2017.

[6] 贾敏利. 可变信息标志布设方法研究[D]. 长春: 吉林大学, 2017.

[7] Wahle J, Bazzan A L C, Klügl F, et al. Decision dynamics in a traffic scenario[J]. Physica A, 2000, 287: 669-681.

[8] Walting D, Vuren V. The modeling of dynamic route guidance systems[J]. Transportation

Research Part C, 1993, 1(2): 159-182.

[9] Fan L L, Liang T, Shaokuan C, et al. Optimizing location of variable message signs using GPS probe vehicle data[J]. PLOS ONE, 2018, 13(7): e0199831.

[10] 卢守峰, 杨兆升, 刘喜敏. 基于元胞自动机的 VMS 诱导信息系统研究[J]. 交通与计算机, 2006, 24(2): 9-12.

[11] 倪富健, 刘志超. 可变交通信息牌的最优分布模型[J]. 信息与控制, 2003, 32(5): 395-398.

[12] 傅立平, 李硕, Henderson J. 可变信息标志系统(CMS)选址优化模型[J]. 交通运输系统工程与信息, 2005, 5(5): 101-120.

[13] Annino J M. Travel behavior and intelligent transportation systems[D]. Storrs: University of Connectict, 2002.

[14] 连爱萍, 高自友, 龙建成. 基于路段元胞传输模型的动态用户最优配流问题[J]. 自动化学报, 2007, 33(8): 852-859.

[15] Lo H K, Szeto W Y. A cell-based variational inequality formulation of the dynamic user optimal assignment problem[J]. Transportation Research Part B, 2002, 36(5): 421-443.

[16] Dong C F, Ma X, Wang G W, et al. Prediction feedback in intelligent traffic systems[J]. Physica A, 2009, 388: 4651-4657.

[17] Shang H Y, Huang H J, Gao Z Y. Impacts of variable message signs on traffic congestion[J]. Science in China Series E: Technological Sciences, 2009, 52(2): 477-483.

[18] Chatterjee K, Hounsell N B, Firmin P E, et al. Driver response to variable message sign information in London[J]. Transportation Research Part C, 2002, 10(2): 149-169.

[19] Dia H, Panwai S. Modelling drivers' compliance and route choice behaviour in response to travel information[J]. Nonlinear Dynamics, 2007, 49(4): 493-509.

[20] 尚华艳, 黄海军, 高自友. 基于元胞自动传输模型的可变信息标志选址问题研究[J]. 物理学报, 2007, 56: 4342-4347.

[21] Bogers E A I, Viti F, Hoogendoorn S P. Joint modeling of advanced travel information service, habit, and learning impacts on route choice by laboratory simulator experiments[J]. Transportation Research Record, 2005, 1926: 189-197.

[22] 李志纯, 黄海军. 先进的旅行者信息系统对出行者选择行为的影响研究[J]. 公路交通科技, 2005, 22(2): 95-99.

[23] Chiu Y C, Huynh N. Location configuration design for dynamic message signs under stochastic incident and ATIS scenarios[J]. Transportation Research Part C, 2007, 15(1): 33-50.

[24] Yperman I. The link transmission model for dynamic network loading[D]. Leuven: Katholieke Universiteit Leuven, 2007.

[25] 龙建成, 高自友, 赵小梅. 基于路段传输模型的道路出口渠化[J]. 吉林大学学报(工学版), 2009, 39(s2): 41-46.

[26] 卢晓珊, 黄海军, 尚华艳. 先进出行者信息系统环境下的可变信息板选址[J]. 北京航空航天大学学报, 2012, 38(10): 1352-1357.

[27] Huang H J, William H K L. Modeling and solving the dynamic user equilibrium route and departure time choice problem in network with queues[J]. Transportation Research Part B, 36: 253-273.

[28] Newell G F. A simplified theory of kinematic waves in highway traffic, part Ⅰ: general theory, part Ⅱ: queuing at freeway bottlenecks, part Ⅲ: multi-destination flows[J]. Transportation Research Part B, 1993, 27: 281-313.

[29] Fernandez L J E, de Cea C J, Valverde G G. Effect of advanced traveler information systems and road pricing in a network with non-recurrent congestion[J]. Transportation Research Part A, 2009, 43(5): 481-499.

第4章　基于元胞传输模型的实时交通信息内容设计

4.1　可变信息标志对交通拥挤的影响

20 世纪 60 年代末期，美国开始 ITS 的研究。经过几十年的发展，美国、欧洲和日本成为世界 ITS 研究的三大基地。我国也进行了一系列 ITS 开发和应用工作。实时 ITS 产品和技术已经在许多国家得到应用，但大规模的普及还面临许多难题。与其他先进的管理系统不同，实时交通信息的有效性主要与出行者对信息的态度、信息内容、有效性的评估方法等因素有关。

研究如何提供实时交通信息时，四个问题通常成为关注焦点，即提供什么实时交通信息？什么时候提供信息？在哪里提供信息？为何提供信息？Polydoropoulou 等[1]研究了出行者如何对不同 ATIS 信息内容做出反应，包括定性信息、定量信息、描述性信息、预测性信息等。在 RP 和 SP 的组合模型中，Polydoropoulou 等考虑出行时间、期望延迟、替代路径拥挤程度、出行时间估计偏差、出行方向、造成延迟的因素和信息来源等七类主要变量。Bonsall[2]把信息内容分为原因、作用和位置等三类，研究发现出行者对不同类型信息产生的反应也不同，稍微延迟的信息可能让更多出行者留在原有路径上。Chatterjee 等[3]通过问卷调查分析不同 VMS 信息对出行者路径选择行为的影响，发现事故发生点和信息内容是非常重要的影响因素，而且在不同城市调查后发现，不同 VMS 引起的出行者反应也不同。Wardman 等[4]发现，出行者对产生拥堵的原因和波及面等信息内容十分敏感。高自友等[5]针对上海城市快速路交通诱导系统的调查表明，交通信息会影响改道行为，且不同信息内容对改道行为的影响不同。

Daganzo[6,7]于 1994 年提出的 CTM，可以较好地模拟一些交通流动力学特性，如激波、排队形成、排队消散等。Lo 等[8,9]将 CTM 进一步扩展到网络，给出基于 CTM 的路径时间计算方法。Ziliaskopoulos[10]利用 CTM 研究一个单 OD 对网络的系统最优动态配流问题。文献[11]，[12]比较全面地介绍了 CTM 的研究进展。

本章研究具有两个节点和两条路径的简单网络，提出一种基于 CTM 路径行驶时间的判断方法，利用 CTM 便于模拟的优点，一方面直观刻画动态交通流的演化，另一方面针对重复性拥挤和非重复性拥挤两种交通状况，分析 VMS 实时交通信息内容对交通流的影响。在此基础上，将驾驶员分为新手和熟手两种类型，展开进一步研究。

4.1.1　模型假设和实时交通信息内容设计

1. 模型假设

考虑两条公路并行连接生活区 O 和工作区 D，分别构成路径 $R1$ 和路径 $R2$。出行者每天需要从 O 出发到 D。为方便分析车辆出行和建立模型，本节作出三点假设。

① 将研究时域 $[0,T]$ 划分为 $\overline{K}$ 个时段，每个时段长度为 Δ，则 $T = \overline{K}\Delta$。假设 T 足够大，所有车辆能驶离路网。

② 在起点 O 处设立 VMS。当网络处于空静状态时，VMS 显示两条路径($R1$ 和 $R2$)的自由流运行时间。每辆车记下进入网络时段和离开时段，到达 D 处时将出行时间传输给中央系统。中央系统选取各时段所有到达 D 处车辆的最小行驶时间，作为该路径当时行驶时间显示到 VMS 上。后面的出行者根据 VMS 信息，按照某种原则进行路径选择。

③ 各时段 OD 需求已知。

假设把起点 O 看作巨大的车库，即起点元胞 o 的承载能力 $N_o(t) = \infty$，车辆流入能力 $Y_o(t)$ 等于 t 时段网络的出行需求。终点 D 能够随时接受来自 $R1$ 和 $R2$ 的所有车辆，将 $R1$ 和 $R2$ 分别划分为 m_1 和 m_2 个元胞。元胞示意图如图 4.1 所示。

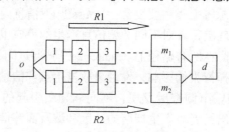

图 4.1　元胞示意图

令 $S_{j,i}(t) = \min\{Q_{j,i}(t), n_{j-1,i}(t)\}$，$R_{j,i}(t) = \min\{Q_{j,i}(t), \mu[N_{j,i}(t) - n_{j,i}(t)]\}$，其中 j 表示第 j 个元胞；i 表示第 i 条路径；$\mu = v^s/v$，v 和 v^s 为车辆的自由流速度和交通激波的速度；$N_{j,i}(t)$ 和 $n_{j,i}(t)$ 为时段 t 在路段 i 上元胞 j 的最大荷载能力和车辆数；$Q_{j,i}(t)$ 为最大交通流量(或通过能力)。可以看出，$S_{j,i}(t)$ 和 $R_{j,i}(t)$ 分别表示供给和需求。令 $\gamma_{j,i}(t)$ 表示时段 t 第 i 条路径上第 j 个元胞的车辆流入率。将式(2.22)应用到元胞，有

$$
\begin{cases}
\gamma_{1,1}(t) = \beta_1(t)\gamma_{o,1}(t), \quad \gamma_{1,2}(t) = \beta_2(t)\gamma_{o,1}(t) \\
\gamma_{j+1,i}(t) = \min\{S_{j,i}(t), R_{j,i}(t)\}, \quad j, j+1 \neq o, d \\
\gamma_{d,1}(t) = S_{m_1,1}(t), \quad \gamma_{d,2}(t) = S_{m_2,2}(t)
\end{cases}
\tag{4.1}
$$

其中，$\beta_1(t)$ 和 $\beta_2(t)$ 分别为出行者选择路径 $R1$ 和 $R2$ 的概率，$\beta_1(t) + \beta_2(t) = 1$。

2. 实时交通信息内容设计

假定出行者均按照 Logit 公式进行路径选择，即

$$
\beta_i(t) = \frac{\exp[-\theta\eta_i(t)]}{\sum\limits_{l=1}^{2}\exp[-\theta\eta_l(t)]}, \quad t \in [0, T], i = 1, 2
\tag{4.2}
$$

其中，θ 为正参数；$\eta_i(t)$ 为时段 t 信息板上路径 i 的行驶时间。

θ 值反映 VMS 信息的精度和出行者对 VMS 的依赖程度。θ 无穷大时，出行者选择行驶时间少的路径；θ 趋于零时，无论两条路径的时间差异有多大，出行者都等概率选择它们。

由于各时段 OD 需求给定，时段 t 出发选择路径 i 的车辆数等于路径 i 第 1 个元胞的车辆流入率，可以得到

$$
\begin{cases}
u_1(t) = \gamma_{1,1}(t) = \beta_1(t)\gamma_{o,1}(t) \\
u_2(t) = \gamma_{1,2}(t) = \beta_2(t)\gamma_{o,1}(t)
\end{cases}
\tag{4.3}
$$

下面计算 VMS 显示的路径行驶时间，设每个元胞长度等于自由车流在一个时间步长内行走的距离。当 $t \leqslant m_i$ 时，VMS 显示自由流时间，则路径 i 的行驶时间等于元胞总数。当 $t > m_i$ 时，若时段 t 出发的车辆在时段 w 离开路径，令 $c_i(w)$ 表示信息板上 w 时段显示的路径 i，则需要考虑两种情形。

① 若 $m_1 = m_2 = m$，有

$$
\begin{cases}
\eta_1(t) = \eta_2(t) = m, \quad t \leqslant m \\
\eta_1(t) = c_1(w), \eta_2(t) = c_2(w), \quad t > m
\end{cases}
\tag{4.4}
$$

② 若 $m_1 \neq m_2$，不妨设 $m_1 > m_2$，有

$$
\begin{cases}
\eta_1(t) = m_1, \ \eta_2(t) = m_2, \quad t \leqslant m_2 \\
\eta_1(t) = m_1, \ \eta_2(t) = c_2(w), \quad m_2 < t \leqslant m_1 \\
\eta_1(t) = c_1(w), \ \eta_2(t) = c_2(w), \quad t > m_1
\end{cases}
\tag{4.5}
$$

为便于描述，代表路径的下标 $i = 1, 2$ 在下面叙述中省略。设时段序列 $\bar{T} = \{1, 2, \cdots, t, \cdots, \bar{K}\}$ 表示车辆在起点出发的时段；$u(t), t \in \bar{T}$ 表示 t 时段出发的车流量；$U(t), t \in \bar{T}$ 表示至时段 t 累积出发的车流量，$U(t) = \sum\limits_{l=1}^{t} u(l)$；时段序列 $W = \{m, m+1, m+2, \cdots, w, \cdots, \bar{K}\}$ 表示车辆到达终点的时段；$v(w), w \in W$ 表示 w 时段到达终点的

车流量；$V(w), w \in W$ 表示至时段 w 累积到达终点的车流量 $V(w) = \sum\limits_{l=1}^{w} u(l)$。

时间离散化后，不能保证同一时段 t 出发的车辆 $u(t)$ 在同一时段 w 到达终点 D。同理，也不能保证同一时段 w 到达终点的车辆 $v(w)$ 都在同一时段 t 出发。离散化后的起点出发量和终点流出量存在以下关系。

① 同一时段出发的车辆 $u(t)$ 在同一时段 w 到达终点元胞 d，则 $u(t) = v(t + c(w))$。

② 同一时段出发的车辆 $u(t)$ 在若干 $(x > 1)$ 时段进入终点元胞 d，则 $u(t) = v(t + c(w)) + v(t + c(w) + 1) + v(t + c(w) + 2) + \cdots + v(t + c(w) + x)$。

③ 若干时段出发的车辆在同一时段进入终点元胞 d，则 $u(t) + u(t+1) + u(t+2) + \cdots + u(t+x) = v(t + x + c(w))$。

因此，累积出发量 $U(t)$ 和累积到达量 $V(w)$ 的关系如表 4.1 所示。

表 4.1　累计出发量 $U(t)$ 和累积到达量 $V(w)$ 的关系

表达式	可能的情形	解释	路径行驶时间
$V(w) = U(t)$	—	无论是否有 $t-1, t-2, \cdots, 1$ 时段的车辆在时段 w 进入终点，同一时段 t 出发的车辆 $u(t)$ 在同一时段 w 到达终点元胞 d	$c(w) = w - t$
$V(w) < U(t)$	$V(w) < U(t) < V(w+1)$	时段 t 出发的车辆部分在时段 w，部分在时段 $w+1$ 进入终点元胞 d	$c(w) = w - t$
	$V(w) < U(t),$ $V(w+1) < U(t),$ $\cdots,$ $V(w+x) < U(t)$	同一时段出发的车辆 $u(t)$ 分若干 $(x>1)$ 时段进入终点元胞 d	$c(i) = i - t,$ $i = w, w+1, \cdots, w+x$
$V(w) > U(t)$	$U(t) < V(w) < U(t+1)$	时段 $t+1$ 出发的车辆部分在时段 w，部分在时段 $w+1$ 进入终点元胞 d	$c(w) = w - (t+1)$
	$U(t) < V(w)$ $\cdots$ $U(t+x) < V(w)$ $< U(t+x+1)$	x 个时段出发的车辆在同一时段进入终点元胞 d	$c(w) = w - (t+x+1)$

通过表 4.1，在时段 w，VMS 的路径行驶时间 $c(w)$ 可以表示为

$$c(w) = \begin{cases} w - t, & V(w) = U(t) \\ w - t, & V(w) < U(t) < V(w+1) \\ l - t, & V(w+x) < U(t), l = w, \cdots, w+x \\ w - (t+1), & U(t) < V(w) < U(t+1) \\ w - (t+x+1), & U(t+x) < V(w) < U(t+x+1) \end{cases} \tag{4.6}$$

引理 1[9] 如果对于每个元胞，FIFO 条件成立，则路径满足 FIFO 条件。

元胞(路径)上满足 FIFO 条件，意味着先进入元胞(路径)的车辆必须先离开元胞(路径)。在时间离散化及元胞划分较为精细的条件下，采用 CTM 作为流量演进方程，可确保流量按照 FIFO 条件传播。

定理 1 流量在路径上的移动满足 FIFO 条件，是式(4.6)成立的前提。

证明 假设路径 FIFO 条件不满足，早出发的车辆晚流出路径，即当 $t' < t''$，存在 $w' > w''$ 时，w' 时段 VMS 显示的路径时间 $c(w')$ 大于 w' 时段 VMS 显示的路径时间 $c(w'')$，即 $c(w') > c(w'')$。式(4.6)中每一个时段都由一系列短暂时刻组成，选取三种起始点出发量和终点流出量关系中的任意一种完成整个分析。不妨设 $t' = t$，$t'' = t+1$，$w' = w+1$，$w'' = w$，$V(w) = U(t)$，$V(w+1) = U(t+1)$，由式(4.6)可得，$c(w'') = c(w) = w - t$，$c(w') = c(w+1) = (w+1) - (t+1)$，所以 $c(w') = c(w'')$，这个结果显然违背物理意义，故定理成立。

4.1.2 数值模拟

交通拥挤可以分为重复性拥挤和非重复性拥挤。前者是由需求大于供给导致的可预见性拥挤，如早晚高峰期交通流。后者是由事故等例外情况导致的通行能力下降，诱发交通阻塞。为判断理论模型是否能合理反映现实交通状况，针对这两种拥挤情形，下面分析 VMS 对交通流的影响。

1. VMS 对重复性拥挤交通流的影响(算例 1)

假定所有路段的流量-密度关系均满足如图 2.3 所示的梯形基本图，研究时域为 3600s，离散成 720 个时段。路段最大通行能力为 0.5/s，堵塞密度为 125/km，自由流车速为 13.3m/s，交通激波后向传播速度为 7.9m/s。两条路段均为单车道，式(4.2)中 θ 取值 0.1。出行需求图如图 4.2 所示。

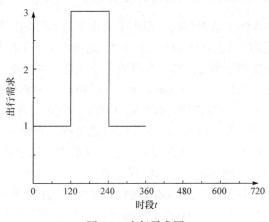

图 4.2 出行需求图

每条路径的元胞数目反映其几何长度，假定 R1 比 R2 长。图 4.3 显示了选择路径 R1 的车辆数。下面分析当路径 R1 上的元胞数 m_1 分别为 20、40、60、80、100(相应地，R2 上元胞数 m_2 分别为 15、30、45、60、75)时，选择路径 R1 的车辆数目变化。可以看出，选择 R1 的车辆数始终比选择 R2 的车辆数少。对于较短路径情形(m_1=20、40、60)，出行者能够实时地响应需求变化，做出正确的路径选择。但是，当 m_1=80 和 m_1=100 时，选择 R1 的车辆数在 t=210 左右开始上扬，并且没有在 t=240 时回落到应有的值。这说明，由于路径较长，中央系统某时段于终点处获得的路径时间不能真实反映该时段进入路径的车辆将要经历的时间，这在一定程度上误导了出行者。不过，现实城市道路的不间断长度一般不会超过 4000m，即 $m_1 \leqslant 60$。因此，在 VMS 支持下，出行需求可以被合理分配，达到减缓交通拥挤的目的。

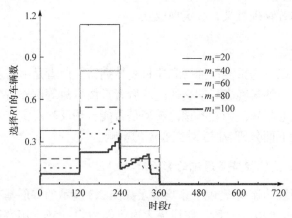

图 4.3　选择路径 R1 的车辆数

2. VMS 对非重复性拥挤交通流的影响(算例 2)

算例 2 参数与算例 1 基本相同，但为了突出事故的影响，假定两条路径长度相同，均为 60 个元胞。考虑在第 600s 时，路径 R2 第 50 个元胞上发生交通事故，该元胞的流入能力立即变为 0，900s 后事故处理完毕。算例 2 研究了高需求和低需求两种情形。高需求时，前 1800s 交通需求是每时段 3 辆车，其他时段需求为 0。低需求时，前 1800s 交通需求是每时段 1 辆车，其他时段需求为 0。

图 4.4 为高需求时路径 R1 和 R2 车辆时空轨迹图。开始时，车辆等概率地选择 R1 和 R2。事故发生后，R2 逐渐接近元胞承载能力，形成排队，使 R2 的行驶时间超过 R1。后出发的车辆根据 VMS 信息调整路径，导致 R1 上的车辆数目大幅增加，但车流仍相对稳定。从图 4.4(b)可以清楚地看到排队的形成和消散过程，以及交通激波的产生。在第 600 s(第 120 时段)，排队在第 50 个元胞上出现，尾部

向后传播直至第 30 个元胞；在 150～320 时段，$R2$ 第 1 个元胞一直没有车辆，说明这段时间内车辆都转向 $R1$；事故解除后，部分车辆回到 $R2$。值得注意的是，虽然事故在第 300 时段解除，但车辆需要等到第 320 时段才选择 $R2$，因为 $R2$ 上排队的消散需要时间。此外，由于元胞流入能力限制和过多车辆转向路径 $R1$，部分车辆在起点 O 处排队等候。

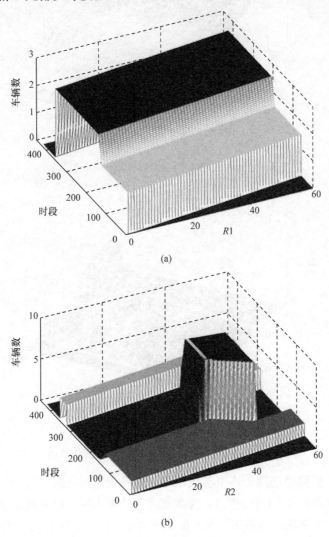

(a)

(b)

图 4.4　高需求时路径 $R1$ 和 $R2$ 车辆时空轨迹图

图 4.5 为低需求时路径 $R1$ 和 $R2$ 车辆时空轨迹图。可以看出，事故对交通流的时空影响与高需求时基本相似，但选择 $R1$ 的车辆不会受到元胞流入能力的限制，都能顺利地流入和流出网络。

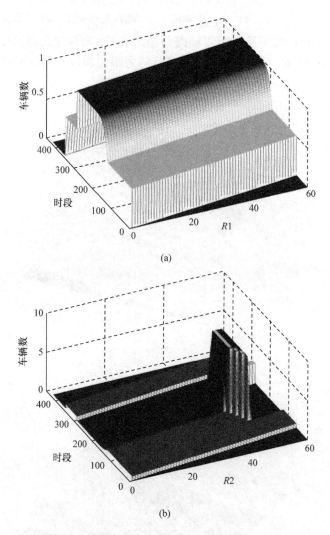

图 4.5　低需求时路径 $R1$ 和 $R2$ 车辆时空轨迹图

　　最后，分析路径选择公式中参数 θ 对交通系统总行驶时间的影响，总行驶时间的计算方法参见 3.1.1 节。图 4.6 为高需求和低需求时不同 θ 值对系统总行驶时间的影响图。在高需求情形下，当 θ 值大于 0.02 时，总时间趋于稳定。在低需求情形下，当 θ 值为 0.1 时，总时间还在继续下降。这说明，在高需求情形下，影响流量分布的模型参数取值区间很小。这是因为两条路径的行驶时间都很大，尽管 θ 值很小，出行者依然能够清楚地理解路径时间的差别。

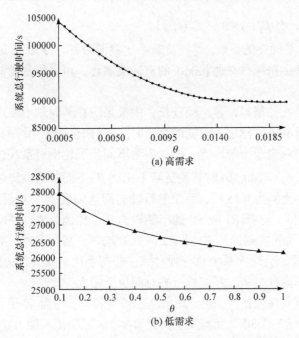

图 4.6 高需求和低需求时不同 θ 值对系统总行驶时间的影响图

4.2 新手上路对道路交通流的影响

现实生活中，出行者的驾驶技术将影响出行行为。本节分析 VMS 和新手上路对交通流的影响。假设出行者分为熟手和新手两种类型。前者会根据 Logit 规则进行路径选择，后者没有精力理会 VMS 交通信息。同时，假设熟手和新手比例分别为 β^d 和 β^b（$\beta^d + \beta^b = 1$），时段 t 驾驶员选择路径 i 的比例分别为 $\beta_i^d(t)$ 和 $\beta_i^b(t)$。各时段路径选择为

$$\beta_i(t) = \beta^d \beta_i^d(t) + \beta^b \beta_i^b(t) \tag{4.7}$$

驾驶员熟手根据 Logit 规则进行路径选择，即

$$\beta_i^d(t) = \frac{\exp[-\theta \eta_i(t)]}{\sum\limits_{l=1}^{2} \exp[-\theta \eta_l(t)]}, \quad t \in [0,T], i = 1,2 \tag{4.8}$$

其中，$\eta_i(t)$ 和 $\eta_l(t)$ 为时段 t 出发的车辆在路径 i 和 l 上的实际出行时间。

当驾驶员新手不理会 VMS 信息，出行时会有两种路径选择。

① 若 $R1$ 和 $R2$ 长度相等，即 $m_1 = m_2 = m$，新手等概率选择 $R1$ 或 $R2$，即 $\beta_i^b(t) = 1/2$。

② 若 $R1$ 和 $R2$ 长度不等，即 $m_1 \neq m_2$，驾驶员新手始终选择长度较短的路径。

不妨设 $m_1 > m_2$ ，有 $\beta_1^b(t) = 0$ ， $\beta_2^b(t) = 1$ 。

采用与 4.1 节同样的参数。驾驶员新手比例设为 $\beta^b = 0.29$①。通过探讨重复性拥挤和非重复性拥挤两种交通状况下的交通流演化，可以得到相似的结论和一些新发现。

当发生重复性拥挤时，若路径较长，中央系统在某时刻于终点处获得的路径时间不能真实反映该时刻进入车辆的路径时间，反而会误导熟练的出行者。此外，为突出新手上路对交通流的影响，图 4.7 为不同新手比例对系统总行驶时间的影响图，分析 $(m_1, m_2) = (40,30)$ 时驾驶员新手比例 β^b 不同时的系统总行驶时间。可以看出，当新手比例为 0.35 时，系统总行驶时间达到最小。这是因为，驾驶员熟手按照 Logit 规则，选择 R1 或 R2 的车辆数与新手比例形成一种博弈。若新手比例越小，按照 Logit 规则选择 R1 或 R2 的数量越多。高需求时，部分车辆会在起点 O 处排队等候，会增大系统总行驶时间；若新手比例太大，选择 R2 的新手数量过多，导致车辆数过多，系统总行驶时间也会增大。

当发生非重复性拥挤时，假定两条路径长度相同，均为 40 个元胞。考虑在第 600s 时刻，路径 R2 第 30 个元胞发生交通事故，该元胞流入能力立即变为 0，900s 后事故处理完毕。由于路径长度相同，驾驶员新手忽略 VMS 事故信息，始终等概率选择 R1 或 R2。其他参数与 4.3 节算例 2 相同。研究发现，在 $\beta^b = 0.29$ 时，交通流演化轨迹与图 4.5 和图 4.6 相似。不同新手比例对系统总行驶时间的影响如图 4.7 所示。

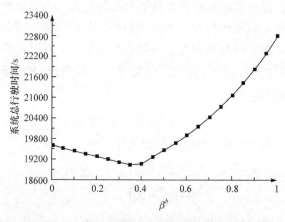

图 4.7 不同新手比例对系统总行驶时间的影响

高需求和低需求时系统总行驶时间与驾驶员新手的比例关系如图 4.8 所示。

总体来说，驾驶员新手比例不宜很高。高需求情形下，一定比例的驾驶员新手会减少系统总行驶时间；低需求情形下，起点 O 处不会形成排队，驾驶员新手的比例越小越好。

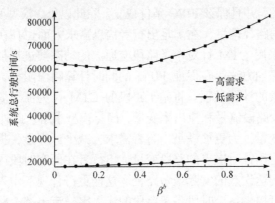

图 4.8　高需求和低需求时系统总行驶时间与驾驶员新手的比例关系

4.3　基于路段的动态用户最优配流问题

在动态交通分配研究领域，路段出行阻抗函数的实际描述准确性不高，会影响模拟效果，限制理论与应用研究的进展。于是，一些学者尝试将道路交通流与网络交通流模型结合研究。道路交通流模型力图描述道路的一般微观特性，能够模拟实际的交通过程。网络交通流模型研究由多条道路构成的城市网络交通流形成机理，涉及出行者路径选择行为。如果将道路交通流模型引入网络交通流模型，不但可以较为准确地刻画道路突发事件、信号灯控制及高峰期大流量等造成的微观交通拥堵，而且能反映拥堵在整个宏观网络的延伸。在考虑实际拥挤排队物理长度的基础上计算阻抗，可以克服传统方法排队质点化的缺陷，更具有准确性。因此，将两类模型结合，不但可以保证在微观上真实反映路段交通流动态特性，而且在满足出行愿望的同时，从宏观上描述交通流在整个路网上的演化特性，使 DTA 模型向动态化、密度变化方向发展。

目前，DTA 模型的研究取得了大量成果。Lo 等[9]给出一种基于宏观仿真模型的新方法，首次将元胞思想应用到 DTA。Daganzo[6,7]利用 CTM 计算关于起点和终点的时变累积车辆占有率，通过求解反函数、计算积分值、进行平均后得到出行者路径阻抗。在此基础上，构造基于路径变量的 DTA 变分不等式模型，并采用交替方向法[14]求解。Szeto 等[15]将其推广，给出弹性需求条件下路径和出发时间同时选择的 DTA 变分不等式模型，将动态出行行为的 DTA 模型带入一个更符合实际的层面。Florian 等[16]采用运动波模型计算路段阻抗，使用相继平均方法对

DTA 模型进行求解。

CTM 是利用有限差分为 LWR 模型设计的一种新的近似方法。在 Lo 等[9]基于 CTM 计算路径阻抗时，针对整个网络的各条路径进行系统模拟，但最初是针对单条路段设计的，并且保证 FIFO 条件成立。除此以外，模型变量基于路径，只能给出给定 OD 的路径信息，在满足出行者信息需求方面也存在严重不足。

连爱萍等[11]采用 CTM 针对单条路段交通流的动态演进模拟，并且采用一种更为简便易行的平均方法，在保证 FIFO 的同时计算路段阻抗，可以避免求解反函数、积分等复杂的计算过程。将基于路段的 CTM 作为流量演进方程放到配流模型中，可以减少路段流量和流出率变量，简化模型求解。此外，鉴于多数 DTA 模型中使用路径变量，为更加满足出行者需求，减少计算量，提供较全面的路段信息。本节模型使用针对迄点的路段变量。出行者在研究时段内任意时刻、任意决策节点都选择到达迄点的实际最短路径。这样更符合现实中人们的择路行为。通过求解，模型可提供每个时段各条路段的流入率、流出率、路段流量及路段实时阻抗等结果，为 ATIS 提供完备的诱导信息。求解模型采用修正的投影算法，无需导数信息，对阻抗函数特性要求较低，方便求解。数值算例表明，模型不但可以保持 CTM 的交通动力学特征，而且在 FIFO 条件下，遵循理想的动态用户最优(dynamic user optimal，DUO)条件。在进行宏观网络配流的同时，本节模型可以较为准确地描述交通流微观动态特性，为用户提供较为全面的出行信息，使道路交通流模型与网络交通流得到较好的结合。

本节将对文献[11]的工作展开介绍。

4.3.1　符号定义及相关约束

在一个多起点多迄点强连通的交通网络中，定义 N 为网络节点的集合；s 为迄点；A 为网络有向弧(路段)的集合；A_l 为进入节点 l 的路段集合；B_l 为离开节点 l 的路段集合。时段$[0,T]$离散成 K 个小时段，每个小时段记为$k(1\leqslant k\leqslant K)$。对$\forall t\in[0,T]$和$\forall k$，引入如下变量。

$u_a(t)$——t 时刻进入路段 a 的流入率。

$u_a^s(t)$——t 时刻进入路段 a 且去往迄点 s 的流入率。

$U_a(t)$——t 时刻进入路段 a 的累积流入量。

$V_a(t)$——t 时刻进入路段 a 的累积流出量。

$v_a(t)$——t 时刻离开路段 a 的流出率。

$v_a^s(t)$——t 时刻离开路段 a 且去往迄点 s 的流出率。

$x_a(t)$——t 时刻路段 a 的流量。

$x_a^s(t)$——t 时刻离开路段 a 且去往迄点 s 的流量。

$g_l^s(t)$ ——t 时刻在节点 l 产生的，去往讫点 s 的流量速率。

$\tau_a(t)$ ——t 时刻进入路段 a 的车辆实际出行阻抗。

$\Omega_q(t)$ ——t 时刻路径 q 的实际出行阻抗。

$\pi_l^s(t)$ ——t 时刻从节点 l 出发到讫点 s 的最小实际出行阻抗。

DUO 分配中需要满足的约束为

$$u_a(t) = \sum_s u_a^s(t) \tag{4.9}$$

$$v_a(t) = \sum_s v_a^s(t) \tag{4.10}$$

路段 $a = (l,m)$ 的相关约束包括节点流量守恒约束，即

$$\sum_{a \in A_l} v_a^s(t) + g_l^s(t) = \sum_{a \in B_l} u_a^s(t), \quad l \neq s \tag{4.11}$$

其中，如果 l 是起节点，那么 $\sum_{a \in A_l} v_a^s(t)$ 可视为零。

流量状态方程为

$$\frac{\mathrm{d}x_a^s(t)}{\mathrm{d}t} = u_a^s(t) - v_a^s(t) \tag{4.12}$$

非负约束为

$$x_a^s(t) \geqslant 0, \quad u_a^s(t) \geqslant 0 \tag{4.13}$$

初始条件为

$$x_a^s(0) = 0, \quad v_a^s(0) = 0 \tag{4.14}$$

4.3.2　基于路段的动态用户最优的变分不等式问题

1. 动态路径选择的用户最优变分不等式问题

若 $u_a^s(t) > 0$，路段 a 在 t 时刻被去往节点 s 的出行者使用，满足约束式(4.9)～式(4.14)的可行流集合可记为 Θ。为了建立可行流集合 Θ 上理想 DUO 状态等价的不等式问题，首先给出理想 DUO 状态的定义[17]。

定义 1　在任意时刻，由任意节点(决策节点)出发、去往同一讫点的所有被使用的路径都有相同的实际出行阻抗，并且都等于最小实际出行阻抗；所有未被使用的路径的实际出行阻抗都不小于最小实际出行阻抗。此时，网络的流量状态就是基于实际出行阻抗的 DUO 状态。

也就是说，如果一位用户在某一时刻 t 到达某一节点 l，目的地 s 是一定的，则需要确定时刻 t 从节点 l 到目的地 s 的最短路。如果出行者选择路段 $a = (l,m)$，

则说明路段 a 在此时的最短路上。

理想 DUO 条件可用互补问题[12]描述为

$$\{\tau_a(t) + \pi_m^s[t + \tau_a(t)] - \pi_l^s(t)\}u_a^s(t) = 0 \tag{4.15}$$

$$\tau_a(t) + \pi_m^s[t + \tau_a(t)] \geq \pi_l^s(t) \tag{4.16}$$

$$u_a^s(t) \geq 0 \tag{4.17}$$

其中，$a = (l,m)$；$\pi_l^s(t) = \min_a\{\tau_a(t) + \pi_m^s[t + \tau_a(t)]\}$。

如果 $\Omega_a^s(t) = \tau_a(t) + \pi_m^s[t + \tau_a(t)]$，则式(4.15)~式(4.17)又可写为

$$[\Omega_a^s(t) - \pi_l^s(t)]u_a^s(t) = 0 \tag{4.18}$$

$$\Omega_a^s(t) - \pi_l^s(t) \geq 0 \tag{4.19}$$

$$u_a^s(t) \geq 0 \tag{4.20}$$

与 DUO 条件等价的基于实际路段阻抗的变分不等式问题[12]如下。

定理 2　可行流集合 Θ 动态流处于理想 DUO 状态，当且仅当

$$\sum_s \sum_a \Omega_a^{s*}(t)[u_a^s(t) - u_a^{s*}(t)] \geq 0 \tag{4.21}$$

式(4.21)针对可行流集合 Θ 的任意 $u_a^s(t)$。

2. 基于 CTM 的实际路段阻抗计算

(1) 交通流在路段上传播

CTM 用来描述路段上交通流量的传播，并确定各时刻路段上每个元胞的车辆占有情况。我们利用 CTM 可以计算实际路段阻抗。

考虑一般的多起点多迄点交通网络，路网由元胞集 J 和有向路段集组成。每个路段根据一定的物理长度，可划分为多个小段(元胞)。研究时段[0,T]被划分为 K 个时段，每个时段长度为 δ，则 $T = K\delta$。假设研究时段足够长，能够使所有车流驶出路网，可以使用两种时间指标。第一种为 $k = 1,2,\cdots,K$，描述车流在每条路段起点的出发时间，用来保证 DUO 条件，实际的交通流出发时刻为 $k\delta$；第二种为 $\omega = 1,2,\cdots,N$，描述已在路网行驶的时变交通流的运动。

CTM[6,7]是针对 LWR 模型[18,19]提出的一种数值近似方法，所有 LWR 方程能够描述的交通现象都可以在 CTM 中重现。具体方法是，将路段划分为多个等距的小段(元胞)，并将时间离散化。元胞长度等于自由车流在一个时间步长内行走的距离，LWR 方程可以离散化近似为如下递推公式，即

$$n_j(\omega + 1) = n_j(\omega) + y_j(\omega) - y_{j+1}(\omega) \tag{4.22}$$

$$y_j(\omega) = \min\{n_{j-1}(\omega), Q_j(\omega), (W / V)[N_j(\omega) - n_j(\omega)]\} \tag{4.23}$$

其中，j 代表元胞 j；$j+1$（$j-1$）代表 j 的下游(上游)的元胞；变量 $n_j(\omega)$、$y_j(\omega)$、$N_j(\omega)$、$Q_j(\omega)$、W 和 V 分别表示时刻 ω 元胞 j 上车辆数、实际流入率、最大车辆数(承载能力)、流入能力、自由流速和后向激波速(拥挤后向传播速度)。

式(4.22)和式(4.23)给出了交通流随时间演变的更新方法。

针对单条路段，需要在路段起点元胞 r 前及终点元胞 d 后，分别添加一个虚拟元胞。它类似于一个巨大的车库，能够承载无限大的即将进入和流出的路段流量，分别记作元胞 $r-1$ 和 $d+1$。通过下式可以将流入率 $u_a(k)$ 加载到虚拟上游元胞，实现路段流量加载 $n_{r-1,a}(\omega+1)$，即

$$y_{r-1,a}(\omega) = u_a(k) \tag{4.24}$$

$$n_{r-1,a}(\omega+1) = n_{r-1,a}(\omega) + y_{r-1,a}(\omega) - y_{r,a}(\omega) \tag{4.25}$$

其中，$y_{r,a}(\omega)$ 既是元胞 $r-1$ 的流出率，又是元胞 r 的流入率。

根据式(4.22)和式(4.23)，可以保证交通流在路段上传播。

(2) 交通流在网络上传播

扩展到网络，路段终点虚拟元胞流入率 $y_{d+1,a}(\omega)$ 即该路段流出率，需要根据路段 a 结尾处与其他路段连接的具体情形确定。路段连接的三种情形如图 4.9 所示。其他情形可进行相应转化[6,7]。

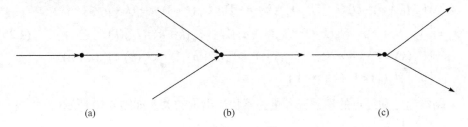

(a)　　　　　　　　　　(b)　　　　　　　　　　(c)

图 4.9　路段连接的三种情形

令 $S_{j,i}(k) = \min\{Q_{j,i}(k), n_{j-1,i}(k)\}$，$R_{j,i}(k) = \min\{Q_{j,i}(k), \delta[N_{j,i}(k) - n_{j,i}(k)]\}$，其中 j 和 i 分别代表元胞位置和路段，$\delta = W/V$，$Q_{j,i}(k)$ 表示流入能力。

① 单路段相接，则 $y_{d+1,a}(\omega) = \min\{S_{d,a}(\omega), R_{r,b}(\omega)\}$。

② 路段汇聚。如果 $R_{r,b}(\omega) < S_{d,a}(\omega) + S_{d,c}(\omega)$，则 $y_{d+1,a}(\omega) = \min\{S_{d,a}(\omega), R_{r,b}(\omega) - S_{d,c}(\omega), p_a(\omega)R_{r,b}(\omega)\}$ 和 $y_{d+1,c}(\omega) = \min\{S_{d,c}(\omega), R_{r,b}(\omega) - S_{d,a}(\omega), p_c(\omega)R_{r,b}(\omega)\}$ 成立，其中 $p_a(\omega) + p_c(\omega) = 1$，$p_a(\omega)$ 和 $p_c(\omega)$ 可以根据 k 时刻进入路段的流入率 $u_a(k)$ 和 $u_c(k)$ 的比例确定。

如果 $R_{r,b}(\omega) \geqslant S_{d,a}(\omega) + S_{d,c}(\omega)$，则 $y_{d+1,a}(\omega) = S_{d,a}(\omega)$ 和 $y_{d+1,c}(\omega) = S_{d,c}(\omega)$

成立。

③ 路段发散。此时，$y_{d+1,a}(\omega) = \min\{S_{d,a}(\omega), R_{r,b}(\omega)/\beta_b(\omega), R_{r,c}(\omega)/\beta_c(\omega)\}$，其中 $\beta_b(\omega) + \beta_c(\omega) = 1$，$\beta_b(\omega)$ 和 $\beta_c(\omega)$ 可以根据路段流入率 $u_b(\omega)$ 和 $u_c(\omega)$ 的比例确定。

处理信号网络和突发事故或者路段堵塞等情况时，可以调整受控元胞的流量能力 $Q_j(\omega)$。

综上，可以得到任意时刻 ω，路段 a 上元胞 j 的车辆数 $n_{j,a}(\omega)$ 和流出率 $y_{d+1,a}(\omega)$。去往不同迄点的路段流出率，可以采用去往不同迄点流入率占总流入率的比例获得。

(3) 实际路段阻抗的计算

由于受到路段入口流入能力限制，k 时刻路段出行需求 $u_a(k)$ 分成 m 个子流量，分别在 $k+1$，$k+2, \cdots$，$k+m$ 时段流出该路段。设 $k+n$ 时段对应的子流量为 a_n，$1 \leqslant n \leqslant m$，$a_n \geqslant 0$，$\sum_{k=1}^{m} a_n = u_a(k)$，满足 FIFO 条件的子流量计算方法如下。

对于大于 k 的某时段 n，有

$$a_n = \begin{cases} 0, & V_a(k+n) < U_a(k-1) \\ V_a(k+n) - U_a(k-1), & V_a(k+n-1) < U_a(k-1) \leqslant V_a(k+n) \leqslant U_a(k) \\ y_{d,a}(k+n), & U_a(k-1) \leqslant V_a(k+n-1) \leqslant V_a(k+n) \leqslant U_a(k) \\ U_a(k) - V_a(k+n-1), & U_a(k-1) \leqslant V_a(k+n-1) \leqslant U_a(k) < V_a(k+n) \\ 0, & U_a(k) < V_a(k+n-1) \end{cases} \tag{4.26}$$

路段起点和终点的累积流入量和累积流出量的关系如图 4.10 所示。

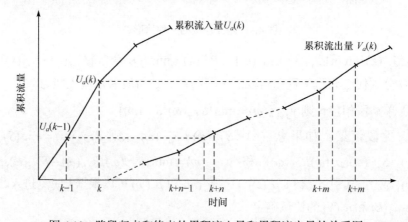

图 4.10　路段起点和终点的累积流入量和累积流出量的关系图

可以用区间关系表示上述算法中不等式确定的取值范围，如图 4.11 所示。

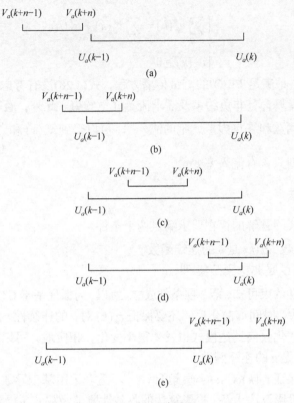

图 4.11　区间关系图

因此，计算路段实际平均出行阻抗的方法为

$$\tau_a(k) = \frac{a_1(k+1-k) + a_2(k+2-k) + \cdots + a_m(k+m-k)}{a_1 + a_2 + \cdots + a_m} = \frac{a_1 + 2a_2 + \cdots + ma_m}{u_a(k)}$$

(4.27)

式(4.27)对子流量走行时间进行了平均，因此在时间离散化及元胞划分较为精细的条件下，采用 CTM 作为流量演进方程可以确保流量按照 FIFO 条件传播。

4.3.3　基于路段传输模型的动态用户最优变分不等式问题

时间离散化后可以得到基于路段的 CTM 动态用户最优变分不等式模型，即

$$\sum_s \sum_a \Omega_a^{s^*}(t)[u_a^s(t) - u_a^{s^*}(t)] \geqslant 0$$

$$\text{s.t.} \begin{cases} \sum_{a \in B_l} u_a^s(k) = \sum_{a \in A_l} v_a^s(k) + g_l^s(k) \\ u_a^s(k) \geqslant 0 \end{cases} \tag{4.28}$$

因为 CTM 是满足 FIFO 的流量传播方程,式(4.28)没有考虑含流量传播约束的情形。约束集只含有非负约束及需求流量守恒约束。此外,通过 k 时段前 CTM 计算的元胞车辆数和终点虚拟元胞的流入率,可以得到 $x_a(k)$ 和 $\sum_{a \in A_l} v_a^s(k)$,因此实际计算时,模型只含有流入率变量。

4.3.4　求解算法

变分不等式问题解的存在要求满足两个条件。

① 阻抗函数 $\Omega_a^s(k)$ 是 u 的连续函数。

② 约束集 Θ 是非空紧凸集[20]。

由 Θ 的线性约束可知,第 2 项条件成立。所以,为保证基于 CTM 定义的 $\Omega_a^s(k)$ 是 u 的连续函数,时间离散化后,还要保证 $\tau_a(k)$ 对 u 的连续性。假设流量在出行模式上的很小变化会使到达模式也发生很小变化,相应地,可以推导出实际路段出行阻抗 $\tau_a(k)$ 是 u 的连续函数。

由于不能保证 $\tau_a(k)$ 对 u 的连续可微性,不适合采用基于导数信息的求解算法,因此本节采用投影算法求解。投影算法的收敛性要求函数 $\Omega(u)$ 严格单调,但阻抗函数特性复杂,很难保证该条件成立。本节采用修正投影算法[21]。该算法的收敛性对函数 $\Omega(u)$ 特性要求较低,只需函数单调即可,可以避免其他修正算法中利普希茨条件连续性或者强制性的要求。记 $\Omega(k)$ 和 $u(k)$ 分别为 $\Omega_a^s(k)$ 和 $u_a^s(k)$ 的向量表示,算法如下。

给定任意初始点 $u^0(k)$ ($\forall k$),正常数 α_{-1} 及正定对称矩阵 H;选择参数 $\theta \in (0,2)$,$\rho \in (0,1)$,$\beta \in (0,1)$,令 $i = 0$。

① $k = 0$。

② 利用到集合 Θ,以范数 $\|\cdot\|_P$ 为度量的最近点投影算子 $[\cdot]_P^+$ 来更新计算,即

$$\gamma_i = \theta \rho \left\| H^{-1/2} \{ u^i(k) - z^i(\alpha_i) - \alpha_i \Omega^s(u^i) + \alpha_i \Omega^s[z^i(\alpha_i)] \} \right\|^{-2} \left\| u^i(k) - z^i(\alpha_i) \right\|^2 \tag{4.29}$$

其中,α_i 为 $\alpha \in \{\alpha_{i-1}, \alpha_{i-1}\beta, \alpha_{i-1}\beta^2, \cdots\}$ 中满足下式的最大值,即

$$\alpha [u^i(k) - z^i(\alpha)]^{\mathrm{T}} \{\Omega(u^i) - \Omega[z^i(\alpha)]\} \leqslant (1-\rho) \left\| u^i(k) - z^i(\alpha) \right\|^2 \tag{4.30}$$

以及

$$z^i(\alpha_i) = [u^i(k) - \alpha_i \Omega(u^i)]_P^+ \tag{4.31}$$

$$u^{i+1}(k)$$

$$= \theta\rho \left\| H^{-1/2}\{u^i(k) - z^i(\alpha_i) - \alpha_i \Omega^s(u^i) + \alpha_i \Omega^s[z^i(\alpha_i)]\}\right\|^{-2} \left\| u^i(k) - z^i(\alpha_i)\right\|^2 \tag{4.32}$$

③ 若 $k = K$，转④；否则，置 $k = k+1$，转②。

④ 收敛性检验。由于路段阻抗函数特性复杂，采用 gap 函数作为收敛准则，保证算法生成的解满足 DUO 条件，即

$$\mathrm{RGap}(k)^n = \frac{\sum_a \sum_s u_a^{si}(k)\Omega_a^{si}(k) - \sum_l \sum_s \left[\sum_{a \in A_l} v_a^{si}(k) + g_l^s(k)\right]\pi_l^{si}(k)}{\sum_l \sum_s \left[\sum_{a \in A_l} v_a^{si}(k) + g_l^s(k)\right]\pi_l^{si}(k)} \tag{4.33}$$

其中，$u_a^{si}(k)$ 为 k 时刻进入路段 a 且去往讫点 s 流入率；$\Omega_a^{si}(k)$ 为 k 时刻路段 a 上实际出行阻抗；$v_a^{si}(k)$ 表示 k 时刻离开路段 a 且去往讫点 s 流出率；$g_l^s(k)$ 为 k 时刻在节点 l 产生且去往讫点 s 的流量速率，假设已知；$\pi_l^{si}(k)$ 为 k 时刻从节点 l 出发到讫点 s 的最小实际出行阻抗，i 表示迭代次数，不影响变量含义。

如果 $\mathrm{RGap}(k)^i < \varepsilon$，停止运行；否则，令 $i = i+1$，转①。

4.3.5 数值算例

与文献[9]相同，采用带有信号灯控制的 Nguyen 等[22]的网络，验证基于路段变量的模型及算法正确性和优越性。

1. 事故分叉网络

图 4.12 为分叉路图，由三条路段构成。研究时段数设为 100，从 O 到 $D1$ 和

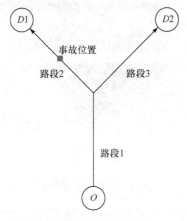

图 4.12 分叉路图

D2 的交通需求分别为每单位时段出发 10 辆车，每个小时段长度为 10s。从模拟时段开始的前 350s 持续保持这种交通需求。在模拟时段的第 160s，路段 2 发生事故，持续 130s 后事故得到解除。每个路段元胞数分别为 8、7、7，输入参数为堵塞密度 125/km；元胞承载能力为 10 辆/时段；自由流和后向激波速度为 48km/h；流量能力为 5 辆/(时段·车道)；车道数量为 2。

　　图 4.13 为车辆占有量示意图。阴影深浅对应路段车辆占有程度的大小。图 4.13(a) 给出了该路网分叉点无流量加载时的车辆占有量情况。由于模型使用针对迄点的路段变量，若在分叉节点分别新产生去往 D1 和 D2 的出行需求 2 和 4，随时空变化的车辆占有量如图 4.13(b) 所示。

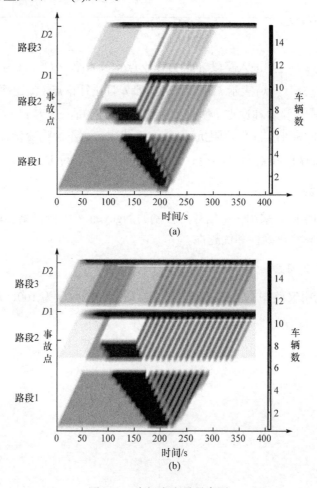

图 4.13　车辆占有量示意图

从本算例可知，采用针对迄点的路段变量 CTM，能够捕捉多路段交叉情况下交通流之间的相互影响，并能反映诸如交叉口地段排队的生成和消散等细节。这说明模型能够描述交通拥挤排队的实际物理现象，避免排队质点化与现实的不符。

2. 带有信号灯控制的 Nguyen 和 Dupius 路网

13 个节点的 Nguyen 和 Dupius 路网如图 4.14 所示。该路网由 13 个节点、19 条路段组成。表 4.2 给出了路段元胞的划分。表 4.3 为 OD 需求。设只有前 10 个时段存在交通需求，车道数为 3，其他参数与上例相同。

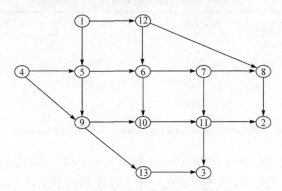

图 4.14　13 个节点的 Nguyen 和 Dupius 路网

表 4.2　路段元胞划分

元胞数	3		4		5
路段	1→12		1→5	4→5	
	7→8		4→9	5→6	
	7→11		5→9	6→7	
	7→13		6→10	9→10	12→8
	8→2		11→2	11→3	
	10→11		12→6	13→3	

表 4.3　OD 需求

OD	1→2	1→3	4→2	4→3	6→2	6→3
需求	5	10	7.5	7.5	5	5

表 4.4 为信号位置与信号灯固定时间设置。假设进入没有信号灯控制的交叉口车流拥有平等行驶权利，变分不等式求解算法采用以二范数为度量的最近点投影算子，H 采用单位矩阵，可将 $h(k)$ 到可行域的投影转化为求解下列二次规划问

题，即

$$\min z[u(k)] = \frac{1}{2} \sum_s \sum_a [u_a^s(k) - h_a^s(k)]^2, \quad \forall k$$

$$\text{s.t.} \begin{cases} \sum_{a \in B_l} u_a^s(k) = \sum_{a \in A_l} v_a^s(k) + g_l^s(k), & \forall l \neq s, \forall s, \forall k \\ u_a^s(k) \geqslant 0, & \forall a \in B_l, \forall s, \forall k \end{cases} \quad (4.34)$$

表 4.4　信号位置和信号灯固定时间设置

信号设置路段	周期/时段	绿灯时间/时段	第一次绿灯时间/时段
1→5	11	5	0
7→8	10	5	0
9→10	12	5	0
9→13	12	4	4
12→6	15	4	5

与模拟路径相同，CTM 能准确描述路段上车流的一些动态特性，此处不作赘述。表 4.5～表 4.7 给出了模型的配流结果，描述不同 OD 对之间时变的最优路径阻抗。可以看出，被使用的路径拥有最小路径阻抗，而没被使用的路径则具有相同或者更大的出行阻抗。在满足理想 DUO 条件进行的路径选择过程中，每个 OD 对之间使用的路径随着时间而变化。因此，模型能够在保证 FIFO 条件下，根据理想的 DUO 条件分配交通流。

表 4.5　OD 1-2 和 1-3 的动态最优实际路径阻抗　　　(单位：s)

时段	路径					
	1-12-8-2	1-5-9-13-3	1-5-6-7-11-3	1-5-6-7-11-3	1-5-6-10-11-3	1-12-6-10-11-3
1	11	18.00	—	—	18.02	18.01
2	11.31	—	19.06	19.06	18.98	—
3	11.36	—	26.65	26.65	—	26.68
4	11.75	25.06	—	—	—	24.84
5	11.95	24.74	—	—	—	—
6	12.10	—	—	25.65	—	25.71
7	11.96	—	—	24.66	—	24.66
8	12.91	—	—	—	—	23.66
9	12.64	—	23.08	23.08	—	—
10	12.58	—	23.85	23.86	—	—

注：没被列出的路径及符号"—"表示的路径没被使用。

表 4.6　OD 4-2 和 4-3 的动态最优实际路径阻抗　　　　　　（单位：s）

时段	路径						
	4-9-10-11-2	4-5-6-7-8-2	4-5-6-7-11-2	4-5-6-10-11-2	4-9-13-3	4-9-10-11-3	4-5-6-7-11-3
1	—	19.20	19.20	19.20	16.00	—	—
2	20.69	—	20.69	20.69	15.13	—	—
3	18.37	—	—	—	15.39	—	—
4	19.85	—	—	—	15.45	—	—
5	19.86	—	—	—	—	18.88	—
6	—	19	—	—	—	19.21	19.19
7	—	18.18	—	—	—	18.25	—
8	—	18.72	—	—	—	18.44	—
9	—	19.24	—	—	20.00	20.00	—
10	—	18.87	—	—	18.93	—	—

表 4.7　OD 6-2 和 6-3 的动态最优实际路径阻抗　　　　　　（单位：s）

时段	路径				
	6-7-11-2	6-7-8-2	6-10-11-2	6-10-11-3	6-7-11-3
1	11.00	—	—	—	11.00
2	11.00	—	11.00	11.00	11.00
3	11.00	—	—	—	11.00
4	11.00	—	11.00	11.00	11.00
5	—	10.00	—	—	11.00
6	—	10.00	—	11.00	11.00
7	—	10.23	—	—	11.00
8	—	10.47	—	11.03	11.03
9	—	11.10	11.09	11.47	11.47
10	12.56	—	12.54	11.75	11.74

　　文献[9]给出的模型基于路径变量构造。当 OD 对确定后，只能描述已知 OD 上路径信息，路径包含的具体路段详细车辆信息不易获取，且对整个路网其他路段的相关信息也不易知晓。因此，基于路径变量的模型无法为诱导信息系统提供全面的信息，存在一定的缺陷。本节模型能够找出使出行者在任意决策节点处，当时交通条件下到达讫点的最短路径，每个小时段都能为出行者提供整个路网所有路段去往各个讫点的车流信息，如去往不同讫点的流入率、流出率、路段流量、路段阻抗等。因此，对出行者实时诱导，能够为 ATIS 提供全面的出行诱导信息。例如，表 4.8 为动态路段流入率及实际阻抗表，描述模型解提供的信息。由于路

段较多，只列举与新生成流量节点相关联的路段 1→12 和 1→5 的信息。

表 4.8　动态路段流入率及实际阻抗　　　　　（单位：s）

路段	时段	流入率		流出率		路段流量	实际路段阻抗
		去往迄点 2	去往迄点 3	去往迄点 2	去往迄点 3		
1→12	1	5.0	4.97	0	0	0	4.00
	2	5.0	4.75	0	0	9.97	4.31
	3	5.0	5.03	0	0	19.72	4.36
	4	5.0	5.01	0	0	29.75	4.75
	5	5.0	0	5.0	4.97	39.76	4.72
	6	5.0	5.03	5.0	4.75	34.79	4.63
	7	5.0	5.03	5.0	5.03	35.07	4.49
	8	5.0	9.46	0	0	35.07	5.00
	9	5.0	0.09	5.0	5.01	49.53	5.14
	10	5.0	0	5.0	5.03	44.61	5.28
	11	0	0	5.0	5.03	44.61	4.57
	12	0	0	5.0	5.03	34.58	4.00
	13	0	0	5.0	9.46	24.55	4.00
	14	0	0	0	0	10.09	4.00
	15	0	0	5.0	0.09	10.09	4.00
	16	0	0	5.0	0	5.0	4.00
1→5	1	0	5.03	0	0	0	4.00
	2	0	5.25	0	0	5.03	4.00
	3	0	4.97	0	0	10.28	10.00
	4	0	4.99	0	0	15.25	9.00
	5	0	10	0	5.03	20.24	8.38
	6	0	4.97	0	5.25	25.21	9.00
	7	0	5.05	0	0	24.93	8.00
	8	0	0.54	0	0	29.98	7.00
	9	0	9.91	0	0	30.52	6.76
	10	0	10	0	0	40.43	7.30
	11	0	0	0	0	50.43	6.00
	12	0	0	0	0	50.43	5.00
	13	0	0	0	19.96	50.43	4.00
	14	0	0	0	4.97	30.47	4.00
	15	0	0	0	5.59	25.50	4.00
	16	0	0	0	9.91	19.91	4.00
	17	0	0	0	10	10	4.00

4.4 本 章 小 结

本章利用 CTM 和 Logit 路径选择原则，研究 VMS 实时交通信息对交通流的影响，给出一种基于 CTM 的路径行驶时间计算方法。研究发现，当发生重复性拥挤时，路径长度对 VMS 存在一定的影响。路径越长，VMS 信息越不能真实地反映当时的交通状况，出行者越不容易做出正确的路径抉择。由于城市道路的长度有限，信息滞后对模型的影响并不十分显著，因此 VMS 能够起到合理指导人们出行的作用。当出现非重复性拥挤时，VMS 对高需求和低需求情形下的交通流影响相似，模型能够产生合理的交通流时空图。但高需求时，未发生事故的路径容易出现排队，而且显著影响流量分布路径选择模型参数的取值区间很小。

进一步的研究将驾驶员分为熟手和新手两种类型，利用 CTM，以及驾驶员的路径选择原则，研究由 VMS 实时交通信息和新手上路对交通流的影响。总体上，驾驶员新手比例不宜很高；高需求时，一定比例驾驶员新手的路径选择会降低系统总出行时间；低需求时，新手的比例越少越好。

最后，介绍文献[11]的工作。模型中，道路交通流宏观模型与动态网络交通配流问题得到较好的结合，但仍为初步工作。如何探讨路段阻抗函数的特性，寻求更加有效准确的路段阻抗估计方法仍需要进一步研究。

参 考 文 献

[1] Polydoropoulou A, Ben-Akiva M, Khattak A, et al. Modeling revealed and stated en-route travel response to advanced traveler information systems[J]. Transportation Research Record, 1996, 1537: 38-45.

[2] Bonsall P. The influence of route guidance advice on route choice in urban networks[J]. Transportation, 1992, 19: 1-23.

[3] Chatterjee K, Hounsell N B, Firmin P E, et al. Driver response to variable message sign information in London[J]. Transportation Research Part C, 2002, 10: 149-169.

[4] Wardman M, Bonsall P W, Shires J D. Driver response to variable message signs: a states preference investigation [J]. Transportation Research Part C, 1997, 5(6): 389-405.

[5] 高自友，任华玲. 城市动态交通流分配模型与算法[M]. 北京：人民交通出版社, 2005.

[6] Daganzo C F. The cell transmission model: a simple dynamic representation of highway traffic[J]. Transportation Research Part B, 1994, 28 (4): 269-287.

[7] Daganzo C F. The cell transmission model part II: network traffic[J]. Transportation Research Part B, 1995, 29 (2): 79-93.

[8] Lo H K, Chen A. Reformulation the traffic equilibrium problem via a smooth gap function[J]. Mathematical and Computer Modelling, 2000, 31: 179-195.

[9] Lo H K, Szeto W Y. A cell-based variational inequality formulation of the dynamic user optimal

assignment problem[J]. Transportation Research Part B, 2002, 36 (5): 421-443.

[10] Ziliaskopoulos A K. A linear programming model for the single destination system optimum dynamic traffic assignment problem[J]. Transportation Science, 2000, 34(1): 37-49.

[11] 连爱萍, 高自友, 龙建成. 基于路段元胞传输模型的动态用户最优配流问题[J]. 自动化学报, 2007, 33(8): 852-859.

[12] Adacher L, Tiriolo M . A macroscopic model with the advantages of microscopic model: a review of cell transmission model's extensions for urban traffic networks[J]. Simulation Modelling Practice & Theory, 2018, 86: 102-119.

[13] 干宏程, 孙立军, 陈建阳. 提供交通信息条件下的途中改道行为研究[J]. 同济大学学报(自然科学版), 2006, 34(11): 1484-1488.

[14] Han D, Lo H K. A new alternating direction method for a class of nonlinear variational inequality problems [J]. Journal of Optimization Theory and Applications, 2002, 112(3): 549-560.

[15] Szeto W Y, Lo H K. A cell-based simulation route and departure time choice model with elastic demand [J]. Transportation Research Part B, 2004, 38 (7): 593-612.

[16] Florian M, Mahut M, Tremblay N. Application of a simulation-based dynamic traffic assignment model [C]//Proceeding of the 9th Conference of Hong Kong Society for Transportation Studies, 2004: 42-55.

[17] Ran B, Boyce D E. Modeling Dynamic Transportation Network: An Intelligent Transportation System Oriented Approach [M]. Heidelberg: Springer, 1996.

[18] Lighthill M H, Whitham G B. On kinematics wave II: a theory of traffic flow on long crowed roads [J]// Proceeding of the Royal Society of London, Series A, 1955, 22: 317-345.

[19] Richards P I. Shock waves on the highway [J]. Operations Research, 1956, 4: 42-51.

[20] Nagurney A. Network Economics: A Variational Inequality Approach[M]. Norwell: Kluwer Academic Publishers, 1993.

[21] Solodov M, Tseng P. Modified projection-type methods for monotone variational inequalities[J]. SIAM Journal on Control and Optimization, 1996, 34(5): 1814-1830.

[22] Nguyen S, Dupius C. An efficient method for computing traffic equilibria in networks with asymmetric transportation costs [J]. Transportation Science, 1984, 18: 185-202.

第5章　实时交通信息对网络交通流的影响分析

5.1　交通流在网络上的传播

ATIS 作为 ITS 的核心系统之一，可以提供历史数据和实时、预测的信息，支持出行决策的制定。同时，ATIS 试图通过影响出行者路径的选择，缩短出行时间，提高出行质量。实施交通诱导系统需要投入巨大资金，而在多大程度上改善交通？如何配置才能发挥最大作用？国内外目前的研究尚未定论，迫切需要从理论上解决问题。

VMS 作为一种常见的 ATIS 形式，受到学者的广泛关注。在 VMS 效果评价中，仿真方法被广泛应用。Wang 等[1]引入一种拥挤系数反馈机制，假定出行者利用可变信息板上动态信息进行路径选择。Wahle 等[2]假定每一辆车都会在进入网络和离开终点时记下时间，并将每条路径行驶时间反馈到起点处 VMS。William 等[3]考虑 VMS 检测器的密度和 VMS 的个数，给出高速公路车辆行驶时间的仿真估计方法。Yang 等[4]通过神经网络模型揭示出行者对 ATIS 的反应。上述研究多适合线状高速公路，对网状城市路网存在一定的局限性。

为了突出实时交通信息的效用，本章将对有无 VMS 信息诱导下的交通流进行比较。

5.1.1　模型假设

为便于分析车辆的出行，建立相应模型，本节做出下列假设。

① 研究时域$[0,T]$划分为$\overline{K}$个时段，每个时段长度为Δ，$T=\overline{K}\Delta$，假设T足够大，以便所有车辆能驶离路网。

② 在具有相同终点的交叉口处设立 VMS 信息牌，对出行者提供路径建议，但不考虑一个节点具有多于两条输出路段的网络。

③ 每辆车进入交叉口i时，记下进入时段(如时段t)；到达终点s时(即离开网络时，假定为w时段)，将该路径出行时间传输给中央系统。中央系统选取w时段所有到达s处车辆行驶时间的最小值，作为该路径可能需要的行驶时间。w时段到达交叉口i的出行者根据 VMS 信息，按某种原则进行路径选择。

④ 各时段的 OD 需求已知。

5.1.2 路径选择原则

VMS 能够影响出行者路径选择，即影响出行者在分叉口的路径分流比例。利用 VMS 控制路径转移，我们可以建立动态的、非线性的、离散时间的最优化控制模型。本节设计了出行者在交叉口进行路径选择的原则，并假定出行者完全遵从路径分流的方式。

令 $\beta_{\text{VMS},is}(t)$ 表示 t 时段 VMS 建议的从分叉口 i 到终点 s 的 0-1 变量。若 VMS 指示出行者选择主路，$\beta_{\text{VMS},is}(t)$ 等于 1，否则等于 0。主路可以根据路径长度、零流时间等界定。一般来说，几何长度短的路径可视为主路。令去往终点 s 的出行者 t 时段在交叉口 i 选择主路的概率为 $\beta_{is}^M(t)$，则

$$\beta_{is}^M(t) = (1-\varepsilon)\beta_N + \beta_{\text{VMS},is}(t)\varepsilon \tag{5.1}$$

其中，ε 为出行者对 VMS 的信息服从率 $(0 \leqslant \varepsilon \leqslant 1)$，$\varepsilon = 1$ 意味着所有的出行者都听从 VMS 的路径建议；β_N 为一个名义变量，表示 $1-\varepsilon$ 比例的出行者即使忽略 VMS 信息，仍会以 β_N 的概率选择主路。

β_N 与 VMS 信息内容的设计有关，可以设为一个常数，也可以随着实时交通状况的变化而变化。例如，主路上发生交通事故，假定 β_N 为 0；辅路上发生交通事故，假定 β_N 为 1，即 VMS 指示所有出行者尽可能地避开事故。

值得注意的是，$\beta_{\text{VMS},is}(t)$ 会随着时间的变化而变化。VMS 是否建议选择主路，需要根据两条候选路径的行驶时间加以确定。当主路行驶时间小于或等于替代路径行驶时间时，$\beta_{\text{VMS},is}(t) = 1$；反之，一旦主路行驶时间大于备选路径行驶时间，VMS 会提示部分出行者改变原来的出行计划，即

$$\begin{cases} \beta_{\text{VMS},is}(t) = 1, & \eta_{is}^M(t) \leqslant \eta_{is}^A(t) \\ \beta_{\text{VMS},is}(t) = 0, & \eta_{is}^M(t) > \eta_{is}^A(t) \end{cases} \tag{5.2}$$

其中，$\eta_{is}^M(t)$ 和 $\eta_{is}^A(t)$ 分别为 t 时段经分叉节点 i 到终点 s 的主路和替代路径的预计时间。

5.1.3 路径行驶时间的确定

本节采用 4.2.2 节提出的路径行驶时间计算方法。设 $c_{is}^M(t)$ 表示所有 t 时段经过 i 到达 s 车辆行驶时间的最小值。$m_{is}^M(t)$ 和 $m_{is}^A(t)$ 分别表示从交叉口 i 到终点 s 的主路和替代路径的元胞个数，则 $m_{is}^M(t) < m_{is}^A(t)$。$p$ 表示 is 间的一条路径。中央系统在处理两条路径的预计时间时，需要考虑两种特殊情形，即当网络处于空静状态或车辆全部流出终点后，每条路径行驶时间应为其自由流时间。由于每一个元胞的长度等于自由车流在一个时间步长内行走的距离，t 时段经过 i 的出行者尚未到

达终点 s，路径 p 的行驶时间信息是该路径的元胞总数 m_{is}^p。当 $t+m_{is}^p \geqslant w$ 时，时段 t 经过 i 的车辆离开终点 s，w 时段经过 i 的出行者则根据 $\beta_{\mathrm{VMS},is}(w)$ 进行路径选择，即

$$\begin{cases} \eta_{is}^M(t) = m_{is}^M \ \text{和} \ \eta_{is}^A(t) = m_{is}^A, \quad t \leqslant m_{is}^M \\ \eta_{is}^M(t) = c_{is}^M(t) \ \text{和} \ \eta_{is}^A(t) = m_{is}^A, \quad m_{is}^M < t \leqslant m_{is}^A \\ \eta_{is}^M(t) = c_{is}^M(t) \ \text{和} \ \eta_{is}^A(t) = m_{is}^A(t), \quad t > m_{is}^A \end{cases} \tag{5.3}$$

为了方便描述，省略了代表路径的上标 p。

设时段序列 $\overline{T_i} = \{1,2,\cdots,t,\cdots,\overline{K}\}$ 表示车辆进入交叉口 i 的时段；$u_i^p(t), t \in \overline{T_i}$ 表示 t 时段经过 i 选择路径 p 的车流量；$U_i^p(t), t \in \overline{T_i}$ 表示至时段 t 流入 i，并选择 p 的累计车流量；$U_i^p(t) = \sum_{l=1}^t u_i^p(l)$；时段序列 $W_s = \{m, m+1, m+2, \cdots, w, \cdots, \overline{K}\}$ 表示车辆到达终点 s 的时段；$v_s^p(w), w \in W_s$ 表示 w 时段经过路径 p 到达终点 s 的车流量；$V_s^p(w), w \in W_s$ 表示至时段 w 经过路径 p 到达终点的累积车流量；$V_s^p(w) = \sum_{l=1}^w v_s^p(l)$。根据累计出发量 $U_i^p(t)$ 和累积到达量 $V_s^p(w)$ 之间的关系，在时段 w，$c_{is}^p(w)$ 可以表示为

$$c_{is}^p(w) = \begin{cases} w-t, & V_s^p(w) = U_i^p(t) \\ w-t, & V_s^p(w) < U_i^p(t) < V_s^p(w+1) \\ l-t, & V_s^p(w) < U_i^p(t), \cdots, V_s^p(w+x) < U_i^p(t), l = w, w+1, \cdots, w+x \\ w-(t+1), & U_i^p(t) < V_s^p(w) < U_i^p(t+1) \\ w-(t+x+1), & U_i^p(t) < V_s^p(w), \cdots, U_i^p(t+x) < V_s^p(w) < U_i^p(t+x+1) \end{cases} \tag{5.4}$$

其中，x 表示延迟离开交叉口 i 或延迟到达终点 s 的时段数。

5.1.4　网络性能标准

系统的行驶时间可以用来评价网络的性能。设 $f_{rs}^l(t)$ 表示 OD 对 rs 间时段 t 出发的交通流，上标 l 表示 OD 对 rs 间的一条路径。设 $\lambda_r^l(t)$ 表示时段 t 在路径 l 从起点元胞 r 出发的交通流 $n_s^l(t')$ 累计量，$\lambda_s^l(w)$ 表示路径 l 上在时段 w 到达终点元胞 s 的交通流 $n_s^l(w')$ 累计量，即

$$\lambda_r^l(k) = \sum_{t' \leqslant t} n_s^l(t') \tag{5.5}$$

$$\lambda_s^l(w) = \sum_{w' \leqslant w} n_s^l(w') \tag{5.6}$$

时间离散化之后，并不能保证交通流 $f_{rs}^l(t)$ 能在同一个离散后的时段到达终点元胞 s。为了使所有同一时段 t 出发的车流量 $f_{rs}^l(t)$ 有相同的平均出行时间，需要对流量积分后进行平均，即

$$\xi_{rs}^l(t) = \frac{\int_{\lambda_r^l(t-1)}^{\lambda_r^l(t)} [\lambda_s^{l-1}(v) - \lambda_r^{l-1}(v)] \mathrm{d}v}{f_{rs}^l(t)} \tag{5.7}$$

若 t 时段路径 l 的出行需求 $f_{rs}^l(t)$ 分成 z 个子流量分别在 $t+1$，$t+2,\cdots$，$t+z$ 时段流出该路径，设 $t+x$ 时段对应的子流量为 a_n，满足 $1 \leqslant x \leqslant z$，$a_x \geqslant 0$ 和 $\sum_{x=1}^{z} a_x = f_{rs}^l(t)$，则计算路径实际平均旅行时间的方法为

$$\xi_{rs}^l(t) = \frac{a_1(t+1-t) + a_2(t+2-t) + \cdots + a_z(t+z-t)}{a_1 + a_2 + \cdots + a_z} = \frac{a_1 + 2a_2 + \cdots + za_z}{f_{rs}^l(t)} \tag{5.8}$$

所有出行者总的旅行时间为

$$\xi = \sum_r \sum_s \sum_t \sum_l \int_{\lambda_r^l(t-1)}^{\lambda_r^l(t)} [\lambda_s^{l-1}(v) - \lambda_r^{l-1}(v)] \mathrm{d}v$$

$$= \sum_t \sum_l \xi_{rs}^l(t) f_{rs}^l(t), \quad r \in R, s \in S, l \in \psi, t \in T \tag{5.9}$$

其中，R、S、ψ 和 T 分别表示起点 r、终点 s、路径 l 和时间 t 的集合。

5.1.5　数值试验

图 5.1 为算例网络，考虑 5 个节点、6 条路段、4 条路径的网络。路段 $L1$ 和 $L5$、$L2$ 和 $L6$、$L3$ 和 $L5$、$L4$ 和 $L6$ 分别构成路径 $l1$、$l2$、$l3$、$l4$。路段上的数值表示路段的几何长度。在起始节点 1 和起始节点 3 处分别设有 VMS，出行者遵从路径选择原则。简便起见，网络只有一个终点且每条路段均为单车道，节点 2 和节点 4 处分别设有信号灯。假定所有路段流量-密度 $(q\text{-}k)$ 关系均满足式(2.20)。研究时域长度 $T=7200s$，离散成 $\bar{K} = 720$ 个时段，$\Delta = 10s$。路段最大通行能力 $q_{\max} = 0.5/s$，堵塞密度 $k_{\mathrm{jam}} = 125/\mathrm{km}$，自由流车速 $v = 13.3\mathrm{m/s}$，交通激波后向传播速度 $w = 7.9\mathrm{m/s}$。把起始节点 1 和起始节点 3 看作巨大的车库，即 $N_{15}(t) = \infty$，$N_{35}(t) = \infty$，而车辆流入率 $\gamma_{1,5}(t)$ 和 $\gamma_{3,5}(t)$ 分别等于 t 时段网络的出行需求。终节点 5 能够随时接受来自路径 $R1$ 和路径 $R2$ 的所有车辆($N_5(t) = \infty$，$Y_5(t) = \infty$)。每个 OD 对之间均存在两条可以选择的路径，$l1$ 和 $l4$ 可分别看做主路。实验过程可根据路径行驶时间的变化，变换主路。假设研究时域前 1800s 内，交通需求是每时段 8 辆车，

其他时段的需求为 0；节点 2 和节点 4 处的信号灯设置相同，信号周期为 7 个时段(70s)，第一次绿灯时间(时段)为 0，绿灯时间为 40s。名义变量 β_N 取值 0.7，VMS 信息服从率 ε 取值 0.72[①]。若不提供 VMS 信息，将有 91.6%的出行者始终选择主路。

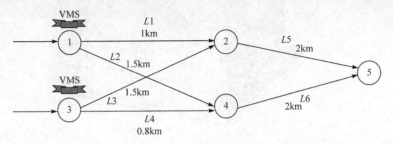

图 5.1　算例网络

图 5.2 为元胞示意图，m 表示路段和节点处的元胞个数，Y 和 N 分别表示元胞的流入能力和承载能力。

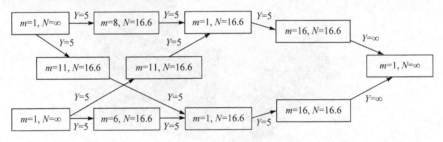

图 5.2　元胞示意图

数值模拟结果表明，不提供 VMS 信息时，所有出行者总出行时间 ξ 为 4317926.9s；提供 VMS 信息后，ξ 变为 2683796.6s，系统性能提高 37.9%。

图 5.3 和图 5.4 为路段 $L1\sim L4$ 车辆时空轨迹图，分别表示具有 VMS 信息和没有 VMS 信息指引时，路段 $L1\sim L4$ 车流的分布情况。对比图 5.3 和图 5.4 可以看出，如果没有 VMS 信息引导出行，即使会在交叉口排队等候，绝大多数车辆依然会选择主路 $l1$ 和 $l4$，导致路段 $L2$ 和 $L3$ 的车流稀疏，而路段 $L1$ 和 $L4$ 的车流量过大，排队消散很慢。当具有 VMS 信息，车流不会过于集中在路段 $L1$ 和 $L4$，一部分车辆会选择路段 $L2$ 和 $L3$，从而减轻主路的压力，使交叉口处排队消散相对较快。

图 5.5 和图 5.6 为路段 $L5$ 和 $L6$ 车辆时空轨迹图，演示两种情形下路段 $L5$ 和 $L6$ 车流的分布情况。在信号灯控制下，路段 $L1$ 和 $L2$ 的车流依次进入路段 $L5$，

① Emmerink 等[5]调查研究发现，72%的出行者在进行路径选择时会受到交通信息的影响，故 ε 取值为 0.72。

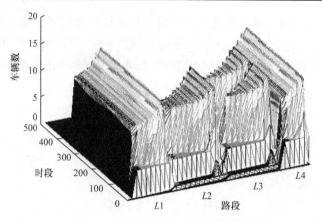

图 5.3　具有 VMS 信息时路段 $L1\sim L4$ 车辆时空轨迹图

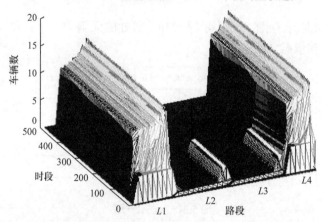

图 5.4　不具备 VMS 信息时路段 $L1\sim L4$ 车辆时空轨迹图

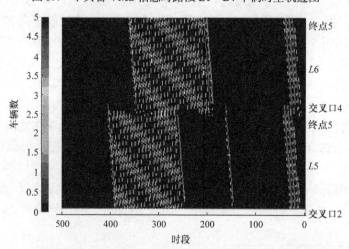

图 5.5　具有 VMS 信息时路段 $L5$ 和 $L6$ 车辆时空轨迹图

路段 $L3$ 和 $L4$ 的车流则依次进入路段 $L6$。当没有 VMS 信息引导时，路段 $L5$ 和 $L6$ 的车流量时而较大，时而较小。在 VMS 信息指引下，路段 $L1$ 和 $L2$、$L3$ 和 $L4$ 的车流比较均衡，路段 $L5$ 和 $L6$ 能够被充分利用，车流量相对较大。可以清晰地看到，VMS 调节路径选择后，每条路径的车辆都能很快地流出网络。

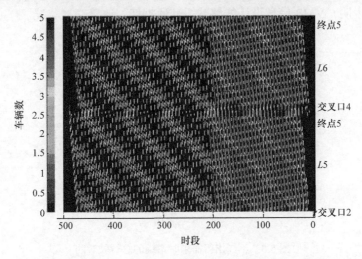

图 5.6　没有 VMS 信息时路段 $L5$ 和 $L6$ 车辆时空轨迹图

图 5.7 给出了有无 VMS 信息时各条路段出行时间占系统总行驶时间的百分比。当没有 VMS 信息引导时，系统在路段 $L1$ 和 $L4$ 出行时间较多。交通流在路段 $L2$ 和 $L3$ 除了在交叉口处有少许排队，几乎以自由流速行驶。提供 VMS 信息引导后，减轻了路段 $L1$ 和 $L4$ 上交通压力，各条路段上花费的时间相对均衡。

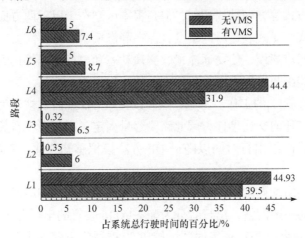

图 5.7　有无 VMS 信息时各条路段行驶时间占系统总出行时间的百分比

　　图 5.8 展示了有无 VMS 信息对不同出行需求时交通状况的影响。研究时域前 1800s 内，交通需求从每时段 1 辆车递增到每时段 10 辆车(其他时段的需求为 0)。当出行需求很低时，有无 VMS 信息对网络系统的总体影响不大。出行需求越大，没有 VMS 信息引导的交通系统比 VMS 信息引导的交通系统花费的行驶时间越多。这说明，VMS 信息设计能够减缓交通拥堵，改善交通状况。

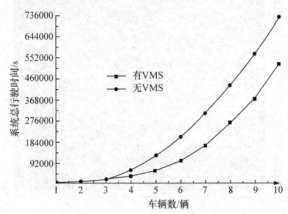

图 5.8　不同出行需求时系统的总行驶时间

5.2　静态和动态混合均衡模型

　　文献[6]介绍了静态和动态混合均衡交通分配模型。文献[7]描述了动态混合均衡交通分配模型。两种模型通过非线性互补问题方法，在路径选择原则、ATIS 市场占有率表达方式等方面结构相似，但是根本区别在于以下两方面。首先，动态模型需要在公式中显式表达时间维度，但在静态模型中并不需要。然后，动态模型必须通过交通流建模，使交通流量、交通动态和出行时间等达到一致；静态模型通过路段性能函数可以大大简化这方面的工作。

　　本节介绍文献[7]的工作。考虑三点假设，即 OD 总需求被认为是给定和固定的；网络上没有任何交通事件，因此路段容量固定；出行者没有关于网络状况的完美信息，并且网络出行时间以随机 UE 方法模拟感知变化。变量符号如表 5.1 所示。

　　本节关注网络均衡配流，而不是出行者对交通事件的响应或反应。考虑一个具有多 OD 对的一般网络，出行者分为配备 ATIS 装置的出行者(1 类)和没有配备 ATIS 装置的出行者(2 类)。研究时间区域 $[0,T]$ 被划分为 M 个长度为 δ 的时段，且足够长，能够保证所有交通流流出网络。网络按照 CTM[8,9]进行元胞划分。

混合均衡模型由路径选择原则、ATIS 市场占有率模型、路径出行时间的测定组成。

表 5.1　变量符号表

分类	符号	定义
指标	rs	OD 对
	P	OD 对 rs 之间的路径
	t	出发时间指标，其中 $t \in \{1,2,\cdots,N\}, N \le M$
	i	出行者类型，$i=1$ 表示配备 ATIS 的出行者，$i=2$ 表示未配备 ATIS 的出行者
	a	路段
待定变量	$f_{p,i}^{rs}(t)$	i 类出行者在 t 时刻出发时，OD 对的路径 p 的交通流量
	f_i	第 i 类出行者的维数为 n_i 的列向量 $(f_{p,i}^{rs}(t), \forall rs, p, t)$
给定的参数	θ_i	第 i 类出行者行驶时间变化的参数，解释为可获得的信息质量
	C_N	净服务收费或自付服务收费，这是 ATIS 服务设计中的一个决策变量
	B	时间价值
	ψ	市场渗透函数其他好处的一般参数，如拥有该设备的方便性等。简单起见，假设 $\psi=0$
	δ_a^p	路径路段关联变量，如果路段 a 在路径 p 上，$\delta_a^p=0$；否则，$\delta_a^p=1$
均衡交通流的作用	$w_{p,i}^{rs}(t)$	时间 t 选择路径 p 的第 i 类出行者所占的比例
	$q_i^{rs}(t)$	在时间 t 的 OD 对之间第 i 类出行者的需求
	$\tilde{q}^{rs}(t)$	OD 对在时间 t 的总需求
	$\eta_p^{rs}(t)$	在时间 t，OD 对的路径 p 的平均路径行驶时间
	$\varphi^{rs}(t)$	在时间 t 出发的装备旅客所节省的行驶时间
	y_a	路段 a 上的流量
	t_a	路段 a 上的行驶时间

5.2.1　路径选择原则

配备 ATIS 装置出行者(1 类)和没有配备 ATIS 装置出行者(2 类)的路径选择基

于两种不同的随机动态用户最优(stochastic dynamic user optimum，SDUO)条件。SDUO 状态是在每一时刻，相同 OD 对之间所有同一时间出发的出行者感知的实际出行时间相等且最小[10]。因此，引入 Logit 模型，两类出行者 SDUO 条件为

$$f_{p,i}^{rs}(t) = w_{p,i}^{rs}(t)q_i^{rs}(t) \text{或} f_{p,i}^{rs}(t) - w_{p,i}^{rs}(t)q_i^{rs}(t) = 0, \quad \forall rs,p,t,i \tag{5.10}$$

其中，$w_{p,i}^{rs} = \dfrac{\exp[-\theta_i \eta_p^{rs}(t)]}{\sum_k \exp[-\theta_i \eta_k^{rs}(t)]}$；参数 θ_1 和 θ_2 分别表示配备 ATIS 装置出行者(1 类)和没有配备 ATIS 装置出行者(2 类)的感知误差。

根据 Logit 模型，θ_i 与感知出行时间的标准差 δ_i 成反比，可表示为 $\delta_i = \dfrac{\pi}{\sqrt{6\theta_i}}$。

较高的 θ_1(或 θ_2)意味更小的出行时间感知变化，也意味着更好的信息质量。一般来说，配备 ATIS 装置的出行者比没有配备 ATIS 装置的出行者有更大的 θ_1($\theta_1 > \theta_2$)。θ_2 值与没有配备 ATIS 装置出行者对道路条件的熟悉程度有关，构成网络拓扑结构和出行者组成的函数。当 θ_1 或 θ_2 趋于无穷大时，路径配流模式趋近于确定性用户优化。假定拥有完美的网络状态信息，因此两种建模方法趋近于相同。为了得到静态模型，只需要将式(5.10)中变量的时间指数去掉，这时 SDUO 条件将简化为随机 UE 条件。此外，当 θ_i 趋于无穷时，静态路径配流模式趋近于确定性 UE。

5.2.2　市场占有率建模

ATIS 市场占有率采用弹性方式建模。对每个 OD 对 rs 出发时间为 t 的出行者，总需求 $\tilde{q}^{rs}(t)$ 被划分为 $q_1^{rs}(t)$(配备 ATIS 装置出行者总需求)和 $q_2^{rs}(t)$(没有配备 ATIS 装置出行者总需求)。弹性市场用户需求函数定义为

$$q_1^{rs}(t) = \frac{\tilde{q}^{rs}(t)}{1 + \exp[C_N - B\varphi^{rs}(t) - \psi]}, \quad \forall rs,t \tag{5.11}$$

其中，C_N 为自付服务费；B 为时间价值；ψ 为市场占有率函数中的一个通用参数，表示配备 ATIS 装置获得的其他好处，例如拥有 ATIS 装置后获得的其他便利等。

简单起见，假设 $\psi = 0$。设变量 $\varphi^{rs}(t)$ 表示配备 ATIS 装置出行者节省的出行时间，定义为

$$\varphi^{rs}(t) = \left[\sum_p w_{p,2}^{rs}(t)\eta_p^{rs}(t)\right] - \left[\sum_p w_{p,1}^{rs}(t)\eta_p^{rs}(t)\right], \quad \forall rs,t \tag{5.12}$$

其中，右边第一(第二)项表示，没有装备(装备)ATIS 的车辆平均出行时间，流量

分别记为 f_1 和 f_2。因此，配备 ATIS 服务的需求函数 $q_1^{rs}(t)$ 也是 f_1 和 f_2 的函数。对于静态模型，只需要在式(5.11)和式(5.12)中删除变量的时间标号即可。

当总需求 $\tilde{q}^{rs}(t)$ 一定时，相同 OD 对 rs 间没有配置 ATIS 的出行需求定义为

$$q_2^{rs}(t) = \tilde{q}^{rs}(t) - q_1^{rs}(t), \quad \forall rs, t \tag{5.13}$$

在路径选择原则和 ATIS 市场占有率建模方面，静态模型和动态模型结构相同。动态模型的流量变量和出行时间变量都具有显式的时间标记。

5.2.3 路径出行时间的测定

静态模型和动态模型在交通流和出行时间的建模方面有根本的不同。动态模型采用动态建模方法，路径流量和路径出行时间存在一一映射。基于 CTM[8,9]，模拟交通流的演化。更多细节可参考文献[6]，[7]，[11]~[13]。

简单起见，将路径出行时间定义为流量 f_1 和 f_2 的函数，即

$$\eta_D^{rs}(t) = \Phi(f_1, f_2), \quad \forall rs, p, t$$

其中，$\Phi(\cdot)$ 表示路径出行时间和路径流量之间的一一映射。

静态模型采用美国联邦公路局(bureau of public road，BPR)函数计算路段出行时间，然后计算路径出行时间。特别地，对路径流量 $f_{p,1}^{rs}$ 和 $f_{p,2}^{rs}$，路段流量 y_a 和出行时间 t_a 可以分别由以下公式确定，即

$$y_a = \sum_i \sum_p f_{p,i}^{rs} \delta_a^p, \quad i = 1, 2 \tag{5.14a}$$

$$t_a = t_a^0 \left[1 + \alpha \left(\frac{y_a}{c_a} \right)^\beta \right] \tag{5.14b}$$

其中，δ_a^p 为路段-路径连接参数，$\delta_a^p = 1$ 表示路段 a 在路径 p 上，否则 $\delta_a^p = 0$；t_a^0 为路段自由流时间；c_a 为路段通行能力；α 和 β 为 BPR 函数参数。

式(5.14a)概括了两类出行者的路径流量，式(5.14b)为 BRP 函数。一旦路段出行时间 t_a 确定，路径出行时间便可以由下列公式计算，即

$$\eta_p^{rs} = \sum_a t_a \delta_a^p, \quad \forall rs, p \tag{5.14c}$$

值得指出的是，BPR 函数只考虑平均交通负荷，没有考虑基于时间的交通流入量、流出量或物理排队。因此，与动态方法考虑详细的交通动态过程相比，BPR 函数只提供一种粗略的出行时间近似计算。关键问题在于，通过静态模型和 BPR 函数，是否能充分简化混合平衡问题。

5.2.4 非线性互补问题

通过非线性互补问题，将式(5.10)中路径选择原则，式(5.11)～式(5.13)中 ATIS 市场占有率模型和式(5.14)中路径出行时间组合在一起，将式(5.10)中 SDUO 条件乘以 $f_{p,i}^{rs}(t)$，并加入非负性条件，可以得到以下非线性互补混合平衡问题的公式，即

$$f_{p,i}^{rs}(t)[f_{p,i}^{rs}(t) - w_{p,i}^{rs}(t)q_i^{rs}(rs)] = 0, \quad \forall rs,p,t,i$$

$$f_{p,i}^{rs}(t) \geqslant 0, \quad \forall rs,p,t,i \tag{5.15}$$

$$f_{p,i}^{rs}(t) - w_{p,i}^{rs}(t)q_i^{rs}(t) \geqslant 0, \quad \forall rs,p,t,i$$

可以看出，若 $f_{p,i}^{rs}(t) > 0$，则必定满足式(5.10)，或者 $f_{p,i}^{rs}(t)$ 根据 Logit 原则进行分配。若 $f_{p,i}^{rs}(t) = 0$，$f_{p,i}^{rs}(t) - w_{p,i}^{rs}(t)q_i^{rs}(t)$ 可以取任意值。但是，$f_{p,i}^{rs}(t) = 0$ 的情况不会发生，因为式(5.10)中 SDUO 条件为每条路径分配了一个正的交通流。为了数学表达的完整性，加入 $f_{p,i}^{rs}(t) - w_{p,i}^{rs}(t)q_i^{rs}(t) \geqslant 0$ 约束。该约束总是满足 SDUO 条件。

定义

$$x = \left[f_1^{\mathrm{T}}, f_2^{\mathrm{T}} \right]^{\mathrm{T}} \in \mathbf{R}_+^{n_1+n_2} \tag{5.16}$$

$$F(x) = \left[f_{p,i}^{rs}(t) - w_{p,i}^{rs}(t)q_i^{rs}(t) \right] \in \mathbf{R}_+^{n_1+n_2} \tag{5.17}$$

将式(5.11)～式(5.14)代入式(5.17)，式(5.15)可以记为，寻找 $x^* \geqslant 0$，使

$$x^{*\mathrm{T}} F(x^*) = 0, \quad F(x^*) \geqslant 0 \tag{5.18}$$

需要注意的是，路径出行时间 $\eta_p^{rs}(t)$ 是 f_1 和 f_2 的函数。根据式(5.10)～式(5.13)，$w_{p,i}^{rs}(t)$ 和 $q_i^{rs}(t)$ 也可以表示为 f_1 和 f_2 的函数。因此，式(5.14)可由 f_1 和 f_2，或 x 单独表示。

将式(5.18)转换为等价的变分不等式问题，发现 x^*，使

$$(x - x^*)^{\mathrm{T}} F(x^*) \geqslant 0, \quad \forall x \in \mathbf{R}_+^{n_1+n_2} \tag{5.19}$$

其中，x 和 $F(x)$ 由式(5.16)和式(5.17)给出。

5.2.5 网络性能

为了便于比较，将静态模型和动态模型的性能指标并排放在一起。ATIS 涉及用户、信息服务提供商和交通管理机构三个方面[6]。用户关心的是用户净收益(user benefit，UB)，定义为

$$UB = \frac{\sum_{rs} q_1^{rs} \mathrm{ub}^{rs}}{\sum_{rs} q_1^{rs}}, \quad \text{静态模型} \tag{5.20}$$

$$UB = \frac{\sum_{rs} \sum_{t} q_1^{rs}(t) \mathrm{ub}^{rs}}{\sum_{rs} \sum_{t} q_1^{rs}(t)}, \quad \text{动态模型} \tag{5.21}$$

其中，q_1^{rs} 为 OD 对 rs 间配置 ATIS 装置出行者的 1 小时出行需求。

rs 间出行者净收益定义为

$$\mathrm{ub}^{rs} = \mathrm{TS}^{rs} - C_N \tag{5.22}$$

其中，C_N 和 TS^{rs} 分别表示服务费和 OD 对 rs 间平均出行时间节省。

$$\mathrm{TS}^{rs} = B\left(\sum_{p} w_{p,2}^{rs} \eta_p^{rs} - \sum_{p} w_{p,1}^{rs} \eta_p^{rs}\right), \quad \text{静态模型} \tag{5.23}$$

$$\mathrm{TS}^{rs} = B\left(\frac{\sum_{t} \sum_{p} f_{p,2}^{rs}(t) \eta_p^{rs}(t)}{\sum_{t} q_2^{rs}(t)} - \frac{\sum_{t} \sum_{p} f_{p,1}^{rs}(t) \eta_p^{rs}(t)}{\sum_{t} q_1^{rs}(t)}\right), \quad \text{动态模型} \tag{5.24}$$

其中，$f_{p,i}^{rs}$ 和 $w_{p,i}^{rs}$ 分别为 rs 间路径 p 上第 i 类出行者交通流量和比例；q_i^{rs} 为 rs 间第 i 类出行者 1 小时需求量；η_p^{rs} 为 OD 对 rs 间选择路径 p 出行者的平均路径出行时间。

式(5.24)中，第一项代表无 ATIS 装备出行者的平均出行时间，第二项代表有 ATIS 装备出行者的平均出行时间。因此，不同之处在于两组出行者的平均出行时间节省。

信息服务提供商关注利润。定义利润函数 P 为

$$P = QC_N - \left[\tau\theta_1 + \int_0^Q (\lambda + \mathrm{e}^{-ux})\mathrm{d}x\right] \tag{5.25}$$

其中，右边第一项表示用户数量为 Q 时的收入；Q 定义为

$$Q = \sum_{rs} q_1^{rs}, \quad \text{静态模型} \tag{5.26}$$

$$Q = \sum_{t} \sum_{rs} q_1^{rs}(t), \quad \text{动态模型} \tag{5.27}$$

式(5.25)括号项表示服务成本。括号里第一项是收集和处理数据的成本，无论用户数量如何，都是固定的。固定成本模型基于提供信息质量为 θ_1 的基础设施和运营成本。τ 是比例参数，可以看作是每提供单位信息质量的信息收集和处理数据成本。这里假设固定成本与信息质量 θ_1 之间存在线性关系。括号中第二项是用户数量为 Q 时的服务成本，这是变量。按照惯例，进一步假设该变量成本随着用

户数量的减少而减少。参数 λ 是拥有庞大用户群时的最终个体成本。u 可以看作获取 ATIS 服务的规模经济。

交通管理机构关心系统总出行时间的减少。系统总出行时间是研究时间区域内，每条路径上装备和无装备出行者出行时间的总和，定义为

$$\text{TSTT} = \sum_{rs} \sum_{p} \sum_{i} f_{p,i}^{rs} \eta_p^{rs}, \quad \text{静态模型} \tag{5.28}$$

$$\text{TSTT} = \sum_{t} \sum_{rs} \sum_{p} \sum_{i} f_{p,i}^{rs}(t) \eta_p^{rs}(t), \quad \text{动态模型} \tag{5.29}$$

为了展示 ATIS 服务实施前后系统总出行时间的变化，将系统总出行时间的相对减少定义为

$$\text{RT} = \frac{\text{TSTT}^b - \text{TSTT}^a}{\text{TSTT}^b} \times 100\% \tag{5.30}$$

其中，上标 b 和 a 代表服务前和服务后；RT 指 ATIS 服务导致的出行时间减少(增加)。

市场渗透率(market penetration, MP)为配置 ATIS 的占出行总需求的比例。其数学表达式为

$$\text{MP} = \frac{\sum_{rs} q_1^{rs}}{\sum_{rs} \tilde{q}^{rs}}, \quad \text{静态模型} \tag{5.31}$$

$$\text{MP} = \frac{\sum_{t} \sum_{rs} q_1^{rs}(t)}{\sum_{t} \sum_{rs} \tilde{q}^{rs}(t)}, \quad \text{动态模型} \tag{5.32}$$

5.2.6　比较方法

将静态和动态混合平衡模型应用到相同场景中，由于目标是比较相同场景的输出结果，因此在编码场景时，应尽可能将两个模型的所有参数都设置相同。参数设置过程如下。

① 设置参数对 (θ_1, C_N)。

② 基于①中固定参数对 (θ_1, C_N)，求解式(5.10)中的静态模型。

③ 将②的解代入式(5.11)、式(5.16)、式(5.21)、式(5.22)，确定 UB、P、RT 和 MP。

④ 在 $C_N \times \theta_1$ 决策平面图中，以图形方式绘出不同 (θ_1, C_N) 组合时 UB、P、RT 和 MP 轮廓。

⑤ 重复①~④，得到静态模型的收益图。

在②中，给定 θ_1 和 C_N，可以应用许多现有的算法解决变分不等式问题。在过

去的研究中，人们提出各种解决方案，如投影算法[15]和牛顿型法[16]。这里选取投影算法。其优点是可以通过强制映射解决变分不等式问题，没有强单调映射的条件要求那么严格。这种灵活性使该方法能够解决更广泛的问题。此外，对于静态模型和动态模型，求解算法在每一次迭代都需要进行函数评估和非负象限的简单投影。从计算角度看，不需要进行矩阵求逆密集型计算。因此，更具有吸引力。为简便，本节不重复这个方法的收敛性分析，仅仅描述下降算法。

① 选择正的常数 φ 和 λ，使 $\varphi < 4\overline{u}, \gamma = \overline{\delta}\left(1 - \dfrac{\varphi}{4\overline{u}}\right), \overline{\delta} \in (0,2), \gamma \in (0,1)$，其中 $\overline{u}$ 是与 $F(x)$ 有关的模常量，能够保证映射的强制单调性，即 $(x-y)^{\mathrm{T}}[F(x)-F(y)] \geqslant \overline{u}\|F(x)-F(y)\|^2, x, y \in \Omega$。

② 选择初始点 $x^0 \in \Omega$，设 $k=0$。

③ 生成迭代 $x^{k+1} = x^k - \gamma e(x^k, \varphi)$，其中 $e(x, \varphi) = x - P_{\Omega}[x - \varphi \cdot F(x)]$，$P_{\Omega}$ 是投影算子。

④ 收敛性检查。令 $\varepsilon = 0.001$ 为收敛条件，若 $\|e(x, \varphi)\|^2 \leqslant \varepsilon$，则迭代停止；否则，$k = k+1$，转到③。

5.2.7　数值研究

本节目的在于比较静态模型和动态模型下 MP、UB、P 和 RT 获得的收益，分为高需求和低需求两种情景。

1. 高需求(情景 1)

尽管模型适用于一般网络，但为了便于分析，我们选择一个简单网络。考虑早高峰时段，该网络由 4 个节点、4 条路段和 2 个 OD 对组成。网络示意图如图 5.9 所示。2 个 OD 对分别从节点 1 到节点 3、从节点 4 到节点 3。OD(1, 3)有两条路径(路径 1 和路径 2)，OD(4, 3)只有一条路径(路径 3)。

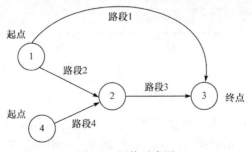

图 5.9　网络示意图

　　静态模型和动态模型使用不同的方法确定路径出行时间,参数并不完全相同。动态模型采用更详细的网络参数,包括拥挤密度、冲击波速度等。两种模型的共有参数如下。

　　① 路径选择和 ATIS 参数为 $\lambda = 0.5$, $u = 10$, $B = 0.67 / \min$, $\tau = 2500$, $\theta_2 = 0.05 / \min$, $\psi = 0$ 。

　　② 网络参数。路段 1 为 14 英里(1 英里=1.609 千米),路段 2 为 5 英里,路段 3 为 4 英里,路段 1 为 4 英里。每条路段有 2 个车道。每条车道通行能力都是每小时 1800 辆,自由流速度为每小时 60 英里。

　　③ 需求参数。OD(1,3)和 OD(4,3)需求量均为 3600/h。

　　④ 研究时域为 1h。

　　⑤ 求解算法参数为 $\varphi = 0.05$, $\gamma = 0.5$, $\varepsilon = 0.001$ 。

　　不同的参数设置如下。

　　① 静态模型中,实际通行能力设置为设计通行能力的 75%。式(5.14b)中, a 和 b 分别设置为 0.15 和 4。

　　② 动态模型中,拥挤密度为 200/英里,冲击波速度为 15 英里/h,时间离散为时长 1min 的小时段。

　　对于每一对 ATIS 参数(θ_1, C_N),根据第 5.2.6 节步骤,求解静态模型和动态模型。为了说明求解算法在收敛偏差为 $\varepsilon = 0.001$ 时平衡条件的满足程度,静态模型中的路径流量比例设置为(θ_1, C_N)=(0.45,0),结果如表 5.2 所示。第 2 列和第 3 列显示路径流量比例,第 4 列和第 5 列显示由相应 Logit 原则表达式确定的路径流量比例。对于每条路径,指定路径流比例和相应 Logit 原则表达式在取第 2 个小数点时均相等,表明能够很好地满足平衡条件。为节约篇幅,不给出动态模型的匹配结果,当 $\varepsilon = 0.001$ 时,能够在动态模型中得到类似精度的结果。

表 5.2　分配的路径流比例与 Logit 原则表达式所需的比例

路径 p	$w_{p,i}^{rs} = \dfrac{f_{p,i}^{rs}}{q_1^{rs}}$	$w_{p,i}^{rs} = \dfrac{\exp[-\theta_1 \eta_p^{rs}(t)]}{\sum_k \exp[-\theta_1 \eta_k^{rs}(t)]}$	$w_{p,i}^{rs} = \dfrac{f_{p,i}^{rs}}{q_2^{rs}}$	$w_{p,i}^{rs} = \dfrac{\exp[-\theta_2 \eta_p^{rs}(t)]}{\sum_k \exp[-\theta_2 \eta_k^{rs}(t)]}$
1	0.67	0.67	0.52	0.52
2	0.33	0.33	0.48	0.48
3	1.00	1.00	1.00	1.00

　　图 5.10 为路径出行时间/节省示意图。当(θ_1, C_N) = (0.45,0)时,动态模型得到 OD 对(1,3)的结果。顶部两条线表示 OD 对(1,3)两条路径上实际的路径出行时间。中间四条曲线表示两条路径上装备和未装备 ATIS 的路径流量。底部曲线表

示两条路径的出行时间差(出行时间节省)。图 5.10 表明，路径旅行时间、路径流量和出行时间节省随时间不同而发生变化，静态模型则无法实现这一点。

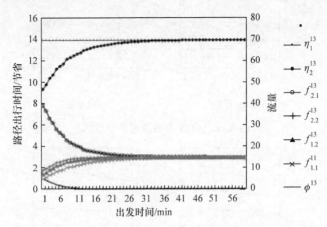

图 5.10　路径出行时间/节省示意图

图 5.10 顶部曲线表明，路径 1 的乘客出行时间恒等于自由流时间 14min。路径 2 的乘客出行时间(η_2^{13})最初为 9min，但由于在汇聚节点 2 处的早高峰拥堵，η_2^{13} 逐渐增大。装备 ATIS 的乘客很大比例选择提前离开，以便于获得路径 2 上更短的出行时间。随着路径 2 出行时间的逐渐增加，这个比例会逐渐下降，而在路径 1 上会稍微增加。ATIS 服务的确能够帮助出行者选择更好的路径。另外，未装备 ATIS 的出行者对网络交通条件不了解，因此在两条路线之间平均选择，所有出行时间都是均匀的。出行时间节省曲线表明，最初时间节省为正值，但随着汇聚节点 2 处的早高峰拥堵，节省逐渐减少。

一般来说，通过第 5.2.6 节步骤，可以获得 ATIS 服务设计决策平面(θ_1,C_N)的 4 个性能指标。图 5.11 为 ATIS 市场渗透率示意图。对于固定的 θ_1，更高的 ATIS 服务费导致更低的 MP。对于图 5.11，静态模型和动态模型结果一致。图 5.12 为用户净收益示意图，结果与图 5.11 相同，也就是说，对于(θ_1,C_N)的大多数组合，用户只能获得负收益。只有当服务是免费的，用户才能体验到好处。这是因为在给定网络和需求模式下，出行时间节省很少。图 5.13 为利润示意图。结果表明，在更大范围的 (θ_1,C_N) 组合时，静态模型和动态模型都可以得到相似的利润。(θ_1,C_N) = (0.05,2.1) 是最佳组合，此时信息服务提供商能够利润最大化。信息费设定为 2.1 单位，但 ATIS 信息质量很低。静态模型和动态模型都预测了相同的最佳组合。

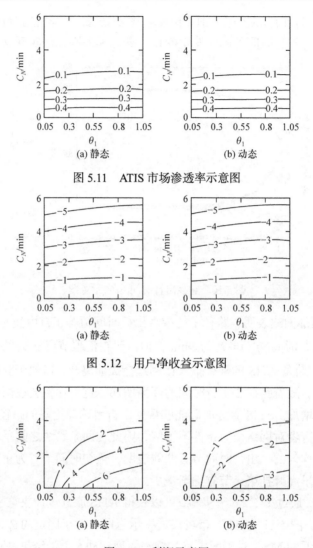

图 5.11　ATIS 市场渗透率示意图

图 5.12　用户净收益示意图

图 5.13　利润示意图

　　由于出行时间节省都很低，静态模型和动态模型的 MP 和 UB 数值结果都相似。在这种意义上，两种模型一致。根据式(5.11)和式(5.12)，当预测的出行时间节省很少时，UB 很大程度上由服务费用决定，而两种模式服务费用一样，而且 MP 和利润 P 都与 UB 单调相关，两种模型对 MP 和 P 的结果也相似。

　　RT 值示意图如图 5.14 所示。相比前面的结果，图 5.14(a)的轮廓图与图 5.14(b)完全不同。根据静态模型，对于大范围的 (θ_1, C_N)，系统均会受益；动态模型则恰好相反，在整个 (θ_1, C_N) 平面上，RT 值均为负。RT 值相反的结果与之前 UB、MP、P 类似的结果并不矛盾。UB、MP、P 产生类似结果的原因在于，两种模型预测的出行时间节省都很小。只要配置和未配置 ATIS 出行者之间的出行时间差异很小，出行时间节省值就会很小。但是，这种关系并不会影响系统时间 RT 的变化。深入分析表明，这种正好相反的结果源于不同的交通流建模方式。

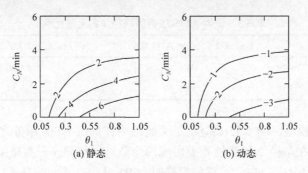

图 5.14　RT 值示意图

为了解释这种现象，引入初始网络堵塞(图 5.15)，展示交通网络在提供 ATIS 之前的情形。暗阴影指更高的拥挤度(容量/通行能力大于 1)。在静态模型中，由于不考虑物理队列和汇聚阻塞，OD 对 (4,3) 的拥堵同时出现在路段 3 和路段 4。提供 ATIS 服务后，交通信息让装备 ATIS，原打算选择路径 2 的出行者意识到路段 3 上出现严重拥堵，转换到较长但没有拥堵的路径 1(表 5.3)。不仅是那些转换路径的出行者自身收益，OD 对 (4,3) 出行者也将收益(因为必须选择路段 3)。最终

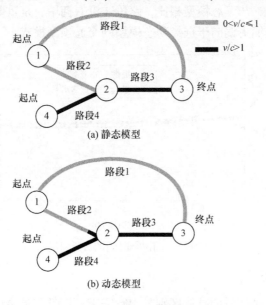

图 5.15　初始网络堵塞

的结果是，系统总出行时间从 ATIS 服务中受益。静态模型结果的关键是，OD 对 (4,3) 整个流量同时加载到路段 3 上。OD 对 (1,3) 之间装备 ATIS 的出行者会考虑路段 3 上拥堵，一部分出行者会选择离开路径 2，转到路径 1。

表 5.3　提供 ATIS 服务后路径 2 的流量比例

模型	经过路径 2 之前的 ATIS 流/%	经过路径 2 之后的 ATIS 流/%
静态模型	46	40
动态模型	53	54

　　至于动态模型，图 5.15(b)显示了交通网络在提供 ATIS 服务之前的情形。瓶颈节点 2 导致在路径 2 和路径 4 上形成两个队列。与静态模型结果相反，节点 2 下游路径 3 仍不拥挤。在考虑路径变换时，OD 对 (1,3) 之间装备 ATIS 的出行者只受路径 2 队列的影响；路径 3 并没有拥堵。表 5.16 表明，在动态模型中，因为 ATIS 服务会让装备 ATIS 的出行者意识到路径 2 具有较短出行时间，所以路径 2 上的交通流有一定程度的增加。

　　此外，图 5.16 展示了不同出行时间的流量情况。可以看出，与提供 ATIS 服务之前相比，ATIS 服务会导致路径 2 拥有更高的流量(为了在拥堵开始前，获得较短的出行时间)。最终结果是，装备 ATIS 的出行者会通过换到路径 2 稍微受益，而来自 OD 对 (4,3) 的整个交通流在瓶颈节点处拥堵会变得更严重，导致系统总出行时间增加。因此，与静态模型相比，路段 3 没有拥堵，是重要的差异化因素。在现实生活中，人们更偏向于选择动态模型的交通预测模式。

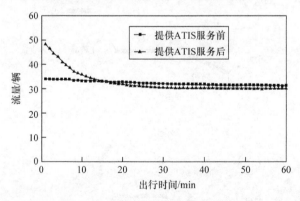

图 5.16　不同出行时间的流量情况

2. 低需求(情景 2)

　　第 1 种和第 2 种情景的唯一区别是出行需求。在低需求情形下，每对 OD 的出行需求从 3600/h 降低到 720/h。同样，由于静态模型和动态模型预测的出行时间节省都很少, 两者产生类似的 MP、UB 和 P, 但没有显示出来。图 5.17 为 RT 值示意图, 分别表示低需求情形下静态模型和动态模型获得的 RT 值。不像情形 1(高需求), 静态模型和动态模型的结果完全一致。由于出行需求低, 节点堵塞不会发生。两种模型预测的交通流演化和系统出行时间也都相似。情形 1(高需求)和情形 2(低需求)的结果对比表明, 节点处是否出现交通拥堵, 是造成静态模型和动态模型预测结果不同的原因。

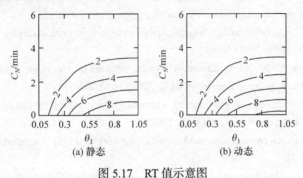

图 5.17   RT 值示意图

静态模型和动态模型的比较结果均基于特定情形和特定网络, 即使结果在某些方面相似, 在其他方面也能够截然相反。这一发现表明, 交通流动态演化非常重要, 不能简化为简单的路段函数。

5.3   本 章 小 结

本章利用 CTM 研究 VMS 实时交通信息对交通流的影响。研究发现, 在一定的路径选择原则下, VMS 信息能够减轻交通压力, 舒缓交通拥挤。数值实验选取特定网络进行仿真模拟, 考虑出行需求均匀分布的情形。进一步研究发现, 出行需求为峰值分布时, 可以得到相似的结论。利用本书设计的时间信息引导人们出行时, 路径长度对 VMS 信息的效果存在一定影响。路径越长, VMS 信息越不能真实地反映当时的交通状况, 出行者越不容易做出正确的路径抉择。

针对 DTA 问题, 本章提出一种基于元胞的变分不等式模型评估 ATIS 信息的影响。考虑配备 ATIS 和没有配备 ATIS 的出行者, 按照 SDUO 条件建模。配备 ATIS 的出行者由于获得了更好的信息, 对出行时间感知误差较低。模型基于 CTM, 能够反映排队溢出、冲击波等物理效应。

参 考 文 献

[1] Wang W X, Wang B H, Zheng W C, et al. Advanced information feedback in intelligent traffic systems[J]. Physical Review E, 2005, 72: 66702.

[2] Wahle J, Bazzan A L C, Klügl F, et al. The impact of real-time information in a two-route scenario using agent-based simulation[J]. Transportation Research Part C, 2002, 10: 399-417.

[3] William H K, Chan K S. A model for assessing the effects of dynamic travel time information via variable message signs[J]. Transportation, 2001, 28: 79-99.

[4] Yang H, Kitamura R, Jovanis P P, et al. Exploration of route choice behavior with advanced traveler information using neural network concepts[J]. Transportation, 1993, 20: 199-223.

[5] Emmerink R H M, Axhausen K W, Nijkamp P, et al. Effects of information in road transport networks with recurrent congestion [J]. Transportation, 1995, 22: 21-53.

[6] Lo H, Szeto W Y. A methodology for sustainable traveler information services[J]. Transportation Research Part B, 2002, 36: 113-130.

[7] Lo H, Szeto W Y. Modeling advanced traveler information services: static versus dynamic paradigms[J]. Transportation Research Part B, 2004, 38(6):495-515.

[8] Daganzo C F. The cell transmission model: a simple dynamic representation of highway traffic[J]. Transportation Research Part B, 1994, 28: 269-287.

[9] Daganzo C F. The cell transmission model, part II: network traffic[J]. Transportation Research Part B, 1995, 29, 79-93.

[10] Ran B, Boyce D. Modeling Dynamic Transportation Networks[M]. Heidelberg: Springer, 1996.

[11] Lo H, Szeto W Y. Advanced transportation information systems: a cost-effective alternative for networkcapacity expansion[J]. ITS Journal, 2001, 6(4): 375-395.

[12] Lo H, Szeto W Y. A cell-based variational inequality formulation of the dynamic user optimal assignment problem [J]. Transportation Research, 2002, 36: 421-443.

[13] Lo H K, Szeto W Y. A cell-based dynamic traffic assignment model: formulation and properties[J]. Mathematical and Computer Modelling, 2002, 35(7): 849-865.

[14] Nagurney A. Network Economics: A Variational Inequality Approach[M]. Norwell: Kluwer Academic Publishers, 1993.

[15] He B S. A class of projection and contraction methods for monotone variational inequalities[J]. Applied Mathematics and Optimization, 1997, 35: 69-76.

[16] Taji K, Fukushima M, Ibaraki T. A globally convergent Newton method for solving strongly monotone variational inequalities[J]. Mathematical Programming, 1993, 58: 369-383.

第 6 章　基于元胞传输模型的路径选择研究

6.1　可变信息标志引导下驾驶员的路径选择

路径选择行为指出行者在选择 OD 对之间具体出行路线的过程中，对各种影响因素的反应。路径选择是交通领域中的一项基础研究内容，旨在预测不同环境下出行者的决策行为和结果。尤其是 ATIS 发展应用以来，一方面可以深入了解驾驶员路径选择行为的心理学、行为学原理，以便更好地理解驾驶员对信息的认知和反应行为，优化交通诱导系统服务效率；另一方面通过对路径选择行为的合理建模及预测，研究路网交通状态变化的内在机制，使路网交通状态向着交通管理者期望的方向发展，提高交通系统的整体效率。

早期研究假定出行者完全理性，能够完全且完备地获取与路径选择有关的一切信息，在期望效用理论或随机效用理论框架下进行路径选择建模分析，以实现自身效用最大化为目标。但是，完全理性前提下的决策行为分析结果背离了现实，于是出现有限理性框架下的路径选择行为研究模型，如前景理论模型、人工智能学习模型、博弈理论模型等[1]。

6.1.1　有界理性与有限理性

在交通行为模型中，非集计模型被广泛应用。非集计模型通常也称为离散模型或个人选择行为模型。模型不是从整体研究出行的集合特征，而是着眼于研究出行者个体出行行为。假设模型是效用最大化，即在出行个人和备选方案既定情况下，每一位出行者都会选择期望效用最高的备选方案。这个假设隐含经济学中完全理性的前提条件，即每个人都能够在一定限制条件下最大化自己的福利。但是，应用到决策环境比较复杂的交通行为建模时，完全理性假设显得比较盲目[2]。

有限理性是 1978 年 Simon[3]的研究结论。根据 Simon 的解释，有限理性一方面说明行为者具有理性意向，另一方面出行者理性会受到实际智能的限制。人们做出决策时，并不能确切地知道每一方案或行为的具体真实后果，只能估计(称为预期)。理性的有限性破坏了预期的准确，因此人们会努力消化庞大的信息。由于不能深入了解所有可能性，因此只能选择还算满意的解决方案，而不是最优的解决方案。国内外许多学者进行了相关研究。Tang 等[4]提出一个扩展的车辆模型，研究司机的有限理性对微观驾驶行为的影响，以及在两种典型交通情形下的燃料消耗。Tang 等[5]还提出考虑驾驶员有限理性和燃料消耗的宏观模型，研究驾驶员有限理性对交通流演化、油耗和排放的影响。Zhao 等[6]研究西蒙满意规则下的有限理性路径选择行为，验证了参与者路径选择行为是有限理性的，通过引入每个人的期望水平，建立了一个新的并行路段网络模型，并研究了有界理性 UE 状态的性质。Guo[7]扩展了比例交换系统和网络调整过程，在瓶颈模型中建立有限理性下出发时间选择的日常演化。结果表明，双动力系统的平稳点是存在的，等价于有界理性用户平衡点。周元峰[8]分析了突发交通事件下，管理者与出行者之间的利益冲突和博弈协调。李静[2]引入有限理性满意决策原则，构建了出发时间的选择模型。徐红利等[9]提出通过具体效用度量对出行者路径选择行为进行分析的方法。关宏志等[10]基于出行者掌握不完全路网信息和选择行为有限理性的假设，运用演化博弈理论建立出行者交通选择行为模型。李涛等[11]研究路况信息发布时，出行者有限理性路径选择行为。赵传林等[12]通过引入满意水平的概念，对有限理性 UE 流量分配问题建立模型。李梦等[13]基于随机后悔最小原则，构建了运量分布与均衡配流的组合后悔模型，并通过数值算例比较和解释了随机后悔最小模型和随机效用最大模型的异同。胡晓伟等[14]为了分析有限理性下出行者的方式选择行为，将前景理论引入方式选择决策中，分析不同时间价值的出行者在私家车、公交车和出租车三种方式的主观感知费用，并研究出行者在广义出行费用、出行时间概率分布变化和时间约束三种情景下的方式选择行为。关宏志等[15]为更好地对有限理性交通行为进行研究，总结了现有相关出行行为研究及成果。研究结果表明，以往的研究可以分为信息获取不完全或备选方案不完备假设下的有限理性、非最优路径选择机制假设下的有限理性、感知误差影响下的最优路径选择机制和重复选择过程中非显著不更新假设下的有限理性等问题。

　　Mahmassani 等[16]在交通系统中应用有界理性思想，是相对于近视转换规则而言的。近视转换规则是指出行者完全信任实时交通信息，总是选择 VMS 建议的最短路径出行。有界理性规则表明，只有当一条路径满足出行者的预期时才会被选择。Mahmassani 等[16]提出交通系统中有界理性用户最优的概念，并验证理想状态条件，即所有出行者都对当前选择十分满意。但是，其内在缺陷在于，日变演化机制的设计可能导致系统无法实现有界理性用户最优。Mahmassani 等[17]建立了交通模拟和路径分配能力的组合模型，研究实时信息可靠性。Jou 等[18]分析了有界理性下路径转移行为和实时交通信息的影响。

　　当能够提供预测信息或完全信息时，ITS 可以通过实现系统效用最大化或者网络均衡研究出行者的路径选择行为。与无线电台、因特网等信息服务技术不同，VMS 只能提供在途实时交通信息。出行者从 VMS 得到信息后，需要对当时的交通状况迅速做出判断，并选定路径。拥挤程度、事故严重性、网络结构、出行目的和个人习惯等因素都会影响出行者的抉择。VMS 的有效性取决于出行者对其提供交通信息的反应和系统提供信息的能力，因此了解出行者在各种交通信息提供策略下进行决策的过程便显得尤为重要。本节应用 CTM 研究基于 VMS 的路径选择行为。模拟结果表明，在一定的条件下，基于 VMS 的路径选择规则有利于改善交通系统的整体性能。

6.1.2　模型假设和路径选择原则

1. 模型假设

为方便分析和模型描述，本节设置如下假设。

① 将研究时域 $[0,T]$ 划分为 $\bar{K}$ 个时段，每个时段的长度为 Δ，$T = \bar{K}\Delta$，并假设 T 足够大，以便所有车辆能驶离路网。

② 在具有相同终点的交叉口处设立 VMS 信息牌，对出行者提供预期的出行时间。为了简化分析，暂不考虑一个节点具有多于两条输出路段的网络。

③ 各时段 OD 出行需求量已知。

这里重点考虑发散元胞处的路径选择行为，发散元胞示意图如图 6.1 所示。

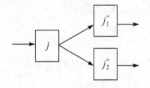

图 6.1　发散元胞示意图

2. 路径选择原则

本节研究三种规则下路径选择行为。

(1) 无信息诱导规则(R-1)

在交叉口处，当面临同一终点存在两条路径而不能得到实时交通信息的诱导时，出行者通常根据历史经验和视觉上的感知进行判断。首先，由路径长度和对应的零流时间判断主路和辅路，分别用上标 M 和 A 表示，视几何长度短的路径为主路。令到终点 s 的出行者 t 时段在交叉口 i 处选择主路的概率为 $\beta_{is}^M(t)$，选择辅路的概率为 $\beta_{is}^A(t)$。如图 6.1 所示，元胞 j 内的出行者首先判断元胞 j_1^+ 和 j_2^+ 内的车辆数 $n_{j_1^+}(t)$ 和 $n_{j_2^+}(t)$。设元胞 j_1^+ 所在的路径为主路，m_{is}^M 和 m_{is}^A 分别表示从交叉口 i (即元胞 j)到达终点 s，选择主路和辅路遍历的元胞数，$m_{is}^M \leqslant m_{is}^A$。若主路和辅路的长度相等(即 $m_{is}^M = m_{is}^A$)，出行者选择下方首个元胞内车辆数较少的路径。

若两条路径长度不相等(即 $m_{is}^M < m_{is}^A$)，出行者视下方首个元胞的拥挤程度选择路径。当主路上的车辆数超过一定值时，出行者选择辅路，否则选择主路。数学关系描述为

$$\begin{cases} \beta_{is}^M(t)=1, \beta_{is}^A(t)=0, & m_{is}^M = m_{is}^A \text{ 且 } n_{j_1^+}(t) \leqslant n_{j_2^+}(t) \\ \beta_{is}^M(t)=0, \beta_{is}^A(t)=1, & m_{is}^M = m_{is}^A \text{ 且 } n_{j_1^+}(t) > n_{j_2^+}(t) \\ \beta_{is}^M(t)=1, \beta_{is}^A(t)=0, & m_{is}^M < m_{is}^A \text{ 且 } \delta^M n_{j_1^+}(t) < n_{j_2^+}(t) \\ \beta_{is}^M(t)=0, \beta_{is}^A(t)=1, & m_{is}^M < m_{is}^A \text{ 且 } \delta^M n_{j_1^+}(t) > n_{j_2^+}(t) \end{cases} \tag{6.1}$$

其中，$\delta^M \geqslant 1$。

当主路首个元胞的拥挤程度相对于辅路超过一定值时，出行者就转移到辅路。

(2) 近视转换规则(R-2)

该规则假定，借助 VMS 的诱导，出行者在交叉口 i 处选择到达终点 s 的最短路径[19]。如果目前计划选定的路径是 M，则

$$\begin{cases} \beta_{is}^M(t)=0, \beta_{is}^A(t)=1, & \min\{\text{TC}_{is}^M(t), \text{TC}_{is}^A(t)\} = \text{TC}_{is}^A(t) \\ \beta_{is}^M(t)=1, \beta_{is}^A(t)=0, & \text{其他} \end{cases} \tag{6.2}$$

如果计划选定的路径是 A，则

$$\begin{cases} \beta_{is}^A(t)=0, \beta_{is}^M(t)=1, & \min\{\text{TC}_{is}^M(t), \text{TC}_{is}^A(t)\} = \text{TC}_{is}^M(t) \\ \beta_{is}^A(t)=1, \beta_{is}^M(t)=0, & \text{其他} \end{cases} \tag{6.3}$$

其中，路径时间 $\text{TC}_{is}^M(t)$ 和 $\text{TC}_{is}^A(t)$ 由设计的虚拟路况探测机制获得，并通过中央系统显示到 VMS 信息牌上。

所谓计划选定的路径就是无信息诱导规则下确定的路径。式(6.2)和式(6.3)表明，在这种规则下，出行者总是信任 VMS 信息，选择 VMS 推荐的最短路径。

(3) 有界理性转换规则(R-3)

该规则假定，出行者并不彻底相信 VMS 给出的路径时间差异，只有当一条路径能够足够缩短时间时，才选择这条路径。如果目前计划选定的路径是 M，则

$$\begin{cases} \beta_{is}^M(t)=0, \beta_{is}^A(t)=1, & \text{TC}_{is}^M(t) - \text{TC}_{is}^A(t) > \max\{\theta_i \text{TC}_{is}^M(t), \tau_i\} \\ \beta_{is}^M(t)=1, \beta_{is}^A(t)=0, & \text{其他} \end{cases} \tag{6.4}$$

如果计划选定的路径是 A，则

$$\begin{cases} \beta_{is}^A(t)=0, \beta_{is}^M(t)=1, & \text{TC}_{is}^A(t) - \text{TC}_{is}^M(t) > \max\{\theta_i \text{TC}_{is}^A(t), \tau_i\} \\ \beta_{is}^A(t)=1, \beta_{is}^M(t)=0, & \text{其他} \end{cases} \tag{6.5}$$

其中，θ_i 为一个正值参数；τ_i 表示改换路径至少需要缩短的时间，当 $\theta_i = 0$ 和 $\tau_i = 0$ 时，有界理性转换规则等价于近视转换规则；$\max\{\theta_i \mathrm{TC}_{is}^M(t), \tau_i\}$ 称为界。

当 τ_i 一定时，θ_i 越大，则转换路径需要的条件越高，即只有节省更多的时间时才转换路径。

由于路口输入输出能力有限，即使出行者主观选定某路径，车辆也不一定能够顺利进入该路径。为了减少车辆在路口附近的排队，若一条路径上的车流已经饱和，另一条路径尚有富余时，出行者放弃饱和路径，选择富余路径，反之亦然。

① 若 $R_{j_1^+}(t) > \gamma_{j_1^+}(t)$ 且 $R_{j_2^+}(t) > \gamma_{j_2^+}(t)$，则 $\gamma_{j_1^+}(t) = \gamma_{j_1^+}(t), \gamma_{j_2^+}(t) = \gamma_{j_2^+}(t)$。

② 若 $R_{j_1^+}(t) > \gamma_{j_1^+}(t)$ 且 $R_{j_2^+}(t) < \gamma_{j_2^+}(t)$，则 $\gamma_{j_1^+}(t) = \gamma_{j_1^+}(t) + [R_{j_2^+}(t) - S_{j_2^+}(t)], \gamma_{j_2^+}(t) = R_{j_2^+}(t)$。

③ 若 $R_{j_1^+}(t) < \gamma_{j_1^+}(t)$ 且 $R_{j_2^+}(t) > \gamma_{j_2^+}(t)$，则 $\gamma_{j_1^+}(t) = R_{j_1^+}(t), \gamma_{j_2^+}(t) = \gamma_{j_2^+}(t) + [R_{j_1^+}(t) - S_{j_1^+}(t)]$。

④ 若 $R_{j_1^+}(t) < \gamma_{j_1^+}(t)$ 且 $R_{j_2^+}(t) < \gamma_{j_2^+}(t)$，则 $\gamma_{j_1^+}(t) = \gamma_{j_1^+}(t), \gamma_{j_2^+}(t) = \gamma_{j_2^+}(t)$。

其中，$R_{j_1^+}(t)$ 和 $\gamma_{j_1^+}(t)$ 分别表示时段 t 元胞 j_1^+ 上可接收的车辆需求和流入能力。

①表示主路和辅路输入能力均有剩余，车辆无需在交叉口元胞 j 处排队。②表示主路输入能力均有剩余，辅路饱和，部分选择辅路的车辆重新选择主路。③表示辅路输入能力均有剩余，主路饱和，部分选择主路的车辆重新选择辅路。④表示主路和辅路均饱和，选择主路和选择辅路的车辆都需要在交叉口处排队等待。

3. 模拟步骤

采用虚拟路况探测机制计算路径时间 $\mathrm{TC}_{is}^M(t)$ 和 $\mathrm{TC}_{is}^A(t)$。在每个时段，虚拟车辆从交叉口 i 出发，在当时路况下行驶至终点，分别得到主路和辅路所需行驶时间 $\mathrm{TC}_i^M(t)$ 和 $\mathrm{TC}_i^A(t)$，并发布在 VMS 上。这种虚拟机制相当于在每个时段，中央系统根据当时路况对车辆进行模拟，从而预测路径行驶时间。

具体的模拟步骤如下。

① 建立元胞传输网络图，为 v、$q_{\max}$、w、k_{jam}、N_j 和 Q_j 设置初值，设置 $t = 1$。

② 应用 CTM 实施交通流量加载，得到 $n_j(t)$ 和 $y_j(t)$。当车流没有到达 VMS 路口 i 时，全部按照无信息诱导原则选择路径，转⑤；否则，转③。

③ 对处于 VMS 路口 i 的虚拟车辆实施 CTM 模拟，得到 $\mathrm{TC}_i^M(t)$ 和 $\mathrm{TC}_i^A(t)$。

④ 对处于 VMS 路口 i 的实际车辆按近视或有界理性规则选择路径。

⑤ 利用 CTM 进行流量更新。若 $t=T$，停止模拟；否则，置 $t=t+1$，转②。

6.1.3　数值模拟

考虑 5 个节点、6 条路段和 4 条路径的简单网络，如图 6.2 所示。路段 $a1$ 和 $a5$、$a2$ 和 $a6$，$a3$ 和 $a5$, $a4$ 和 $a6$ 分别构成路径 $L1$、$L2$、$L3$、$L4$。路段上的数值表示路段几何长度。在起始节点 1 和 3 处分别设有 VMS。为简便，假设网络只有一个终点，路段 $a1$、$a2$、$a3$ 和 $a4$ 为单车道，路段 $a5$ 和 $a6$ 为双车道。假定所有路段上的流量-密度 $(q\text{-}k)$ 关系均满足式(2.20)，研究时域长度 T =7200s，被离散成 $\bar{K}=720$ 个时段，$\Delta=10$ s。单车道最大通行能力 q_{max} =0.5/s，堵塞密度 k_{jam} =125/km，自由流车速 v =13.3m/s，交通激波后向传播速度 w =7.9 m/s。将起始节点 1 和 3 视为容量巨大的车库，即 $N_1(t)=\infty$ 和 $N_3(t)=\infty$，其车辆流入率 $Y_1(t)$ 和 $Y_3(t)$ 分别等于 t 时段网络的出行需求。假设终节点 5 能够接受来自四条路径的所有车辆，即 $N_5(t)=\infty$ 和 $Y_5(t)=\infty$。在本算例中，每个 OD 对之间均存在两条可选路径，$L1$ 和 $L4$ 被视为主路。

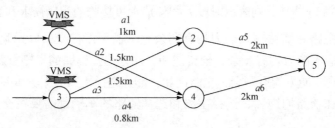

图 6.2　算例网络

图 6.3 给出了图 6.2 网络的元胞示意图，m 表示路段或节点处的元胞个数，Y 和 N 分别表示元胞的流入能力和承载能力。

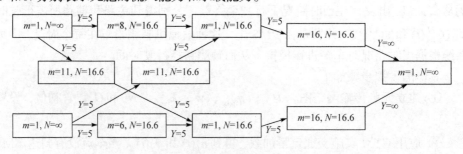

图 6.3　元胞示意图

为了突出路径选择规则对交通行为的影响，对发生非重复性拥挤时的高需求交通流进行研究。假设前 1800s 内的交通需求是每时段 8 辆车，其他时段的需求为 0。在第 300s 时刻，路段 $a1$ 距离起点 0.8km 处发生交通事故，使路段在随后的 1200s 内不能通车。

用所有出行者总行驶时间评价系统的性能，计算方法参见文献[7]和[20]。数值模拟结果表明，当不向出行者提供 VMS 信息(R-1)时，系统总时间 TT $=1053270$s；当提供 VMS 信息，且所有出行者均采用近视转换规则(R-2)时，TT $=374613$s，系统性能提高 64.4%；当所有出行者均采用有界理性转换规则(R-3)时，TT $=261415$s，系统性能提高 75.2%。显然，规则 R-2 和 R-3 都大大改善了系统性能(表 6.1)。表 6.1 还给出了出行者在每条路径上消耗的总时间。相对于规则 R-1、R-2 和 R-3 能够使每条路径上的行驶时间大大减少，而且主要体现在改善路径 $L1$ 和 $L2$ 的交通状况，对 $L4$ 的改善则相对较弱。规则 R-3 使路径 $L3$ 的行驶时间大幅度减少，但对 $L2$ 的改善强度没有那么明显。这是因为，在规则 R-2 下，起始节点 1 处的需求为了避开事故，过分选择路径 $L2$，导致路段 $a5$ 拥挤，使起始节点 3 处需求大量转向路径 $L3$，从而增加该路径的时间。

表 6.1　不同路径选择规则下的系统性能比较

规则	R-1		R-2		R-3	
	时间/s	性能提高/%	时间/s	性能提高/%	时间/s	性能提高/%
TT	1053270	0	374613	64.4%	261415	75.2%
TT_{L1}	389970	0	91813	76.5%	55530	85.8%
TT_{L2}	366750	0	91425	75.1%	95175	74.1%
TT_{L3}	162450	0	106964	34.2%	24592	84.8%
TT_{L4}	134100	0	84411	37.1%	86118	35.8%

图 6.4~图 6.6 分别给出了三种规则下，路段 $a1$ 的车辆时空分布图。可以看出，在规则 R-1 下，由于出行者不能及时转换路径，路段 $a1$ 发生严重的交通拥堵，排队从第 6 个元胞 $C6$ 一直向上游延伸到第 1 个元胞 $C1$。在规则 R-2 和 R-3 下，出行者能够及时转换路径，$a1$ 上达到承载能力的元胞数减少、排队时段缩短、峰值降低。

在现实生活中，不一定所有的出行者都关注 VMS 提供的实时交通信息或服从 VMS 的诱导。令 ε 为出行者对 VMS 的关注率或关注 VMS 的人占总出行人数的比例，下面考察不同 VMS 的关注率导致的系统性能的变化。在模拟中，让不关注 VMS 的人按照规则 R-1 选择路径，而关注 VMS 的人按照规则 R-2 或 R-3 选择路径。

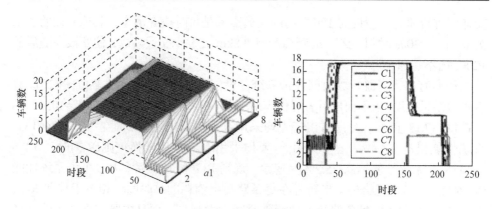

图 6.4　无信息诱导规则下路段 $a1$ 车辆时空分布图

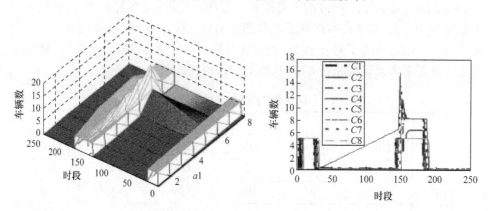

图 6.5　近视转换规则下路段 $a1$ 车辆时空分布图

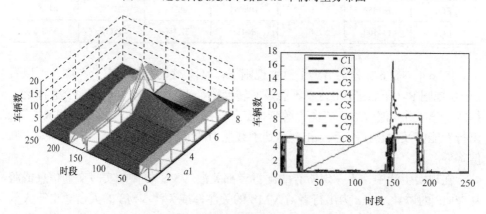

图 6.6　有界理性转换规则下路段 $a1$ 车辆时空分布图

图 6.7 揭示了信息关注率对系统总出行时间的影响。当 ε 在 0～1 变化时，规则 R-2 和 R-3 均能带来系统整体性能的改进，且改进程度随着信息关注率的

提高而增大。由于虚拟机制采用实时交通模拟，虚拟出行时间接近真实时间，因此没有出现信息过度现象。图 6.7 还表明，当 $\theta_1 = \theta_3 = 0.01$ 时，规则 R-3 优于 R-2。

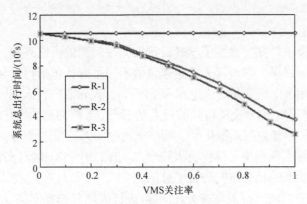

图 6.7　信息关注率对系统总出行时间的影响

接下来，考察界参数对系统总出行时间的影响(图 6.8)。令 θ_i 分别取 0.01、0.04、0.08、0.12、0.16 和 0.2，其他参数不变，我们可以模拟得到系统总时间。可以发现，当 θ_i 取 0.01 和 0.04 时，规则 R-3 优于 R-2；当 θ_i 值大于 0.08 时，规则 R-3 不如 R-2 有效。这是因为，θ_i 值过高，意味着出行者改换路径的条件太苛刻，从而放弃了 VMS 的正确诱导。可以预见，当 θ_i 值取无穷大时，规则 R-3 将退化为 R-1，因为改换路径的条件不可能被满足，相当于没有信息诱导的情形。而且，信息关注率越高，不同 θ_i 值导致的系统总时间差异就越大。较低的 ε 值意味着服从 VMS 信息诱导的出行者太少，规则差异导致的总时间差别也不大；反之，ε 值越大，受 VMS 影响的人越多，规则差异产生的系统性能差别也就越大。

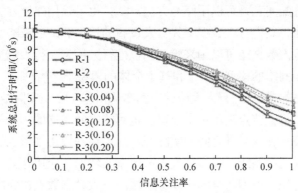

图 6.8　界参数对系统总出行时间的影响

6.2　实时交通信息诱导下行人的路径选择

6.2.1　概述

　　城市大规模事件频发激发了学者对行人动态问题的研究兴趣。到目前为止，产生了大量研究成果，涉及行人交通领域的不同主题，包括行人与环境中的视觉吸引器相互作用[21]、地铁站行人上车和下车[22]、单向/双向行人流[23]、考虑密度影响的行人流模型[24]、信号交叉口处的行人动态[25]、人群拥挤和内在风险的测量[26]、微观行人模型的精细空间离散化[27]、拥挤交通中的人行横道[28]等。这些研究有助于维持公共设施服务水平，确保行人安全。文献[29]～[31]针对实证和建模方法，对行人和人群动态的相关研究进行了总结。

　　在行人交通领域，行人交通分配问题(或行人路径选择问题)是重要的研究课题。考虑空间布局和交通量，行人交通分配的目的是预测步行设施中行人流量的空间分布，测量和反映设施中步行的便利性、舒适性、效率和安全性。行人疏散时的路径选择是影响疏散效率的关键行为反映。如果不能合理选择疏散路线，很容易出现许多人聚集在某几条路线上的现象，导致疏散效率低下，甚至造成拥堵事故。本节将设计一种算法来优化该地区的行人疏散效率，为行人设施的路线规划和引导标志选址奠定基础。

　　对于行人疏散，尤其是紧急疏散，在疏散过程中获取最优的空间行人流分配模式至关重要。最优流量分配模式可以为疏散人流的管理和疏散路线的规划提供一个准则或目标。也就是说，疏散管理的目标是使疏散行人流量分配方法尽可能地达到最优的流量分配模式，提高行人疏散效率。

　　行人流量分配问题既可以用经验方法[31-37]，也可以用建模方法。通过观察和实验的实证方法，获得行人数据，为行人设施的设计和疏散策略的制定提供数据支持。此外，行人数据还可以用来验证和校准行人模型。行人流量分配模型可以进一步分为基于网络的模型[19,38-41]和基于个体的模型[32-35,42-50]。

　　在基于网络的模型中，行人设施的空间布局由基于设施实际结构的网络表示。因此，网络中的每个节点表示一个通道、走廊或空间布局的一个部分。这些节点由弧连接，弧表示独立组件之间的实际开口。模型一般用来形成优化问题的解，目的是优化行人疏散路线，提高行人疏散效率。然而，应用这类模型必须仔细考虑两个问题。首先，模型将空间布局各区域的行人动态数量作为决策变量，但并未考虑行人在各路段的分布情况。事实上，当某一路段的行人数量固定时，该路段的行人分布对其疏散路径选择和疏散效率有显著影响。其次，模型一般不能表达局部拥堵动态和行人与障碍物之间的相互作用。事实上，拥挤动态和相互作用是必不可少的因素，在规划和管理行人交通时需要考虑；否则，可能得到无效的交通流分配结果。

在基于个体的模型中，每个行人被视为一个离散个体。每个个体的位置更新由一个连续或离散的动力系统表示。与基于网络的模型相比，基于个体的模型在疏散过程中可以提供更准确和更详细的预测信息。但是，基于个体的模型内部构造复杂，计算时间长，不适合大型、复杂或高大的行人设施。

为避免上述两类模型中出现的问题，一种方法是建立行人交通 CTM。该模型是 Daganzo[51]道路交通 CTM 在二维空间情况下的扩展。模型中的通道、走道或行人空间的部分不再设为节点，而是离散成若干个三角形、正方形或六边形元胞。每个元胞可以被多个个体占用。目前，行人交通 CTM 用于制定多向流动和策略的路径选择[52]，行人疏散中的收集、溢流和耗散[33]，公共步行区时变的人流负荷[53]，各向异性拥挤的人流负荷[54]。本节考虑行人交通 CTM，关注一个新的问题，即如何在二维空间上分配动态行人流，优化行人流荷载的疏散效率。

基于以下两个原因，一些动态车流分配算法[47,55]并不能直接应用于动态行人流分配问题。首先，现有算法一般基于路径流变量，即计算过程需要处理和存储路径流变量。与一维道路的车流不同，行人可以在二维空间灵活移动。因此，当行人设施中的空间，特别是具有大尺寸和大规模人群的空间被离散化为元胞表示的网络时，在任何内部节点和出口节点之间都可能存在流动。此外，任何两个相邻节点(或元胞)互连。因此，网络中路径数量可能足够大。应用现有算法来解决动态行人流分配问题时，将导致不能容忍的计算时间。其次，现有算法的目的是实现动态用户平衡状态。但是，本节分配行人流量的目的是优化所有行人撤离公共设施所需的时间。

为了有效解决动态行人流分配问题，Guo[7]提出一种基于节点的新算法，采用空间势能公式[32-35]和比例交换过程[56]。空间势能反映从内部元胞到出口元胞的行人步行时间。离出口元胞较近的元胞势能较低。较近是指通过从内部元胞到出口元胞的移动时间，而不是移动距离。当考虑路径上行人拥挤时，空间距离较小的路径并不意味着移动时间较小。势能驱使行人走向出口。比例交换过程控制从每个元胞到相邻下游元胞(即具有较低势能的相邻元胞)的行人流。因此，只需要处理和存储相邻元胞之间的行人流(节点流变量数量远小于路径流变量数量)。模型不但可以有效地优化大规模人群的疏散过程，而且可以识别出过程中的局部拥挤动态。

6.2.2 模型描述、公式和求解

1. 空间离散化与网络表示

考虑一个有内部障碍和多个出口的行人设施。步行设施可以是室内区域，如火车站、航空站和超市；也可以是室外区域，如广场和公园。该区域被离散成具有边长 s 的正六边形元胞。与正方形元胞结构相比，元胞结构各向同性，允许以相同术语定义进入相邻元胞的行人流。图 6.9 为离散化室内空间示意图。具有两个出口和两个内部障碍物(由阴影矩形表示)，每个元胞数字是元胞序列号。每个元胞可以容纳一定数量的最大行人流，与元胞自由空间面积成比例。每个元胞上的行人可以移动到六个相邻的元胞。在每个时间间隔 Δt 更新行人状态，给定元胞边长 s，相邻元胞中心之间的距离 $b=\sqrt{3}\,s$，时间间隔 Δt 设置为 $b=v_0\Delta t$，其中 v_0 为行人的自由流速。

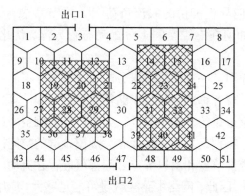

图 6.9　离散化室内空间示意图

如果两个相邻元胞之间的边界处存在障碍，且两个元胞之间的行人移动被完全阻塞,那么这两个元胞被称为非连接元胞;否则,这两个元胞被称为连接元胞[33]。例如，在图 6.9 中，元胞 18 和 19 是非连接的，元胞 10 和 11 是连接的。每个元胞都被看作一个节点。每对连接元胞由两个相反的有向弧连接。每条弧的方向指示行人从一端的元胞移动到另一端的连接元胞。所有与出口元胞相邻的节点都连接到一个虚拟目的地节点。假设所有的目的地或出口节点都通过中间节点间接连接，所有这些目的地节点，以及连接到至少一个目的地节点的节点形成网络，即将行人空间转换为网络。例如，图 6.10 为网络表示图，每个节点号码是对应的元胞序列号，$E1$ 和 $E2$ 分别对应于出口 1 和 2 的两个虚拟目的地节点。

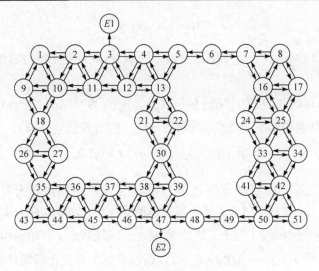

图 6.10　网络表示图

2. 流量加载和分配

设 C 为疏散网络中间节点的集合，E 为网络目的地节点的集合。在文献[7]中，每个节点从一个节点移动到另一个节点的行人数量被记录为整数，方便计算从每个节点到目标节点的疏散时间。将空间离散成规则的六边形元胞后，可以确定每个元胞边界。如果一个个体的质心在元胞中，那么该个体就被认为在元胞中。行人在网络或空间中的移动由空间势能驱动[32-35]。令 $P_i(t)$ 表示节点 i 在时间步 t 处的势，反映此时处于节点 i 处行人到最近目标节点或出口的疏散时间。疏散时间包括自由流移动时间和拥挤排队时间。分配问题中势能的计算不同于文献[32]～[35]的方法，将在后面给出。

令 $Q_{ij}(t)$ 为在时间步 t 到 $t+1$ 的 Δt 间隔内，从节点 i 移动到节点 j 的最大行人数，即从节点 i 到 j 的弧最大流。对于一个终点节点 j_0 和上游连接节点 i_0，$Q_{i_0 j_0}(t)$ 可视为 Δt 间隔内通过出口的最大行人数。对于两个连通的节点 i 和 j，假设最大行人数 $Q_{ij}(t)$ 与两个元胞在 Δt 间隔内可用的开放尺寸 $r_{ij}(t)$ 成比例，即

$$Q_{ij}(t) = \left\lfloor \bar{Q} r_{ij}(t) / s \right\rceil \tag{6.6}$$

其中，$\lfloor \ \rceil$ 表示返回最近四舍五入的整数；s 为规则正六边形元胞边长；$\bar{Q}$ 为两个元胞之间最大行人数量(假设这两个元胞之间边界上没有任何障碍物)。

令 $N_i(t)$ 为节点 i 在时间步 t 的最大行人数，即节点 i 的容量。对于每个终点节点 i_0，设 $N_{i_0}(t) = +\infty$，则对于每个中间节点 i，最大 $N_i(t)$ 与时间步 t 对应的元胞中未被障碍物占据的空间面积 $a_i(t)$ 成正比，即

$$N_i(t) = \left\lfloor \overline{N} a_i(t) / c \right\rfloor \tag{6.7}$$

其中，$c = \left(3\sqrt{3}/2\right)s^2$，表示规则正六边形面积；$\overline{N}$ 为空元胞可容纳行人的最大数量。

令 $n_i(t)$ 为在时间步 t 的元胞 i 的行人数，$p_{ij}(t)$ 为时间步 t 到 $t+1$ 的 Δt 间隔内拟从节点 i 移动到相邻下游节点 j 的行人比例，则下式成立，即

$$\sum_{j \in R_i} p_{ij}(t) = 1 \text{且} p_{ij}(t) \geqslant 0, \quad t = 0,1,2,\cdots \tag{6.8}$$

其中，R_i 为节点 i 所有相邻下游节点的集合，相应的流量分配比例向量为 $p = p_{ij}(t), i \in C, j \in R_i, t = 0,1,2$。接下来的模型优化中，$p$ 可以视为决策变量。

令 $d_{ij}(t)$ 为在时间步 t 到 $t+1$ 的 Δt 间隔内，拟从节点 i 移动到相邻下游节点 j 的行人数，对于节点 i，$d_{ij}(t)(j \in R_i)$ 可以通过求解下列优化问题计算，即

$$\min_{d_{ij}(t)} \sum_{j \in R_i} [d_{ij}(t) - n_i(t) p_{ij}(t)]^2 \tag{6.9}$$

其中，$d_{ij}(t)(j \in R_i)$ 为非负整数，满足下式，即

$$\sum_{j \in R_i} d_{ij}(t) = n_i(t) \tag{6.10}$$

令 $w_{ij}(t)$ 为在时间步 t 到 $t+1$ 的 Δt 间隔内，从节点 i 能够移动到相邻下游节点 j 的行人数。$w_{ij}(t)$ 由下式计算，即

$$w_{ij}(t) = \min\left\{ d_{ij}(t), \left\lfloor \frac{n_i(t) p_{ij}(t)}{n_i(t) p_{ij}(t) + n_j(t) p_{ji}(t)} Q_{ij}(t) \right\rfloor \right\}, \quad j \in R_i \tag{6.11}$$

这意味着，节点 i 和 j 之间的开口分别由两个节点的流出行人流共享。

节点处的空闲空间不可能容纳所有可以从相邻上游节点发送的行人。因此，假设节点空闲空间与上游节点发送到节点的行人数量相关。在时间步 t 到 $t+1$ 的 Δt 间隔内，从节点 i 实际移动到相邻下游节点 j 的行人数 $y_{ij}(t)$ 为

$$y_{ij}(t) = \begin{cases} w_{ij}(t), & \sum_{k \in S_j} w_{kj}(t) \leqslant N_j(t) - n_j(t) \\ \left\lfloor \dfrac{N_j(t) - n_j(t)}{\sum_{k \in S_j} w_{kj}(t)} w_{ij}(t) \right\rfloor, & \text{其他} \end{cases} \tag{6.12}$$

其中，S_j 为节点 j 相邻上游节点集合。

式(6.12)也可以写为

$$y_{ij}(t) = \min\left\{w_{ij}(t), \left\lfloor \frac{N_j(t) - n_j(t)}{\sum_{k \in S_j} w_{kj}(t)} w_{ij}(t) \right\rfloor\right\} \tag{6.13}$$

基于上述定义，每个节点 i 的行人数可由下式更新，即

$$n_i(t+1) = n_i(t) + \sum_{k \in S_i} y_{ki}(t) - \sum_{j \in R_i} y_{ij}(t) \tag{6.14}$$

令 T_e 为所有以 e 出口为目标的行人中，最后一个人离开设施的时间点所表示的持续时间。T_e 是关于流量分配比例 p 的函数。为了使行人设施中所有行人疏散的时间最短，可以通过求解以下优化模型来确定 p，即

$$\min_p \max_{e \in E} [T_e(p)] \tag{6.15}$$

其中，p 满足约束式(6.8)。

虽然有一些动态车流分配问题求解算法[47,55]，但由于以下两个原因，这些算法不能直接应用于动态行人流分配问题(6.15)。一方面，不同于一维道路上行驶的车流，行人可以在二维空间灵活移动。因此，疏散网络中任何中间节点与目标节点之间都可能存在人流。其次，任何两个相邻中间节点都互连。因此，网络中路径的可能足够多，特别是大尺寸和大规模行人设施。Kretz 等[49]提出一种方法，对有内部障碍物的行人设施，在每一对出发地和目的地之间生成相对较小的路径集合，并且给出一种生成路径上分配行人流量的方法。这些方法也是一种基于路径的方法，适用在相对较小的一组路径上分配流量。另一方面，执行现有算法的目的是实现动态用户平衡状态。但式(6.15)分配行人流量的目的是优化设施中所有行人疏散时间，因此提出基于势能的算法。

3. 模型优化

利用空间势能公式[32-35]和比例交换过程[56]，可以设计一种启发式算法解决动态行人流量分配问题。算法过程如下。

步骤 1，输入模型参数和初始行人分布，即输入时间步 0 时所有节点行人数 $\tilde{n}_i, i \in C$。令 $m=1$。

步骤 2，令 $n_i^{(m)}(0) = \tilde{n}_i, i \in C$，且 $t=0$。

步骤 3，计算所有节点在时间步 t 的势能 $P_i^m(t), i \in C \cup E$。

步骤 4，如果 $m \geqslant 2$ 且 $t \leqslant \overline{T}^{(m-1)}$，其中 $\overline{T}^{(m-1)}$ 是所有行人在 $m-1$ 次迭代中离开设施所需的撤离时间。时间步 t 的流量分配比例为

$$p_{ij}^{(m)}(t) = p_{ij}^{(m-1)}(t) - \sum_{k \in R_i} \Phi_{ijk}^{(m)}(t) + \sum_{k \in R_i} \Phi_{ikj}^{(m)}(t), \quad j \in R_i \tag{6.16}$$

其中

$$\varPhi_{ijk}^{(m)}(t) = \min\left\{\varepsilon, \frac{1}{\sum_{l \in R_i}\left[P_j^{(m)}(t) - p_l^{(m)}(t)\right]_+}\right\} p_{ij}^{(m-1)}(t)\left[P_j^{(m)}(t) - P_k^{(m)}(t)\right]_+ \qquad (6.17)$$

否则，时间步 t 的流量分配比例为

$$p_{ij}^{(m)}(t) = \frac{\left[P_i^{(m)}(t) - P_j^{(m)}(t)\right]_+}{\sum_{l \in R_i}\left[P_i^{(m)}(t) - P_k^{(m)}(t)\right]_+}, \quad i \in C, j \in R_i \qquad (6.18)$$

步骤 5，通过式(6.11)～式(6.14)，计算时间步 $t+1$ 时所有节点行人数 $n_i^{(m)}(t+1)(i \in C)$。

步骤 6，如果时间步 $t+1$ 时，所有中间节点处的行人总数为正(即 $t+1$ 时设施中仍然有行人)，则 $t = t+1$，并转到步骤 3；否则，记录所有行人在迭代步 m 离开设施所需的疏散时间 $\overline{T}^{(m)}$。

步骤 7，如果 $m < M$，则 $m = m+1$，并转到步骤 2；否则，停止。

在上述过程中，M 是迭代总次数。在每一次迭代中，行人初始空间分布设置为一组预定值 $\tilde{n}_i, i \in C$ (步骤 2)。步骤 3 计算第 m 次迭代中所有节点时间步 t 的势能 $P_i^{(m)}(t), i \in C \cup E$。节点在一个时间步长的势能反映行人在该时间步到最近目标节点的疏散时间(包括自由流移动时间和拥挤排队时间)。

步骤 4 中 $p_{ij}^{(m)}(t), j \in R_i$ 在分两种情况计算。如果 $p_{ij}^{(m-1)}(t), j \in R_i$ 能在上一次迭代中测出，则 $p_{ij}^{(m)}(t), j \in R_i$ 根据式(6.16)和式(6.17)更新。更大势能的相邻下游元胞 j 将转移到更小势能的相邻下游元胞 k。此外，转移比率与 $p_{ij}^{(m-1)}(t)$ 和两个相邻节点势能差 $p_j^{(m)}(t) - p_k^{(m)}(t)$ 成比例。也就是说，离开节点的行人流逐渐调整到靠近目的地节点的相邻下游节点。

式(6.16)和式(6.17)有两个性质。一方面，由式(6.17)可知有下式，即

$$\sum_{j \in R_i}P_{ij}^{(m)}(t) = \sum_{j \in R_i}P_{ij}^{(m-1)}(t) - \sum_{j \in R_i}\sum_{k \in R_i}\varPhi_{ijk}^{(m)}(t) + \sum_{j \in R_i}\sum_{k \in R_i}\varPhi_{ikj}^{(m)}(t) = \sum_{j \in R_i}P_{ij}^{(m-1)}(t) = 1 \qquad (6.19)$$

因此，对每个节点，根据式(6.16)能够得到每次更新后的人流分割比例。

另一方面，根据式(6.17)可以得到下式，即

$$\sum_{k \in R_i}\varPhi_{ijk}^{(m)}(t) = \min\left\{\varepsilon, \frac{1}{\sum_{l \in R_i}\left[P_j^{(m)}(t) - P_l^{(m)}(t)\right]_+}\right\}$$

$$\times P_{ij}^{(m-1)}(t)\sum_{k \in R_i}\left[P_j^{(m)}(t) - P_k^{(m)}(t)\right]_+ \leqslant P_{ij}^{(m-1)}(t) \qquad (6.20)$$

确定所有中间节点的流量分配比例后，步骤 5 通过式(6.11)～式(6.14)更新所

有节点处行人流。若所有行人已经撤离行人设施，则迭代过程完成；否则，继续更新行人空间位置，直到所有行人离开该设施。上述计算过程将进行 M 次迭代。

4. 势能计算

模型中行人运动由空间势能驱动。节点势能反映行人到最近目标节点的平均时间，包括自由流移动时间和拥挤排队时间。

步骤 1，对所有终点节点 $i_0 \in E$，设 $P_{i_0}^{(m)}(t) = 0$。

步骤 2，对每个与终点节点相邻的节点 i_1，设 $P_{i_1}^{(m)}(t) = 1$，且节点 i_1 加入集合 $\bar{S}$。

步骤 3，如果 $m \geqslant 2$ 且 $t \leqslant \bar{T}^{(m+1)}$，使 $P_{i_2}^{(m)}(t) = \tilde{T}_{i_2}^{(m-1)}(t)$，并且节点 i_2 加入集合 $\bar{S}$，使 $\delta = 0$。

步骤 4，对包含于集合 $\bar{S}$ 且属于 $[\delta, \delta+1)$ 的节点集合 $\tilde{S}$，检查还没有确定势能的相邻节点。如果相邻节点 i_3 只和集合 $\tilde{S}$ 的节点 i_4 相邻，那么 i_3 的势能 $P_{i_3}^{(m)}(t)$ 等于集节点 i_4 的势能 $P_{i_4}^{(m)}(t) + 1$。如果 i_3 和集合 $\tilde{S}$ 的多个节点相邻，那么 i_3 势能等于集合 $\tilde{S}$ 多个节点中势能最小节点势能加 1。刚刚确定势能的相邻节点被加入集合 $\tilde{S}$，同时将 $\tilde{S}$ 集合中所有节点从集合 $\bar{S}$ 中移除。

步骤 5，网络中所有的节点势能都确定，终止程序；否则，令 $\delta = \delta+1$，返回步骤 4。

确定所有节点势能后，行人从较高势能的节点移动到较低势能的节点。为了使行人移动到目的节点，步骤 1 将所有目的节点势能设置为零。步骤 2 将中间节点势能设置为 1，意味着行人需要一个时间步，才能从中间节点移动到相邻目标节点。步骤 3 中，$\tilde{T}_{i_2}^{(m-1)}(t)$ 表示第 $m-1$ 次迭代处于节点 i_2 的所有行人到目的节点的平均疏散时间。假设行人遵循 FIFO，且编号是整数，可以方便地计算每个个体到目标节点的疏散时间。

采用集合 $\bar{S}$ 存储势能已经确定的节点，如果前三个步骤的节点势能没有确定，则步骤 4 将势能设置为最接近目的节点的相邻节点势能+1。集合 $\tilde{S}$ 和参数 δ 用来定义势能更新的顺序，更靠近目的地的节点势能会优先更新。

6.2.3 模型应用

现有研究一般通过调整模型参数，使仿真结果接近现场或实验室行人实验数据[57-61]。然而，验证行人动态 CTM 的方法不同。实证研究表明，随着密度的增加，行人流量从零增加到满负荷，然后回到接近零的水平。这意味着，存在一个

Λ 流密度关系。文献[33]表明，行人 CTM 符合 Λ 关系。为了使 CTM 流密度关系更接近实际，参数(元胞边长 s、时间间隔 Δt、畅通时行人速度 v_0、两个元胞之间最大流量 $\bar{Q}$、空元胞最大容量 $\bar{N}$、每个出口最大流量)应根据实验数据合理设置。

将模型和算法分别应用于小规模和大规模人群。元胞边长 $s = 4\text{m}$，时间间隔 $\Delta t = 5.2\text{s}$，意味着畅通行人速度 $v_0 \approx 1.33 \text{ m/s}$。在没有障碍物的边界上，两个元胞之间出口最大流量 $\bar{Q} = 40$ 人/时间间隔，意味着最大流量约为每秒 1.92 人[62]。一个空元胞最大容量 $\bar{N} =$ 每个元胞416人，即最大行人密度约为每平方米 10.01 人[63]。

首先，研究如图 6.11 所示的初始行人分布情况。室内区域行人总数为 2500 人，行人分布由每个元胞中行人数量除以元胞最大容量表示。空间区域离散成 6×9 正六边形元胞。为了清楚地说明出口能力对不同出口行人分配的影响，将两个出口能力设置为明显不同的值。出口 1 和出口 2 的最大流量分别为每时间间隔 24 人和 12 人。最大流量约为每秒 1.92 人，即出口 1 和出口 2 的宽度分别约为 2.40 m 和 1.20 m。前 3 种情况参数 $\varepsilon = 0.01$，后一种情况 $\varepsilon = 0.02$。

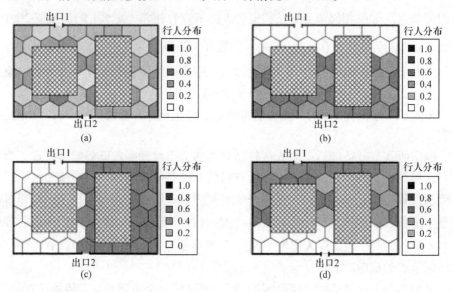

图 6.11　初始行人分布情况

如图 6.12 所示为疏散时间示意图，显示了不同初始分布下，迭代次数从 1 次增加到 15 次时，所有行人疏散时间变化趋势。可以看出，在迭代 15 次时，疏散时间分别为 369.2 s、379.6 s、374.4 s 和 369.2 s。

如图 6.13 所示为行人出口选择情况，表示迭代 15 次时，行人选择出口的分布情况。图 6.13(a)、图 6.13(c)、图 6.13(e)和图 6.13(g)分别表示行人选择出口 1 的

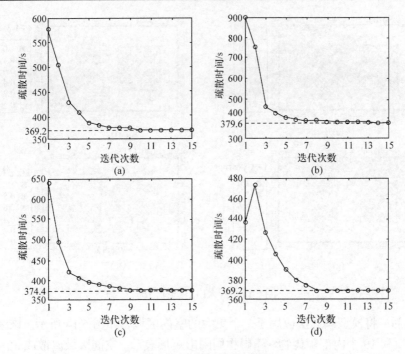

图 6.12　疏散时间示意图

分布情况。图 6.13(b)、图 6.13(d)、图 6.13(f)、图 6.13(h)分别表示行人选择出口 2 的分布情况。可以看出，行人更倾向于选择最近的出口。由于出口 1 的通行能力大于出口 2，更多行人选择通过出口 1 离开。

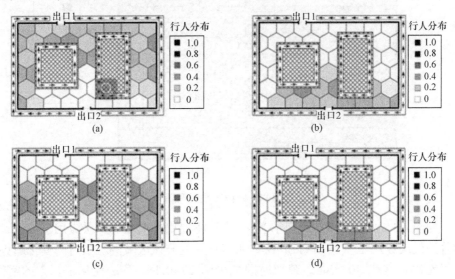

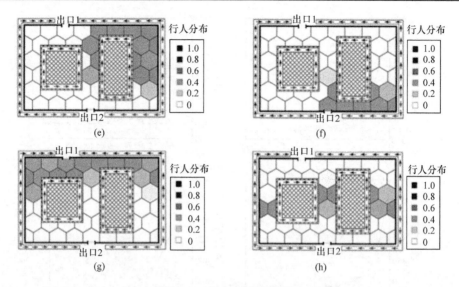

图 6.13　行人出口选择情况

　　然后，将模型和算法应用于一个更大的室内区域，如图 6.14 所示。该区域有 8 个出口和 19 个内部障碍物。障碍物用阴影矩形表示。空间区域离散成 30×40 正六边形元胞。出口 1～8 最大流量分别为 24 人、12 人、24 人、12 人、24 人、12 人、24 人、12 人。调整参数 $\varepsilon = 0.05$，行人总数为 7 万人。

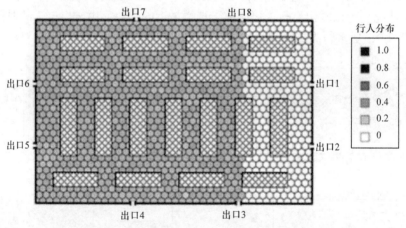

图 6.14　室内区域示意图

　　如图 6.15 所示为疏散时间示意图，表示将提出的模型和算法应用于场景时，随着迭代次数从 1 次增加到 30 次，所有行人离开该区域的疏散时间变化趋势。可以看出，迭代 30 次时，疏散时间减少到 2740.4s。算法优化了行人的空间分布。

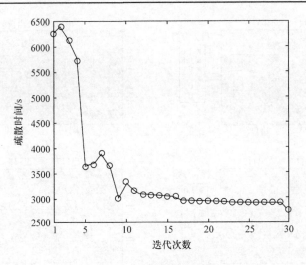

图 6.15　疏散时间示意图

如图 6.16 所示为行人出口选择情况，表示 30 次迭代场景中选择不同出口的行人分布。图 6.16(a)～图 6.16(h)分别显示选择 1～8 号出口的行人数目。可以看到，靠近出口的行人会选择从最近的出口离开。考虑排队时间，选择容量较小出口的行人较少。

如图 6.17 所示为可变导向标志示意图，举例说明系统如何工作。路标用较小的圆圈表示，行人用较大的圆圈表示。疏散开始时，空间有 19 个路标和 7 个行人。根据分配模型的计算结果，选择 1～7 出口的行人数量都是独立个体。然后，按照图 6.17(b)所示的模式设置元胞内引导标志的方向。

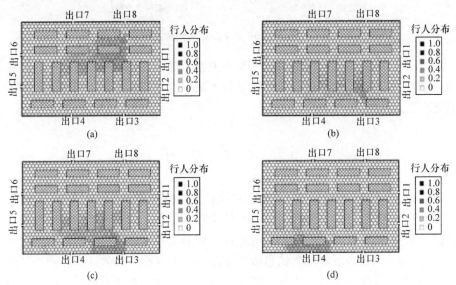

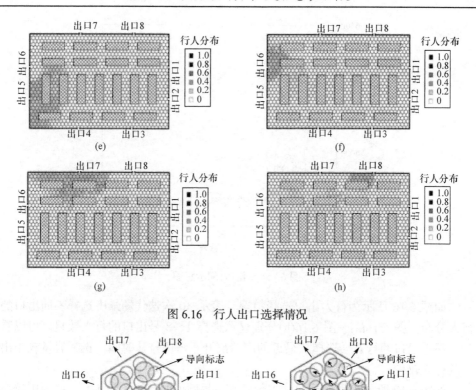

图 6.16　行人出口选择情况

图 6.17　可变导向标志示意图

　　此外，行人流量分配模型是一个动态模型，优化了整个疏散过程中行人在任何时刻的路径选择。为了更有效地指导行人疏散，导向标志需要随着时间的推移动态改变方向。

6.3　本章小结

　　本章利用 CTM 模拟研究了 VMS 对路径选择行为和网络性能的影响，对比分析了无信息诱导、近视转换和有界理性转换等三种路径选择规则。研究发现，与无信息诱导规则相比，基于 VMS 的近视转换和有界理性转换规则可以减少系统总出行时间，改善系统性能。信息服从率越高，改善程度越大。有界理性规则的"界"参数设置在一定区间内时，优于近视转换规则，否则不如近视转换规则。

　　为了清晰地描述人们对信息的认同态度与路径选择之间的关系，本章的模拟工作在十分简单的网络上完成。但是，模拟结果的合理性表明，建模方法可以移植到一般结构网络中，也可以考虑更多的事故发生点和不同的事故持续时间。

　　文献[7]提出一种动态的行人流分配模型和算法，通过确定行人的出口/路径选择，优化行人离开有内部障碍物和多个出口的室内外区域所需的疏散时间。为了同时有效地模拟大规模人群的疏散过程，识别局部人群动态，可以将行人设施内的空间离散成网络，利用二维单元传输模型将行人流量加载到空间中，将行人数量以整数形式记录。

　　由于网络拓扑结构特殊，现有的车辆交通分配算法大多不能直接用于解决动态行人流分配问题，因此利用空间势公式和比例交换过程设计求解算法。网络节点处的势能反映行人在节点处到目的地节点的疏散时间，使用比例交换过程调整节点到相邻下游节点的分流比例。这样，算法可以有效地解决动态行人流分配问题。

　　我们将提出的模型和算法应用于两个疏散场景。结果表明，算法对优化行人疏散过程是有效的。此外，在撤离开始时，行人在设施中的分布显著地影响他们的撤离时间和撤离出口/路线的选择。对于固定数量的行人，不同的初始分布会导致不同的疏散时间和流量分配模式。因此，规划和管理行人撤离出口/路线选择的过程中，有必要检查行人的局部动态和分布。

参 考 文 献

[1] 江筱薇. VMS 影响下驾驶员路径选择机理及信息发布策略研究[D]. 南京: 东南大学, 2017.

[2] 李静. 基于有限理性满意决策原则的出发时间选择模型[J]. 山东交通学院学报, 2007, 15(2): 15-18.

[3] Simon H A. A behavioral model of rational choice[J]. Quarterly Journal of Economics, 1955, 69: 99-118.

[4] Tang T Q, Huang H J, Shang H Y. Influences of the driver's bounded rationality on micro driving behavior, fuel consumption and emissions[J]. Transportation Research Part D, 2015, 41:423-432.

[5] Tang T Q, Huang H J, Shang H Y. An extended macro traffic flow model accounting for the driver's bounded rationality and numerical tests[J]. Physica A, 2016, 468: 322-333.

[6] Zhao C L, Huang H J. Experiment of boundedly rational route choice behavior and the model under satisficing rule[J]. Transportation Research Part C, 2016, 68:22-37.

[7] Guo R Y. Potential-based dynamic pedestrian flow assignment[J]. Transportation Research Part C, 2018, 91:263-275.

[8] 周元峰.基于信息的驾驶员路径选择行为及动态诱导模型研究[D].北京 : 北京交通大学, 2007.

[9] 徐红利, 周晶, 陈星光.基于前景理论的路径选择行为规则分析与实证[J].交通运输系统工程与信息, 2007, 7(6): 95-101.

[10] 关宏志, 浦亮. 基于演化博弈理论的有限理性交通选择行为模型[J]. 北京工业大学学报,

2010, (8):1077-1083.

[11] 李涛, 关宏志. 路况信息发布时出行者有限理性路径选择行为及建模研究[J]. 公路交通科技, 2018, 3: 94-102.

[12] 赵传林, 黄海军. 基于满意准则的有限理性用户均衡流量分配性质研究[J]. 系统工程理论与实践, 2014, 34(12):3073-3078.

[13] 李梦, 黄海军. 后悔视角下的运量分布与均衡配流组合模型[J]. 交通运输系统工程与信息, 2016, 16(3):15-20.

[14] 胡晓伟, 王健, 孙广林. 有限理性下出行者方式选择行为[J]. 哈尔滨工业大学学报, 2011, (12):114-118.

[15] 关宏志, 李涛. 有限理性在交通领域应用研究综述[J]. 北京工业大学学报, 2018, 8: 1157-1164.

[16] Mahmassani H S, Chang G L. On boundedly rational user equilibrium in transportation systems[J]. Transportation Science, 1987, 21(2):89-98.

[17] Mahmassani H S, Chen P S. An investigation of the reliability of real-time information for route choice decisions in a congested traffic system[J]. Transportation, 1993, 20: 157-178.

[18] Jou R C, Lam S H, Liu Y H, et al. Route switching behavior on freeways with the provision of different types of real-time traffic information[J]. Transportation Research Part A, 2005, 39: 445-461.

[19] Chen P H, Feng F. A fast flow control algorithm for real-time emergency evacuation in large indoor areas [J]. Fire Safety Journal, 2009, 44 (5): 732-740.

[20] Daganzo C F. The cell transmission model part II: network traffic [J]. Transportation Research Part B, 1995, 29(2): 79-93.

[21] Wang W L, Lo S M, Liu S B, et al. Microscopic modeling of pedestrian movemen behavior: interacting with visual attractors in the environment [J]. Transportation Research Part C, 2014, 44: 21-33.

[22] Sieben A, Schumann J, Seyfried A. Collective phenomena in crowds-where pedestrian dynamics need social psychology [J]. PLOS ONE, 2017, 12 (6): e0177328.

[23] Guo N, Hao Q Y, Jiang R, et al. Uni- and bi-directional pedestrian flow in the view-limited condition: experiments and modeling [J]. Transportation Research Part C, 2016, 71: 63-85.

[24] Xiao Y, Gao Z, Qu Y, et al. A pedestrian flow model considering the impact of local density: Voronoi diagram based heuristics approach [J]. Transportation Research Part C, 2016, 68: 566-580.

[25] Zeng W, Chen P, Yu G, et al. Specification and calibration of a microscopic model for pedestrian dynamic simulation at signalized intersections: a hybrid approach[J]. Transportation Research Part C, 2017, 80: 37-70.

[26] Feliciani C, Nishinari K. Measurement of congestion and intrinsic risk in pedestrian crowds[J]. Transportation Research Part C , 2018, 91:124-155.

[27] Fu Z, Jia Q, Chen J, et al. A fine discrete field cellular automaton for pedestrian dynamics integrating pedestrian heterogeneity, anisotropy, and time-dependent characteristics[J]. Transportation Research Part C, 2018, 91: 37-61.

[28] Haghani M, Sarvi M. Crowd behaviour and motion: empirical methods[J]. Transportation

Research Part B, 2018, 107: 253-294.

[29] Duives D C, Daamen W, Hoogendoorn S P. State-of-the-art crowd motion simulation models[J]. Transportation Research Part C , 2013, 37: 193-209.

[30] Francisco M G, Miguel L, Ignacio G F, et al. Modeling, evaluation, and scale on artificial pedestrians: a literature review [J]. ACM Computing Surveys, 2017, 50(5):1-35.

[31] Haghani M, Sarvi M. Stated and revealed exit choices of pedestrian crowd evacuees[J]. Transportation Research Part B, 2017, 95: 238-259.

[32] Guo R Y, Huang H J. Formulation of pedestrian movement in microscopic models with continuous space representation[J]. Transportation Research Part C, 2012, 24: 50-61.

[33] Guo R Y, Huang H J, Wong S C. Collection, spillback, and dissipation in pedestrian evacuation: a network-based method[J]. Transportation Research Part B, 2011, 45 (3): 490-506.

[34] Guo R Y, Huang H J, Wong S C. Route choice in pedestrian evacuation under conditions of good and zero visibility: experimental and simulation results[J].Transportation Research Part B, 2012, 46 (6): 669-686.

[35] Guo R Y, Huang H J, Wong S C. A potential field approach to the modeling of route choice in pedestrian evacuation [J]. Journal of Statistical Mechanics-Theory and Experiment, 2013, (2): P02010.

[36] Helbing D, Isobe M, Nagatani T, et al. Lattice gas simulation of experimentally studied evacuation dynamics [J]. Physical Review E, 2003, 67 (6): 67101.

[37] Jeon G Y, Kim J Y, Hong W H, et al. Evacuation performance of individuals in different visibility conditions [J]. Building and Environment, 2011, 46 (5): 1094-1103.

[38] Lin P, Lo S M, Huang H C, et al. On the use of multi-stage time-varying quickest time approach for optimization of evacuation planning [J]. Fire Safety Journal, 2008, 43 (4): 282-290.

[39] Pursals S C, Garzón F G. Optimal building evacuation time considering evacuation routes[J]. European Journal of Operational Research, 2009, 192 (2): 692-699.

[40] Wagoum A U K, Seyfried A, Holl S. Modeling the dynamics route choice of pedestrians to assess the criticality of building evacuation [J]. Advances in Complex Systems, 2012, 15(7): 1250029.

[41] Yuan J P, Fang Z, Wang Y C, et al. Integrated network approach of evacuation simulation for large complex buildings [J]. Fire Safety Journal, 2009, 44 (2): 266-275.

[42] Abdelghany A, Abdelghany K, Mahmassani H. A hybrid simulation-assignment modeling framework for crowd dynamics in large-scale pedestrian facilities [J]. Transportation Research Part A, 2016, 86: 159-176.

[43] Asano M, Iryo T, Kuwahara M. Microscopic pedestrian simulation model combined with a tactical model for route choice behavior [J]. Transportation Research Part C, 2010, 18(6): 842-855.

[44] Crociani L, Lämmel G. Multidestination pedestrian flows in equilibrium: a cellular automaton-based approach [J].Computer-Aided Civil and Infrastructure Engineering, 2016, 31 (6): 432-448.

[45] Gao Z, Qu Y, Li X, et al. Simulating the dynamic escape process in large public places [J]. Operations Research, 2014, 62 (6): 1344-1357.

[46] Hoogendoorn S P, Bovy P H L. Pedestrian route-choice and activity scheduling theory and models[J]. Transportation Research Part B, 2004, 38 (2): 169-190.

[47] Huang H J, Lam W H K. Modeling and solving the dynamic user equilibrium route and departure time choice problem in network with queues [J]. Transportation Research Part B, 2002, 36 (3): 253-273.

[48] Kretz T. Pedestrian traffic: on the quickest path [J]. Journal of Statistical Mechanics-Theory and Experiment, 2009, (3): P03012.

[49] Kretz T, Lehmann K, Hofsäß I. User equilibrium route assignment for microscopic pedestrian simulation [J]. Advances in Complex Systems, 2014, 17 (2): 1450010.

[50] Lu L, Chan C Y, Wang J, et al. A study of pedestrian group behaviors in crowd evacuation based on an extended floor field cellular automaton model [J].Transportation Research Part C, 2017, 81: 317-329.

[51] Daganzo C F. The cell transmission model: a simple dynamic representation of highway traffic[J]. Transportation Research Part B, 1994, 28 (4): 269-287.

[52] Asano M, Sumalee A, Kuwahara M, et al. Dynamic cell transmission-based pedestrian model with multidirectional flows and strategic route choices[J].Transportation Research Rececord, 2007, 2039: 42-49.

[53] Hänseler F S, Bierlaire M, Farooq B, et al. A macroscopic loading model for time-varying pedestrian flows in public walking areas[J]. Transportation Research Part B,2014, 69: 60-80.

[54] Hänseler F S, Lam W H K, Bierlaire M, et al. A dynamic network loading model for anisotropic and congested pedestrian flows[J]. Transportation Research Part B, 2017, 95:149-168.

[55] Lo H K, Szeto W Y. A cell-based variational inequality formulation of the dynamic user optimal assignment problem[J]. Transportation Research Part B, 2002, 36(5):421-443.

[56] Smith M J. The stability of a dynamic model of traffic assignment-an application of a method of Lyapunov[J]. Transportation Science, 1984, 18 (3): 259-304.

[57] Guo R Y, Wong S C, Huang H J, et al. A microscopic pedestrian-simulation model and ITS application to intersecting flows[J]. Physica A , 2010, 389(3): 515-526.

[58] Guy S J, Curtis S, Lin M C, et al. Least-effort trajectories lead to emergent crowd behaviors[J]. Physical Review E, 2012, 85(2): 16110.

[59] Moussaïd M, Helbing D, Theraulaz G. How simple rules determine pedestrian behavior and crowd disasters[J]. Proceedings of the National Academy of Sciences of the United States of America, 2011, 108 (17): 6884-6888.

[60] Schadschneider A, Seyfried A. Validation of CA models of pedestrian dynamics with fundamental diagrams [J]. Cybernet Systems, 2009, 40(5): 367-389.

[61] Seitz M J, Köster G. Natural discretization of pedestrian movement in continuous space[J]. Physical Review E, 2012, 86 (4): 46108.

[62] Seriani S, Fernandez R. Pedestrian traffic management of boarding and alighting in metro stations[J]. Transportation Research Part C, 2015, 53: 76-92.

[63] Seyfried A, Passon O, Steffen B, et al. New insights into pedestrian flow through bottlenecks[J]. Transportation Science, 2009, 43(3): 395-406.

第 7 章　信息-交通耦合元胞传输模型

7.1　概　　述

车辆自组织网络(vehicular Ad Hoc network，VANET)，也称为车对车或车间通信网络，通过 5.9GHz 专用短程通信技术，实现车辆间的信息交换[1]。VANET 具有改善交通安全[2]、流动性[3]和环境可持续性[4,5]的巨大潜力，应用前景广阔。随着应用的深入，人们认识到信息可用性起着至关重要的作用。例如，实时正向碰撞预警的应用需要知道信息能以多快的速度到达目标车辆；通过 VANET 传播事故警告，需要在信息过期前，了解当地交通网络信息的覆盖情况。研究人员从不同角度对 VANET 信息传播进行了广泛研究。无线通信界关注设计通信协议[6]、隐私保护[7]、安全[8]、路由协议[9,10]等，但交通界关注业务流特征相关的 VANET 信息传播特性，如连接性、传输距离、时间延迟和覆盖范围。

许多研究探索了 VANET 瞬时信息传播，包括通信机会、瞬时传播距离、速度和连通性。Jin 等[11]计算了在均匀和一般交通流中，两辆车之间成功瞬时信息传输的概率。Ukkusuri 等[12]和 Jin 等[13]使用不同的数学模型估计固定交通流车辆间通信网络的多跳连通性。Wang[14]考虑车辆遵循独立均匀泊松过程，提出瞬时信息传播距离均值和方差的数学公式，以及车辆在 VANET 中的分布。Wang 等[15]重新审视了这个问题，使方法适应一般分布下的车辆车头时距。此外，Wang 等[16]和 Yin 等[17]假设车辆车头时距遵循伽马、泊松或对数正态分布，估计平行道路上瞬时信息传播距离的期望、方差和概率分布。

VANET 间歇性信息传播，即信息交替地通过无线通信，或由于无线通信不可用而通过车辆传播。Artimy 等[18-20]研究了交通流动力学静态或动态分配传输范围的 VANET 连通性。Schönhof 等[21]研究了双向高速公路动态交通流中，动态通信链路的智能车辆密度对信息传播速度和效率的影响。Agarwal 等[22]研究了 VANET 的延迟容忍消息传播，将信息传播速度上界和下界分别作为交通密度、车速和传输距离的函数。Wu 等[23]指出，信息传播距离和速度取决于车辆相对运动和其他交通特征，如车辆密度和平均车速。Wang 等[24]提出一种分析模型，估计在低智能车辆穿透率的交通流中预期信息的传播速度。Du 等[25]用时间扩展网络，对单向路段 VANET 间歇性信息连通性进行建模，并提供了一种封闭形式，估计一段时间内的平均网络连通性。Du 等[26]通过封闭形式的公式,估计信息通过 VANET 间歇性信息传播后,单向或双向路段的预期时间延迟。Kim 等[27]提出信息流传播机理综合模型和描述交通流动力学的偏微分方程。尽管如此,现有的解决方案很少能够通过 VANET 跟踪信息的传播动态。

近期的一些研究考虑通过 VANET 在本地网络上的信息覆盖。例如,Ng 等[28]利用 Wang[14]信息传播模型,给出网络中两个节点之间信息传播延迟的上下界。Osman 等[29]考虑交通密度、传输距离和市场渗透率,开发了一种有效性新度量方法,捕获连接车辆环境中的连接鲁棒性。

以上简要指出两个新的研究需求。首先,虽然已有文献的解提供了近似方法表征信息传播,但很少通过 VANET 研究动态信息传播过程。这是 VANET 最关键、最独特的特征之一。其次,现有研究主要考虑单个信息,但现实中多个信息会同时在网络传播,对于信息合并与聚合仍然缺乏相关知识。本章试图在一定程度上弥补上述差距。

假定路段上的所有车辆都配备无线通信设施,信息一旦启动,将通过车辆形成 VANET 流过路段。信息传播形成具有前端和尾端的信息波。受交通流动态的显著影响,信息传播遵循间歇性的传输模式。具体地,当两个车辆通过无线通信(即瞬时传输)良好连接时,信息前端或尾端可以顺利地从一辆车跳到另一辆车,或者卡在车辆上,与车辆一起移动(如轮渡传输)。本节基于 CTM 思想[30],提出一种信息和交通耦合元胞传输模型(information traffic-coupled cell transmission model, IT-CTM)。

IT-CTM 涉及如下创新。

① 同时考虑交通流和信息流传播特性,确定元胞长度。

② 通过跟踪信息前端和尾端沿着元胞链的运动,捕捉信息传播的动态过程。在此基础上,IT-CTM 分别考虑均匀交通流和非均匀交通流,建立元胞内信息传播和元胞间信息传播的模型和规则。

③ 能够捕获多条信息顺序落在路段上信息的合并。

④ 数值实验表明,IT-CTM 可以在空间和时间维度上密切跟踪信息传播动态,平均绝对误差(mean absolute error, MAE)小于 5%。

目前,IT-CTM 将信息传播动力学集成到交通流动力学。瞬时或轮渡传输的信息传播特性的统计结果也可以集成到 IT-CTM 中。此外,IT-CTM 还可以集成到宏观交通模拟器中,并跟踪信息传播动态。从应用角度来看,大多数成功应用 VANET(如在线交通事故报警)的程序都依赖及时、充分更新的信息。本章将介绍文献[31]的研究成果。

7.2　核心路段和间歇性信息流传输模型

7.2.1　信息波前端、尾端和方向

广播协议通过 VANET 沿长度为 L 的路段传播信息只有两端。一端是交通流入口,另一端是交通流出口。交通流由配备无线通信设施的车辆组成,在单向或双向的多车路段行驶。如果车间距离小于传输距离[26,32],两辆车将成功建立无线通信。这里只考虑传输范围内距离信息发送器最近的接收器。

一条信息可能从交通流入口或出口到达路段。路段上传播一条信息形成两个边界,一个是前端,另一个是尾端。前端和尾端之间的所有车辆都视为知情车辆。假设信息首先到达的路段一端是信息传播起点,因此信息前端总是由离原点最远的知情车辆表示,而信息尾端总是由离原点最近的知情车辆表示。如图 7.1 所示为信息前端和尾端,其中车辆 $i+2$ 表示前端,车辆 $i-1$ 表示尾端。

根据信息前端和尾端的定义,始终将信息尾端到前端的方向作为信息波传播的正向方向。在图 7.1 中,车辆 $i-1$ 到车辆 $i+2$ 方向表示正向信息传播方向,即东行(东行和西行分别用 EB 和 WB 表示)。信息前端和尾端都将沿着交通流向后或向前传播,并且可以在多次传输后离开路段。

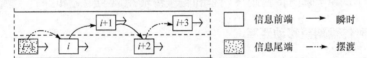

图 7.1　信息前端和尾端

信息可能沿着交通流传播,因此信息前端或尾部可以沿着交通流向前或向后移动。通过预定义的信息传播方向和交通流方向,图 7.2 给出了描述交通流与信息流关系的四种可能情况。图 7.2 中情形 1 和情形 2 描述信息前端和尾端沿单向

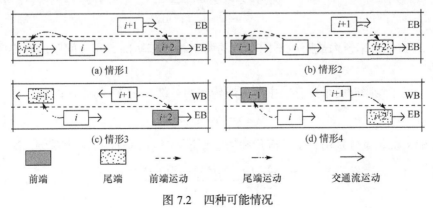

图 7.2　四种可能情况

道路交通流方向或相反方向运动；情形 3 和情形 4 描述信息前端和尾端在双向交通路段的传播。可以注意到，情形 3 信息前端和后端的运动就是情形 4 信息后端和前端的运动。此外，如果交通流没有向相反方向移动，则情形 1 是情形 3 的一个特例。同样，情形 2 是情形 4 的一个特例。因此，我们可以将情形 3 作为研究信息传播动态的一般案例。

7.2.2　间歇传输模式

为研究信息传播动态，接下来探讨信息在时间和空间维度的传播特征。携带信息波前端或尾端的车辆被认为是主车辆。信息前端或尾端可以通过瞬时或轮渡传输，从主车辆平稳地移动到相邻车辆。前者表示两辆车传输范围内的连续无线传输，后者表示无线传输暂停。信息由主车辆携带一段时间，直到建立新的无线连接。信息前端或尾端将经历一系列这样的瞬时传输，然后轮渡传输，直到离开路段。我们将这种类型的信息传输命名为间歇传输，将每一个瞬时和轮渡传输的组合定义为一个间歇传输模式。显然，信息前端或尾端通过路段的过程由一系列间歇传输组成。

瞬时传输或轮渡传输的信息传输距离是随机变量，分别记为 X 和 Y，期望分别为 $E(X)$ 和 $E(Y)$。因此，可以用 $L = E(X) + E(Y)$ 测量间歇传输模式的期望运动距离 L，即 L 等于瞬时传输距离期望和轮渡传输距离期望之和。

7.2.3　瞬时传输期望移动距离

在不同的交通条件下，常采用封闭形式公式测量 $E(X)$ [26]。

如果两个连续车辆之间的空间 s 小于传输距离 r，则单跳无线传输的期望信息移动距离为

$$E(s \mid s < r) = \frac{\int_0^r s f(s) \mathrm{d}s}{\int_0^r f(s) \mathrm{d}s} \qquad (7.1)$$

其中，$f(s)$ 为车道内或跨越不同车道的两个相邻车辆间，车头间距的概率密度函数。

考虑平均瞬时传输中存在中断无线传输的 $\bar{k}$ 跳，$E(X)$ 的计算式为

$$E(X) = \bar{k} E(s \mid s < r) \qquad (7.2)$$

预计的 $\bar{k}$ 跳数量分别由自由车流量和拥塞流量下式(7.3)和式(7.4)计算[26]，即

$$\bar{k} = \sum_{k=1}^{n} k \frac{(n-k)P^k(1-P) + P^k}{n+1} \qquad (7.3)$$

$$\bar{k} \leqslant \sum_{k=1}^{n} k \frac{(n-k)(2P-P^2)(1-p)+2p-p^2}{n+1} \tag{7.4}$$

$$\bar{k} \geqslant \sum_{k=1}^{n} k \frac{(n-k)[kP-(k-1)](1-P)+kP-(k-1)}{n+1}$$

$$P = p(s-r) = \int_{0}^{r} f(s)\mathrm{d}s \tag{7.5}$$

其中，P 为任意两个相邻车辆之间成功无线通信的概率；n 为一个有 $n+1$ 辆车的车队中可能的跳跃数。

式(7.3)和式(7.4)的思路是将 $n+1$ 辆车从 0 标记到 n。$\bar{k}$ 等于多个概率事件的期望。在每个概率事件中，瞬时传输从一个排任意位置的车辆开始，传播多个跃点。

7.2.4　轮渡传输期望移动距离

考虑单向路段，当两个连续车辆之间的距离满足 $s > r$ 时，信息前端或尾端将通过轮渡传输展开，即

$$E(Y) = \left\{ v_i \times \frac{E(s|s>r)-r}{v_{ij}} \right\} = \frac{v_i}{v_{ij}} \left[\frac{\int_{r}^{+\infty} sf(s)\mathrm{d}s}{1-\int_{0}^{r} f(s)\mathrm{d}s} - r \right] \tag{7.6}$$

其中，$E(s|s>r)$ 表示轮渡传输发生时，两个相邻车辆之间预期间隔车头时距；v_{ij} 为两辆车 i 和 j 之间的平均相对速度；v_i 为信息前端或尾端车辆 i 的速度。

如图 7.3 所示为轮渡传输示例。当车辆 i 断开与车辆 $i+1$ 和 $i+2$ 的连接时，双向路段上的车辆 i 对信息前端进行轮渡传输。如果轮渡始于沿信息传播正向或反向方向行驶的车辆，则可以是前向轮渡或后向轮渡。图 7.3(a)为信息前端前向轮渡，轮渡传输沿着信息前端向前移动的车辆 i 开始(如 EB)。图 7.3(b)为信息前端后向轮渡，轮渡传输由车辆 i 开始，反向移动(如 WB)。

图 7.3(a)表明，车辆 i 的前向轮渡可能有两种情况，即在与信息传播方向相同的车辆 $i+1$ 处停止；在与信息传播方向相反的车辆 $i+2$ 处停止。这两种情况可以定义为 f_1 和 f_2。期望距离 $E(Y_{f_1})$ 或 $E(Y_{f_2})$ 可以通过式(7.6)计算，将 s 或 s' 应用于 f_1 或 f_2 前向轮渡传输，其中 s' 表示两辆连续行驶的车辆之间的空间，s_{EB} 和 s_{WB} 分别表示在 EB 和 WB 方向运动的两个连续车辆之间的空间。

图 7.3(b)表明后向轮渡也涉及两种可能的情况，即车辆 i 携带信息一段时间后，在车辆 $i-1$ 通过车辆 i 之前，连接到车辆 $i+2$，那么车辆 i 的后向运载距离就是车辆 i 和 $i+2$ 之间的运动距离，因此期望距离 $E(f_3)$ 可以通过式(7.6)计算；车辆

i 与 $i-1$ 在连接任何其他车辆之前相遇。车辆 i 携带信息通过 $v_i E(s\,|\,s\leqslant r)/v_{ij}$ 的距离。车辆 i 和 $i-1$ 相遇后，轮渡传输变成正向轮渡，如图 7.3(a)所示。

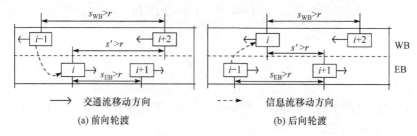

图 7.3　轮渡传输示例

综上，信息前端轮渡传输的期望移动距离公式为

$$E(Y) = p_1 E(Y_{f_1}) + p_2 E(Y_{f_2}) - p_3 E(Y_{f_3}) \tag{7.7}$$

其中，$E(Y_{f_1})$、$E(Y_{f_2})$ 和 $E(Y_{f_3})$ 分别代表前向轮渡传输的两种情况和后向轮渡传输的距离期望；p_1、p_2 和 p_3 代表发生的可能性。

7.2.5　间歇传输模式的移动距离期望

信息前端和尾端的元胞内移动公式如表 7.1 所示。

表 7.1　信息前端和尾端的元胞内移动公式

移动	信息前端	信息尾端
瞬时 $E(X)$	前向 EB $\Rightarrow +E(X_f) = +\bar{k}E(s\,|\,s<r)$	后向 WB $\Rightarrow -E(X_t) = -\bar{k}E(s\,|\,s<r)$
轮渡 $E(Y)$	$f_1:(\mathrm{EB})\to(\mathrm{EB}) \Rightarrow +E(Y_{f_1})$ $f_2:(\mathrm{EB})\to(\mathrm{WB}) \Rightarrow +E(Y_{f_2})$ $f_3:(\mathrm{WB})\to(\mathrm{WB}) \Rightarrow -E(Y_{f_3})$ $E(Y_f) = p_1 E(Y_{f_1}) + p_2 E(Y_{f_2}) - p_3 E(Y_{f_3})$	$f_1:(\mathrm{WB})\to(\mathrm{WB}) \Rightarrow -E(Y_{f_1})$ $f_2:(\mathrm{WB})\to(\mathrm{EB}) \Rightarrow -E(Y_{f_2})$ $f_3:(\mathrm{EB})\to(\mathrm{EB}) \Rightarrow +E(Y_{f_3})$ $E(Y_t) = -p_1 E(Y_{f_1}) - p_2 E(Y_{f_2}) + p_3 E(Y_{f_3})$
模式	$L_f = \left| E(X_f) + E(Y_f) \right|$	$L_t = \left| -E(X_t) + E(Y_t) \right|$

注：$E(X)$ 和 $E(Y)$ 分别由式(7.2)和式(7.7)给出；L_f 和 L_t 是期望值。

① 信息传播前向方向与信息前端运动前向方向一致，将 EB 视为所有实例的前向，并将"+"分配给前向运动，将"–"分配给后向运动。

② 只有前向(后向)瞬时传输影响信息前端(尾端)的位置。

③ 信息前端轮渡传输涉及三种可能的类型，即 f_1 是信息前端前向轮渡，从向 EB 移动的车辆开始，到向 EB 移动的车辆结束(EB→EB)；f_2 是信息前端前向轮渡，从向 EB 移动的车辆开始，到向 WB 移动的车辆结束(EB→WB)；f_3 是信息前端后向轮渡，从向 WB 移动的车辆开始，到向 WB 移动的车辆结束(WB→WB)。类似地，三种类型的轮渡可以用于信息尾端。

④ 信息前端或尾端间歇传输模式的移动距离期望是自身瞬时和轮渡运动的集合。

⑤ $f(s)$ 是某一车道或不同车道上相邻车辆车头时距的概率密度函数。信息前后端在多个车道上沿同一方向传播。

7.3　信息传播动态的方法论

7.3.1　信息-交通耦合元胞

CTM 将一个路段分割成许多元胞。设每个元胞长度为 Δx，元胞数 $J = L / \Delta x$，t_i 时刻元胞 j 的车辆数为

$$n_j(t_i) = n_j(t_{i-1}) + y_i(t_{i-1}) - y_{i+1}(t_{i-1}) \tag{7.8}$$

其中，$n_j(t_{i-1})$ 为 t_{i-1} 时刻元胞 j 的车辆数；$y_i(t_{i-1})$ 为 t_{i-1} 时刻从元胞 $j-1$ 到元胞 j 的流入量；$y_{i+1}(t_{i-1})$ 在 t_{i-1} 时刻从元胞 j 到元胞 $j+1$ 的流出量。

流入量 $y_i(t_{i-1})$ 和流出量 $y_{i+1}(t_{i-1})$ 为

$$y_i(t_{i-1}) = \min\left\{n_{j-1}(t_{i-1}), q_j^m \Delta t, \omega_b / v_f [k_{\mathrm{jam}}\Delta x - n_j(t_{i-1})]\right\} \tag{7.9}$$

$$y_{i+1}(t_{i-1}) = \min\left\{n_j(t_{i-1}), q_{j+1}^m \Delta t, \omega_b / v_f [k_{\mathrm{jam}}\Delta x - n_{j+1}(t_{i-1})]\right\} \tag{7.10}$$

其中，$q_{(\bullet)}^m$ 为元胞 $(\bullet)$ 最大交通量；ω_b 为后向激波速度；v_f 为自由流通行速度；k_{jam} 为拥挤密度。

IT-CTM 示意图如图 7.4 所示。除了交通量及演变，IT-CTM 元胞可以离散地跟踪时空信息前端和尾端的传播，因此引入 $f_j(t)$ 和 $\tau_j(t)$ 表示第 t 个时间间隔信息前端或尾端是否在元胞 j 中移动，即

$$f_j(t) = \begin{cases} 1, & \text{信息前端在时间间隔} t \text{结束时停在元胞} j \\ 0, & \text{其他} \end{cases} \tag{7.11}$$

$$\tau_j(t) = \begin{cases} 1, & \text{信息尾端在时间间隔} t \text{结束时停在元胞} j \\ 0, & \text{其他} \end{cases} \tag{7.12}$$

重新审视元胞长度的选择，并制定基本 CTM 之外的元胞传播信息。第一个关键问题是，如何为 IT-CTM 选择元胞长度，以适应信息和交通流动态。CTM 元胞长度通常由自由流速度 (v_f) 和预定义的采样时间间隔 (Δt) 的乘积确定。在 Δt 内很少有车辆通过元胞，因此可以认为元胞交通状态是静态的。但是，元胞长度可能太短而无法覆盖间歇传输模式，难以通过 VANET 跟踪信息传播。因此，需要 IT-CTM 元胞在采样时间步期间，覆盖信息前端或尾端至少一个间歇传输模式。也

就是，IT-CTM 元胞长度由 $\Delta x = \max\left\{aL_f, aL_t, v_f\Delta t\right\}$ 给出，其中 $a \geqslant 1$ 是一个常量整数值，L_f 和 L_t 的计算如表 7.1 所示。当 $a=1$ 时，IT-CTM 元胞至少覆盖一个信息前端或后端的间歇传输模式。当 $a>1$ 时，IT-CTM 元胞覆盖多个模式。假设元胞内部交通流均匀，可以选择较大的 a 值。考虑 Δt 是一个灵活值，总能找到 Δt 值，使 $v_f\Delta t = \Delta x = \max\left\{aL_f, aL_t\right\}$，即

$$\Delta x = \max\left\{aL_f, aL_t, v_f\Delta t\right\} \Leftrightarrow \Delta t = \max\left\{aL_f, aL_t\right\} / v_f \tag{7.13}$$

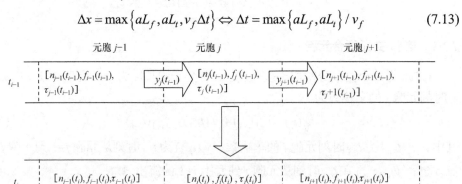

图 7.4　IT-CTM 示意图

　　该方法还可以推广到多车道的单向路段或双向路段。对于每条车道的双向路段，分别对每个交通方向采用 IT-CTM，使元胞在不同的道路以相同的长度排列。考虑不同路段的交通流可能不同，设元胞的长度分别为 $\Delta x'$ 和 $\Delta x''$，在双向路段的两个方向，选择元胞长度 $\Delta x = \max\left\{\Delta x', \Delta x''\right\}$。

　　对于具有 I 个车道的单向路段，可以通过 CTM 跟踪每个车道的交通流量。方法是使不同车道的 CTM 元胞以相同的元胞长度对齐，即 $\Delta x = \max\left\{\Delta x_i, i = 1, 2, \cdots, I\right\}$。所有车道的元胞流量总和为 IT-CTM 的元胞流量。Carey 等[31]扩展的 CTM 允许多车道和车道变换，可以更准确地跟踪交通流量。

　　以上方法可以扩展到双向路段，并且每个路段都有多个车道。虽然 IT-CTM 并不要求所有元胞长度一致，但是均匀的元胞长度有利于讨论和计算。

7.3.2　元胞内信息运动状态

　　下面介绍 IT-CTM 识别元胞内信息运动的方法。

　　因为只有前向瞬时传输才会影响信息传播，所以对于信息前端，瞬时传输总是正的；对于信息尾端，瞬时传输总是负的。在不同交通条件下，轮渡传输可以是负的、正的或零。也就是说，间歇传输的期望值 $L_f = E(X_f) + E(Y_f)$（或 $L_t = -E(X_t) + E(Y_t)$），可能为正的、负的或零。

① 前向元胞。如果对于信息前端或尾端，$L_f > 0$ 或 $L_t > 0$，则信息前端或尾端向前移动。在间歇传输模式后，信息前端(尾端)向前移动 $L_f (L_t)$。

② 后向元胞。如果对于信息前端或尾端，$L_f < 0$ 或 $L_t < 0$，那么信息前端或尾端向后移动。在间歇传输模式后，信息前端(尾端)向后移动 $L_f (L_t)$。

③ 静止元胞。如果对于信息前端或尾端，$L_f = 0$ 或 $L_t = 0$，那么信息前端或尾端保持静止。

IT-CTM 考虑元胞内的同质交通流，因此一旦元胞被识别出前向或后向状态，前向或后向间歇传播模式将在元胞中重复，直至到达元胞边界。如果一个元胞被识别出静止状态，那么在 Δt 期间，信息前端或尾端将停留在元胞的同一点。信息前端或尾端的内部元胞延迟 $E(T_j)$ 为

$$E(T_j) = \pi \frac{\Delta x}{|L_*|} \tag{7.14}$$

其中，π 为间歇传输模式的平均延迟；$\dfrac{\Delta x}{|L_*|}$ 为经过元胞信息前端($L_* = L_f$)或尾端($L_* = L_t$)的平均间歇传输次数。

信息前端和尾端通过元胞 j 的内部元胞延迟 $E(T_j)$ 为

$$E(T_j) = \left[\bar{k}\theta + p_1 \frac{E(Y_{f1})}{v} + p_2 \frac{E(Y_{f_2})}{v} + p_3 \frac{E(Y_{f_3})}{v} \right]$$
$$\times \left[\frac{\Delta X}{\left| E(X) + p_1 E(Y_{f_1}) + p_2 E(Y_{f_2}) + p_3 E(Y_{f_3}) \right|} \right], \quad \text{信息前端} \tag{7.15}$$

$$E(T_j) = \left[\bar{k}\theta + p_1 \frac{E(Y_{f_1})}{v} + p_2 \frac{E(Y_{f_2})}{v} + p_3 \frac{E(Y_{f_3})}{v} \right]$$
$$\times \left[\frac{\Delta x}{\left| -E(X) - p_1 E(Y_{f_1}) - p_2 E(Y_{f_2}) + p_3 E(Y_{f_3}) \right|} \right], \quad \text{信息尾端} \tag{7.16}$$

其中，θ 为无线传输的一跳延迟；v 为车辆的行驶速度，可以用同一方向行驶车辆的平均速度代替。

间歇传输的延迟是由瞬时传输和轮渡传输引起的。如果将每个无线传输平均延迟期望假定为无线通信标准的恒定值 θ[34,35]，那么瞬时传输产生的延迟等于 $\bar{k}\theta$。前端或尾端的轮渡传输造成的延迟与 f_1、f_2 和 f_3 有关。轮渡传输造成的平均延迟

等于 $p_1 \dfrac{E\left(Y_{f_1}\right)}{v} + p_2 \dfrac{E\left(Y_{f_2}\right)}{v} + p_3 \dfrac{E\left(Y_{f_3}\right)}{v}$ 。

此外，如果信息前端或尾端位于前向元胞或后向元胞，并且不能在 Δt 通过元胞，就需要确定信息前端或尾端结束时在元胞中停止的位置，即

$$
d_j(t) = \begin{cases} \dfrac{\Delta x}{E\left(T_j\right)}\Delta t, & j\text{是前向元胞} \\[3mm] \Delta x - \dfrac{\Delta x}{E\left(T_j\right)}\Delta t, & j\text{是后向元胞} \end{cases}
\tag{7.17}
$$

7.3.3　元胞间信息传播

考虑元胞间非同质交通流，进一步研究 IT-CTM 元胞间信息传播。如图 7.5 所示为元胞间运动。由此可以提出元胞间信息传播的规则，即从元胞 j 到 $j+1$ 或 $j-1$ 的传播规则。

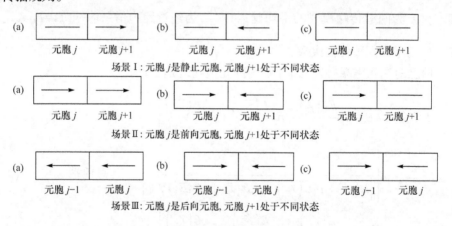

图 7.5　元胞间运动

场景 I，元胞 j 是静止元胞，元胞 $j+1$ 处于不同状态。信息不会在静止元胞中传播，因此认为信息前端或尾端将在 Δt 停留在元胞 j 内。

场景 II，元胞 j 是前向元胞，元胞 $j+1$ 处于不同状态。对于 II(a)，连续元胞是正向元胞，信息前端或尾端进入元胞 $j+1$ 并向前传播。对于 II(b)和 II(c)，连续元胞是后向或静止元胞，因为不能向前移动，Δt 结束时，信息前端或尾端将保持在元胞 j 和 $j+1$ 的边界处。

场景 III，元胞 j 是后向元胞，元胞 $j-1$ 将影响信息前端或尾端的传播。对于 III(a)，连续元胞是后向元胞，信息前端或尾端将进入元胞 $j-1$ 并向后传播。对于 III(b)和 III(c)，信息前端或尾端将在 Δt 结束时停留在元胞 $j-1$ 和 j 的边界。

　　上述讨论表明，在一个时间间隔结束时，信息前端或尾端可能停留在两个元胞边界，而不是元胞内。这种情况定义为边界情况。如果在一个时间间隔的开始，信息前端或尾部位于不同状态下两个相邻元胞边界处，可能会导致两难的选择，即信息前端或尾端应该跟随哪个方向。元胞合并图如图 7.6 所示，在第 $t-1$ 个时间间隔结束时，信息前端或尾端停留在元胞 j 和元胞 $j+1$ 边界处。第 t 个时间间隔时，元胞 j 向后向元胞转变，元胞 $j+1$ 向前向元胞转变，之前的元胞运动规则难以确定在第 t 个时间间隔内信息前端或尾端向哪个方向移动。因此，将相应两个元胞合并为一个元胞。这样，信息前端或尾端可以当作在一个联合元胞内。根据元胞内信息传播方法，可以确定联合元胞内间歇性传播模式。

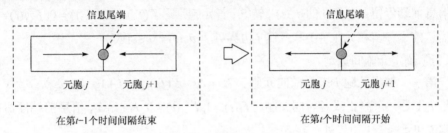

图 7.6　元胞合并图

7.3.4　信息沿元胞传播

　　路段上的信息元胞链如图 7.7 所示。根据元胞内部和元胞间的运动，下面研究沿着元胞链的信息传播，即在每个采样时间间隔结束时，识别信息前端和尾端位置($f_j(t_i)$ 和 $\tau_j(t_i)$)。以信息前端为例，假设在 t_0 时刻，信息前端位于元胞 j，可以通过以下步骤传播。

图 7.7　路段上的信息元胞链

① 用第 7.3.2 节方法确定 $t=t_0$ 时的元胞状态。

② 检查是否属于边界。

　　第一，不是边界。在 t_0 开始时，信息前端位于元胞 j 的 $d_j(t_0-\Delta t)$，转③。

　　第二，是边界。信息前端停留在元胞 $j-1$ 和 j 边界，即 $d_j(t_0-\Delta t)=0$。联合元胞 $j-1$ 和 j。若联合元胞是前向元胞，则信息前端进入元胞 j，$j=j$，转③；若联合元胞是后向元胞，则信息前端进入元胞 $j-1$，$j=j-1$，转③；若联合元胞是静止元胞，则信息前端停留在边界 $f_{j-1}(t)=1$、$f_j(t)=0$、$d_j(t)=0$，转⑤。

③ 确定元胞内运动。

第一，如果元胞 j 是静止元胞，则 $f_j(t)=1$，信息前端停在元胞 j 内，转⑤。

第二，如果元胞 j 是前向元胞，则信息前端向前传播。若元胞延迟 $E(T_j) < \Delta t, f_j(t) = 0$，则信息前端通过元胞 j，转④；若元胞延迟 $E(T_j) > \Delta t, f_j(t) = 1$，则信息前端停留在元胞 j 的 $d_j(t)$，转⑤；如果元胞延迟 $E(T_j) = \Delta t, f_j(t) = 1$，则信息前端停留在元胞 j 和元胞 j+1 边界处，$d_j(t) = 0$，转⑤。

第三，如果元胞 j 是后向元胞，那么前端向后传播。若元胞延迟 $E(T_j) < \Delta t, f_j(t) = 0$，则信息前端通过元胞 j，转④第二；若元胞延迟 $E(T_j) > \Delta t, f_j(t) = 1$，则信息前端停留在元胞 j 的 $d_j(t)$，转⑤；若元胞延迟 $E(T_j) = \Delta t, f_j(t) = 0, f_{j-1}(t) = 1$，则信息前端停留在元胞 j-1 和元胞 j 边界处，$d_j(t) = 0$，转⑤。

④ 确定元胞间运动。

第一，如果元胞 j+1 是前向元胞，$\Delta t = \Delta t - E(T_j), j = j + 1$，转③第二；如果元胞 j+1 是一个静止或者后向元胞，$f_j(t) = 1, d_{j+1}(t) = 0, j = j + 1$，信息前端停留在元胞 j 和元胞 j+1 边界处，转⑤。

第二，如果元胞 j-1 是后向元胞，那么 $\Delta t = \Delta t - E(T_j), j = j - 1$，转③第三；如果元胞 j-1 是一个静止或者前向元胞，那么 $f_{j-1}(t) = 1, d_j(t) = 0, j = j - 1$，信息前端停留在元胞 j-1 和元胞 j 边界处，转⑤。

⑤ $t_0 = t_0 + \Delta t$，转①。

上述过程动态更新了 IT-CTM 所有元胞的 $f_j(t_i)$ 和 $\tau_j(t_i)$。因此，如下时间序列可以演示信息在路段上的传播动态，即

$$\{n_1(t), f_1(t), \tau_1(t), \cdots, n_J(t), f_J(t), \tau_J(t)\}, \quad t = 1, 2, 3 \cdots \tag{7.18}$$

由时间序列向量，可以得到道路信息覆盖的元胞百分比。更确切地说，如果元胞 i 拥有信息尾端，元胞 j 拥有信息前端，那么元胞 i 和 j 之间所有的元胞都被信息覆盖。

为了进行数学计算，引入另一个指标，即

$$c_w(t) = \begin{cases} 1, & f_i(t) = 1 \text{且} \tau_i(t) = 1, i \leqslant \omega \leqslant j \\ 0, & \text{其他} \end{cases} \tag{7.19}$$

显然，$c_w(t) = 1$ 表示元胞及元胞内的车辆都被信息覆盖。

计算时间 t 内路段信息覆盖率 $c(t)$ 的公式为

$$c(t) = \frac{\sum_{w=1}^{J} c_w(t)}{J} \text{ 或者 } c(t) = \frac{\sum_{w=1}^{J} n_w(t) C_w(t)}{\sum_{w=1}^{J} n_w(t)}, \quad t = 1, 2, 3, \cdots \tag{7.20}$$

$c(t)$ 的最大值为 1，表示路段的所有元胞(或所有车辆)都已覆盖；$c(t)$ 的最小值为 0，表示信息尚未到达或已经离开路段。

7.3.5　信息合并

实际上，相似或相同信息的多个信息片段可能同时或连续到达一个路段。当同时出现时，IT-CTM 视其为一条信息。当相继到达时，两条信息可能形成两条独立信息波，具有不同的信息前端和尾端。因此，这两条信息可以在某个位置和时间相遇，或者总是分开传播。我们提出两个规则，以便 IT-CTM 能够解决这两种问题。

如果晚来信息前端在早来信息尾端之后，则跟踪每个 Δt 两条信息的信息前端和尾端。每个 Δt 信息覆盖范围是两条信息覆盖范围的总和。如果稍后信息前端赶上较早信息尾端，则两部分信息波合并成一个，即较早信息前端作为新前端，稍后信息尾端作为新尾端。

7.4　实验和分析

7.4.1　输入数据和测试平台

在两个测试平台上进行数值试验，覆盖单向和双向有波动车流进入的路段。单向路段使用从下一代模拟(next generation simulation，NGSIM)和 Paramics 仿真软件获得车辆轨迹数据。NGSIM 轨迹数据在 2005 年 6 月 15 日上午 8 点 20 分～8 点 35 分收集，来自美国加利福尼亚州洛杉矶 101 号高速公路 2100ft(1ft=30.48cm)路段的 5 条主要车道。车辆从北向南穿过该路段。平均交通流量为 7604/h。由于 NGSIM 的道路长度太短，无法有效地展示信息传播动态，我们在 Paramics 软件中构建了一个路段模型，使用模拟的交通流数据验证 IT-CTM 性能。Paramics 路段长 3mi(1mi=1.609km)，有两条车道，每条车道流量为 2400/h。路段进入流通过随机数发生器生成，具有预定义的平均值(μ)和导数值(σ)。Paramics 所有模拟实验均运行 40min，且前 15min 为预热时间。NGSIM 和仿真数据都包含车辆 ID、时间步长、局部 Y(距路段起点的距离)、车辆速度、车道数、空间前进和时间前进等基本属性。

7.4.2　实验设计

IT-CTM 可以模拟和跟踪每个时间间隔内信息前端和尾端的位置，因此引入 $c(t)^M$ 和 $c(t)^s$ 表示从 IT-CTM 获得的信息覆盖和每个时间间隔观察到的地面实况。实验首先根据 NGSIM 现场采集或在 Paramics 中模拟的车辆轨迹数据，跟踪信息前端和尾端的运动。一旦一条信息到达路段起点，就会顺利传播，直到连接断开。相应地，产生初始信息前端和尾端。接下来，根据信息前端和尾端的动态运动，在每个时间间隔 Δt 跟踪和更新相应的信息覆盖 $c(t)^s$。

随着模拟跟踪，实验通过 IT-CTM 识别前端和尾端的位置，以及 $c(t)^M$。根据交通数据确定时间间隔 Δt 和元胞长度 Δx。由整个路段的平均交通状况，估计一个间歇性传播模式的长度期望 $L = E(X) + E(Y)$。一旦 L 被确定，Δt 和 Δx 可由式(7.13)计算。根据元胞中每个时间间隔的交通信息，更新瞬时传输距离期望 $E(X)$ 和轮渡传输距离期望 $E(Y)$。此外，根据元胞内和元胞间移动，更新信息前端和后端的位置，并更新信息覆盖范围。

如表 7.2 所示为不同实验场景的 IT-CTM。每个场景都进行了大于 150 次运行(单向-PS-M-NI 除外)。当单个或两个信息顺序着陆路段时，考虑是否有交通中断的单向和双向道路段，测试表 7.2 中的实验场景。车辆在拥挤交通流下可能连接得很好，信息很快可以传遍整个路段，但结果表明信息传播的动态不明显。因此，实验将平均流量设置在容量以下，避免高拥挤流量。

表 7.2　不同实验场景的 IT-CTM

实验	Δx	r	Δt	元胞	$u(\sigma)$
单向-NG-S-NI	570	168.17	6	4	1521 (N/A)
单向-PS-S-NI	990	203.42	11	16	1250 (387)
单向-PS-M-NI	635	170.04	7	25	1500 (632)
双向-PS-S-NI	495	68.45	6	32	1750 (431)
双向-PS-S-I	610	86.18	6	13	1750 (431)

注：S 表示单一信息；M 表示多种信息；NI 表示没有交通中断；I 表示交通中断；NG 表示 NGSIM 数据； PS 表示 Paramics 仿真数据；r 表示传输距离；Δt 表示采样间隔；u 和 σ 表示平均值和导数值。

7.4.3　实验结果

从两个方面对 IT-CTM 性能进行评价。首先，检查信息前端和尾端的轨迹，证明它们是否重合。其次，检验从 IT-CTM 和模拟(视为基本事实)中覆盖率的误差。从数学角度，误差通过 MAE 测量，即

$$\text{MAE} = \frac{1}{\Gamma} \sum_{t=1}^{\Gamma} \left| c(t)^M - c(t)^s \right| \tag{7.21}$$

其中，Γ 为总的时间步长。

　　显然，较小的 MAE 表示对 $c(t)^M$ 和 $c(t)^s$ 的估计更准确。因此，每个时间步都需要记录 $c(t)^M$ 和 $c(t)^s$ 的值，以及绝对误差(absolute error，AE)。

　　如表 7.3 所示为不同情景下 IT-CTM 的平均性能。如图 7.8 所示为三个实验方案的箱线图，其中 IQR(inter quartile range)为四分位数范围。

表 7.3　不同情景下 IT-CTM 的平均性能

实验场景	运行次数	观察运行次数	平均 MAE/%	MAE 标准差	最大 AE/%
单向-NG-S-NI	157	21	3.48	0.06345	25
单向-PS-S-NI	181	22	3.75	0.01284	18.75
单向-PS-M-NI	1	18	2.44	–	8.00
双向-PS-S-NI	181	21	4.72	0.00822	21.88
双向-PS-S-I	181	51	2.93	0.01422	23.08

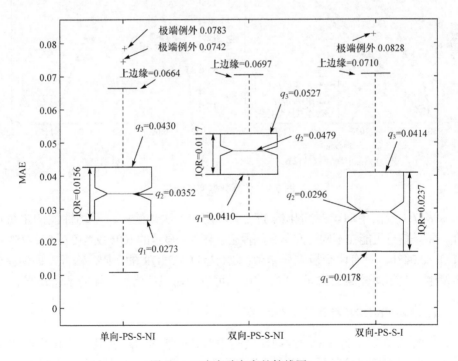

图 7.8　三个实验方案的箱线图

1. 单向-PS-S-NI 场景的实验结果

基于 NGSIM 数据的结果表明，IT-CTM 能够很好地跟踪实验场景中的信息传播。基于此，重点讨论 IT-CTM 仿真数据的实验结果在单向道路上的性能。

如图 7.9 所示为仿真数据实验结果。从图 7.9(a)可以看出，信息前端的移动速度快于信息尾端。因此，在 IT-CTM 估计的第 1070 步时，信息前端到达 IT-CTM 最后一个元胞(元胞 16)，这与仿真结果相同。此后，信息前端停留在元胞 16，直到实验结束。但是，信息尾端继续向前移动，在 IT-CTM 估计的第 1147 步到达细胞 16，这也与仿真结果相同。在模拟过程中，虽然在某一时刻存在细微差异，但仍呈现出与观测相似的趋势。从图 7.9(b)可以看出，信息覆盖率先上升后下降，在第 1147 步时下降为零。这与信息前端和尾端的运动一致。此外，尽管 IT-CTM 估计存在一定的滞后，导致在某些阶段出现误差，但信息覆盖范围的演化趋势与仿真结果相似。

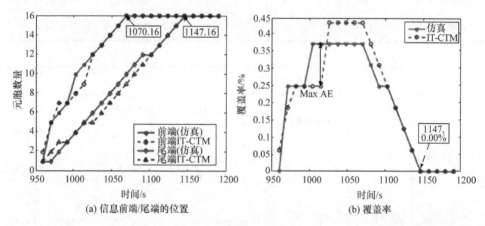

(a) 信息前端/尾端的位置　　　　　　　　(b) 覆盖率

图 7.9　仿真数据实验结果

表 7.3 给出单向-PS-S-NI 的 IT-CTM 在 181 次试验中，平均性能的定量评价。每条信息可能在不同时间落在路段上。图 7.8 显示的 IQR 仅为 0.0156，75%的 MAE<0.0430，只有两个极端异常值(<8%)超过 1.5 IQR 的上限。因此，即使偶尔会发生一些相对较高的错误，IT-CTM 仍可以密切跟踪信息传播的平均动态。

2. 双向 PS-S-NI 场景的实验结果

如图 7.10 所示为双向-PS-S-NI 实验中信息传播的动态过程，展示了第 18 分钟(第 1080 秒)信息着陆后，信息前端和尾端的动态传播过程和信息覆盖情况。

从图 7.10(a)可以看出，信息前端一步一步向前移动，而信息尾端始终停留在第一个元胞。从图 7.10(b)可以看出，信息覆盖率逐渐增加达到 100%，此后一直保持。IT-CTM 估算的动态信息传播过程与仿真结果一致。此外图 7.10(b)表明，最大 MAE 小于 7%；没有极端离群值。统计结果表明，MAE 分布在平均值周围，而且足够小。因此，IT-CTM 性能相当好。

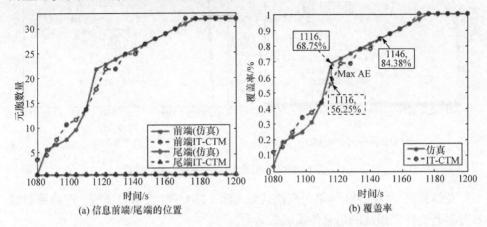

(a) 信息前端/尾端的位置　　　　　　　　(b) 覆盖率

图 7.10　双向-PS-S-NI 实验中信息传播的动态过程

从图 7.10(b)可以看出，MAE 发生在时间步长 1116 左右，时间步长 1098～1128 这段时间两个交通集群合并，导致覆盖率突然变化。也就是，在时间步长 1116 之前，每个集群中两个连续车辆的空间距离足够近，可以进行无线通信，但两个集群之间的距离大于传输距离；时间步长 1116 之后，两个集群在无线通信方面进行了合并，信息覆盖突然增加，这是 IT-CTM 无法捕捉的。

时间步长 1146 后，由于被测路段交通流不均匀，在 EB、EB 和 WB 中都出现空元胞。时间步长 1146 后 AE 小，表明 IT-CTM 很好地解决了边界情况。

3. 双向 PS-S-I 场景的实验结果

如图 7.11 所示为双向-PS-S-I 实验中信息传播的动态过程。单条信息在第 17 分钟(第 1020 秒)落在双向路段上。EB 流量从第 1120 秒到第 1200 秒中断。假定 EB 为信息传播正向方向，EB 流量的中断将移除正向轮渡，并帮助观察反向轮渡的影响。由图 7.11(a)可以看出，在模拟时间步长 1230 左右，或者在 IT-CTM 时间步长 1224 左右，WB 车辆承载的后向轮渡导致信息前端开始向后移动。在图 7.11(b)中，相似的时间步长信息覆盖率开始下降。此外，图 7.11(a)信息前端返回仿真的元胞 8，以及 IT-CTM 估计的元胞 9。同理，图 7.11(b)覆盖率在第 1254 步时下降到 69.23%，在仿真的第 1254 步下降到 61.54%。此后，图 7.11(a)信息前端开始向前移动。EB 流量恢复导致前向传输，图 7.11(b)信息覆盖率又开始增加。

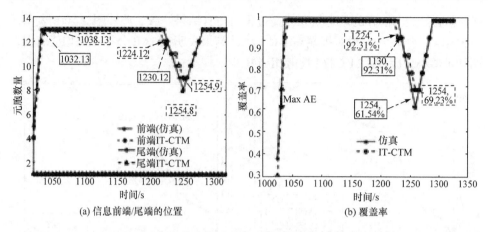

(a) 信息前端/尾端的位置　　　　　　　(b) 覆盖率

图 7.11　双向-PS-S-I 实验中信息传播的动态过程

总体而言，IT-CTM 结果与模拟结果一致。IT-CTM 能够自适应、准确地跟踪具有显著变化交通流的信息传播动态。

4. 单向- PS-M-NI 方案的实验结果

因为专注于演示两条信息的动态传播和合并过程，而不是探索覆盖率的聚合误差，实验只进行了一次。第一条信息在时间步 1080 到达，第二条信息在时间步 1115 到达。如图 7.12 所示为单向-PS-M-IN 信息合并与覆盖演化图。如图 7.13 所示为单向 PS-M-IN 动态信息尾端和前端运动图。

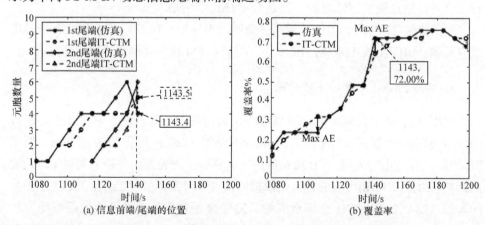

(a) 信息前端/尾端的位置　　　　　　　(b) 覆盖率

图 7.12　单向-PS-M-IN 信息合并与覆盖演化

图 7.12(a)表明，第 2 个信息前端逐渐接近第 1 个信息尾端，然后在时间步 1143 附近的元胞 4 合并。合并发生的时间比 IT-CTM 估计的时间稍早，因此第 2 个信息前端消失，但尾端作为合并信息波的新尾端保留下来(图 7.13(a))。同样，

第一个信息尾端消失，但前端作为合并信息波的新前端保留下来(图 7.13(b))。图 7.12(b)表明，IT-CTM 跟踪的动态信息覆盖范围接近于模拟中观察到的情况。

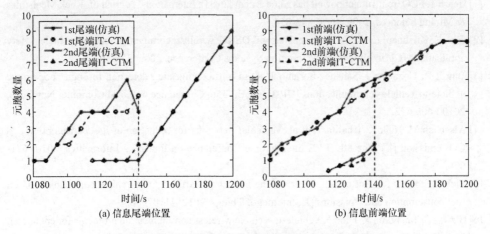

(a) 信息尾端位置　　　　　　　　　　(b) 信息前端位置

图 7.13　单向 PS-M-IN 动态信息尾端和前端运动图

7.5　本　章　小　结

VANET 在联网车辆系统中发挥着重要作用，可以改善交通的流动性、安全性和可持续性。许多研究探索了 VANET 连通性期望、瞬时信息传播速度期望、距离、方差等特征，但无法捕捉到一条或多条信息在路段上的动态信息传播。

文献[31]致力于开创新的研究领域，提出了 IT-CTM。交通流在路段上传播的信息会形成具有信息前端和尾端的信息波。信息前端或尾端通过重复由瞬时传输和轮渡传输组成的间歇性传输模式在路段上传播。考虑间歇信息传输模式和交通流特征，IT-CTM 将研究路段分成元胞。每个元胞信息前端和尾端的移动由三种可能的状态(静止、前进、后退)决定，而这三种状态由间歇传输模式的预期移动距离和方向确定。此外，文献[31]还提出元胞间信息传递和信息沿元胞链传播的规则，使 IT-CTM 能够动态捕捉不同交通条件下路段的信息传播和覆盖情况。最后，文献[31]扩展了 IT-CTM 方法，可以适应多个信息连续落在路段上的场景。

我们通过 NGSIM 数据和 Paramics 仿真数据，验证 IT-CTM 方法的准确性。同时，进行了多个实验场景，包括在有无交通中断的情况下，单个或多个信息顺序降落在单向或双向路段上的组合。在实验中，跟踪动态信息覆盖的 MAE 小于 5%。因此，文献[31]认为，IT-CTM 可以准确地跟踪时空维度上的信息传播动态。

参 考 文 献

[1] Hearn T. FCC front-runner powell has some ardent fans[J]. International Journal of Rock Mechanics & Mining Sciences, 2009, 46(5):842-854.

[2] Bai F, Krishnan H. Reliability analysis of DSRC wireless communication for vehicle safety applications [C]//Intelligent Transportation Systems Conference, 2006: 355-362.

[3] Bauza R, Gozalvez J, Sanchez-Soriano J. Road traffic congestion detection through cooperative vehicle-to-vehicle communications [C]//The IEEE 35th Conference on Local Computer Networks, 2010 : 606-612.

[4] Alsabaan M, Naik K, Khalifa T, et al. Vehicular networks for reduction of fuel consumption and CO_2 emission [C]//The 8th IEEE International Conference on Industrial Informatics, 2010: 671-676.

[5] Tielert T, Killat M, Hartenstein H, et al. The impact of traffic-light-to-vehicle communication on fuel consumption and emissions [J]. Internet of Things, 2010: 11707086.

[6] Biswas S, Tatchikou R, Dion F. Vehicle-to-vehicle wireless communication protocols for enhancing highway traffic safety[J]. IEEE Communications Magazine, 2006, 44(1): 74-82.

[7] Burmester M, Magkos E, Chrissikopoulos V. Strengthening privacy protection in VANETs [C]// IEEE International Conference on Wireless and Mobile Computing, 2008: 508-513.

[8] Nekovee M. Modeling the spread of worm epidemics in vehicular ad hoc networks [C]//IEEE Vehicular Technology Conference, 2006: 841-845.

[9] Chen Y, Xiang Z, Jian W, et al. An improved AOMDV routing protocol for V2V communication [C]//IEEE Intelligent Vehicles Symposium, 2009: 1115-1120.

[10] Taleb T, Sakhaee E, Jamalipour A, et al. A stable routing protocol to support ITS services in VANET networks [J]. IEEE Transactions On Vehicular Technology, 2007, 56 (6): 3337-3347.

[11] Jin W L, Recker W W. Instantaneous information propagation in a traffic stream through inter-vehicle communication [J]. Transportation Research Part B, 2006, 40(3): 230-250.

[12] Ukkusuri S, Du L. Geometric connectivity of vehicular ad hoc networks: analytical characterization[J]. Transportation Research Part C, 2008, 16(5): 615-634.

[13] Jin W L, Recker W W. An analytical model of multihop connectivity of inter-vehicle communication systems [J]. IEEE Transactions on Wireless Communications, 2010, 9(1):106-112.

[14] Wang X B. Modeling the process of information relay through inter-vehicle communication[J]. Transportation Research Part B, 2007, 41 (6): 684-700.

[15] Wang B X, Adams T M, Jin W, et al. The process of information propagation in a traffic stream with a general vehicle headway: a revisit[J]. Transportation Research Part C, 2010, 18 (3): 367-375.

[16] Wang B X, Yin K, Zhang Y. An exact Markov process for multihop connectivity via intervehicle communication on parallel roads[J]. IEEE Transactions on Wireless Communications, 2012, 11(3): 865-868.

[17] Yin K, Wang X B, Zhang Y. Vehicle-to-vehicle connectivity on two parallel roadways with a general headway distribution[J]. Transportation Research Part C, 2013, 29: 84-96.

[18] Artimy M M, Phillips W J, Robertson W. Connectivity with static transmission range in vehicular

ad hoc networks[C]//Proceedings of the 3rd Annual Communication Networks and Services Research Conference, 2005: 237-242.

[19] Artimy M M, Robertson W, Phillips W J. Assignment of dynamic transmission range based on estimation of vehicle density[C]//Proceedings of the 2nd ACM International Workshop on Vehicular Ad Hoc Networks, 2005: 40-48.

[20] Artimy M M, Robertson W, Phillips W J. Minimum transmission range in vehicular ad hoc networks over uninterrupted highways [C]//IEEE Intelligent Transportation Systems Conference, 2006: 1400-1405.

[21] Schönhof M, Kesting A, Treiber M, et al. Coupled vehicle and information flows: message transport on a dynamic vehicle network [J]. Physica A, 2006, 363(1): 73-81.

[22] Agarwal A, David S, Thomas D C L. Analytical model for message propagation in delay tolerant vehicular ad hoc networks [C]//IEEE VTC-Spring, 2008: 3067-3071.

[23] Wu H, Fujimoto R M, Riley G F, et al. Spatial propagation of information in vehicular networks[J]. IEEE Transactions On Vehicular Technology, 2009, 58(1): 420-431.

[24] Wang W, Liao S S, Li X, et al. The process of information propagation along a traffic stream through intervehicle communication[J]. IEEE Transactions on Intelligent Transportation Systems, 2014, 15(1): 345-354.

[25] Du L, Ukkusuri S. The relative mobility of vehicles improves the performance of information flow in vehicle ad hoc networks [J]. Networks and Spatial Economics, 2010, 10(2): 209-240.

[26] Du L, Dao H. Information dissemination delay in vehicle-to-vehicle communication networks in a traffic stream [J]. IEEE Transactions on Intelligent Transportation Systems, 2015, 16 (1): 66-80.

[27] Kim Y, Peeta S, He X. An analytical model to characterize the spatiotemporal propagation of information under vehicle-vehicle communications [C]//IEEE ITS, 2014: 1142-1147.

[28] Ng M, Waller S T. A static network level model for the information propagation in vehicular ad hoc networks [J]. Transportation Research Part C, 2010, 18(3): 393-407.

[29] Osman O A, Ishak S. A network level connectivity robustness measure for connected vehicle environments [J]. Transportation Research Part C, 2015, 53: 48-58.

[30] Daganzo C F. The cell transmission model: a dynamic representation of highway traffic consistent with the hydrodynamic theory [J]. Transportation Research Part B, 1994, 28(4): 269-287.

[31] Du L , Gong S, Wang L, et al. Information-traffic coupled cell transmission model for information spreading dynamics over vehicular ad hoc network on road segments[J]. Transportation Research Part C, 2016, 73:30-48.

[32] Gupta P, Kumar P R. The capacity of wireless networks[J]. IEEE Transactions on Information Theory, 2000, 46(2): 388-404.

[33] Carey M, Balijepalli C, Watling D. Extending the cell transmission model to multiple lanes and lane-changing [J]. Networks and Spatial Economics, 2015, 15 (3): 507-535.

[34] Jiang D, Taliwal V, Meier A, et al. Design of 5.9GHz DSRC-based vehicular safety communication [J]. IEEE Transactions on Wireless Communications, 2006, 13(5): 36-43.

[35] Sultan S, Doori M M, Bayatti A H, et al. A comprehensive survey on vehicular ad hoc network[J]. Journal of Network and Computer Applications, 2014, 37:380-392.

第 8 章　总结和展望

8.1　总　　结

交通系统具有复杂性、动态性和随机性等特点。由于各国国情不同，交通系统的特点不尽相同。经过多年的研究和实践，国内外学者在 ITS 问题上达成共识，即 ITS 实时交通信息能够影响出行者行为，降低出行费用，提高出行质量。同时，人们意识到，如果缺乏先进的理论指导，ITS 很难提供城市动态交通的预测信息，更无法实现科学的交通诱导，使投资巨大的 ITS 设备不能充分发挥效用。

实时交通信息研究主要集中于计算机模拟、现场试验和建模分析等方法和手段，网络交通流的研究居多。将交通流理论中的网络交通流模型和道路交通流模型进行融合是本书的出发点。

本书的主要贡献是将 CTM 和实时交通信息的研究相结合，试图为今后的研究找到一个新的切入点。

本书介绍了交通流理论基础知识和 CTM 基本原理，详细阐述了 CTM 模拟交通流传播的过程。同时，分析了 CTM 的优势和不足，介绍了 LCTM、MCTM 和节点模型等三种改进的 CTM。

在此基础上，将 CTM 应用于可变信息板的位置确定问题中，说明可变信息板不能简单地设置在路段上游或者下游，需要根据具体情况确定一个令系统总时间最小的位置。应用 LTM，研究 ATIS 环境下 VMS 选址问题，揭示了 ATIS 市场渗透率在 VMS 位置优化中的重要地位。

然后，利用 CTM 和 Logit 路径选择原则，将道路交通流宏观模型与动态网络交通配流问题进行结合。探讨路段阻抗函数的特性，寻求更加有效准确的路段阻抗估计方法需要进一步研究。

接下来，利用 CTM 研究 VMS 实时交通信息对交通流的影响。研究发现，在一定的路径选择原则下，VMS 信息能够减轻交通压力，舒缓交通拥挤。

交通规划、交通分配和经济学理论的发展密切相关，本书利用 CTM 模拟研究了 VMS 对路径选择行为，以及网络性能的影响，力图向经济学领域靠拢。

ITS 是未来交通系统的发展方向。本书最后介绍了 IT-CTM，以捕捉信息传播动态和路段交通流动态。

8.2　展　　望

作为一种尝试，本书的研究尚处于初步阶段，还存在许多问题值得进一步深入研究。

① 如何设置合理的 VMS 信息内容，使整个出行系统效用最大化，是个有趣和有价值的研究方向。VMS 选址问题与网络结构、OD 需求、出行时间、事故频率等诸多因素有关。本书假定 VMS 信息能够强制分流，这一点不符合现实。事实上，VMS 并不带有强制措施。这意味着，VMS 对交通网络的影响在很大程度上取决于出行者的反应。

② 本书提出的路径行驶时间计算方法可以作为 VMS 信息内容的参考，但模型适用的网络较小，需要改进和扩展。

③ 本书的研究局限于 CTM 的简单模拟和应用。进一步的研究可以将车流密度和速度引入模型中。例如，分析交织区的合理长度，使 VMS 的影响研究更加全面。

④ 国内外对如何有效地提供可靠的、可预见性的实时交通信息进行了大量探讨，给出了很多仿真模型。我们可以借鉴这些仿真模型，在 CTM 的基础上，研究实时交通信息对网络交通流的影响。

⑤ 如何完善 CTM 的不足，使它更确切地反映交通流速密关系，已经引起人们的关注。一些学者尝试修正 CTM，使其能够用速度、密度和流量，而不是元胞车辆数进行迭代。这些研究仍然局限在道路交通流领域。如果能够和网络交通流的研究结合将是一项大的突破。

⑥ 出行者如何进行路径选择一直是交通研究领域的热点问题，其结论的科学性直接影响交通流分配模型的可靠性。早期的研究假定出行者是完全理性的。随着行为科学的发展和实践，国内外学者考虑出行者的有限理性，但没有达成统一的路径选择规则。如何在这方面展开工作，并考虑出行者的风险态度和出行时间选择等问题值得研究。

⑦ 交通工程和交通科学之间存在一定的距离。本书虽然属于交通科学理论的研究，但离不开交通工程数据和实践的支持。数值试验的参数校正和设计需要实际数据来支撑。如何到大规模的实际交通网络中进一步验证，提高对复杂交通行为的描述与解释能力，也是本领域面临的重大难题。